湛庐CHEERS

与最聪明的人共同进化

HERE COMES EVERYBODY

CHEERS
湛庐

宽桥社群

[美]戴蒙·森托拉(Damon Centola) 著
杨雪菲 译

HOW BEHAVIOR SPREADS

浙江科学技术出版社·杭州

测一测

你了解行为是如何传播的吗？

扫码加入书架
领取阅读激励

- 强连接指我们与朋友、亲密的家人之间的关系，弱连接指我们与泛泛之交的人之间的关系。哪种连接更有利于行为的传播？

  A. 强连接

  B. 弱连接

- 信息是否可以像病毒一样传播？

  A. 是

  B. 否

扫码获取全部测试题及答案，
测一测你了解行为
是如何传播的吗

- 一项新技术能否得到有效推广，更大程度取决于：（单选题）

  A. 背后的科学理论是否完备

  B. 资金支持是否雄厚

  C. 宣传手段是否到位

  D. 有多少业内专家在使用它

扫描左侧二维码查看本书更多测试题

献给我的父母

“三近一反”和“三人成虎”，社群运营的新挑战

徐志斌
见实科技 CEO，《小群效应》《关系飞轮》作者

假如你所在的一家面向企业客户（TO B）的公司，即将发布一个新创且高客单价的产品，有人建议可以邀请大量关键意见消费者（KOC）协助传播，你会不会采纳这个建议？

估计许多企业在预算允许的情况下，会选择采纳这个建议。利用 KOC 进行宣传本就是现在常用的传播策略之一，被许多案例和企业所验证。

不过，真正的答案或许让你意想不到：这些 KOC 反而可能导致你的传播中止，变成无用功。

这是戴蒙・森托拉在其新书《宽桥社群》中讲述的一个很反直觉的结论。他这样写到：**网络中的弱连接越多，新事物传播的速度可能就越慢。**

提升用户运营效率，与用户建立长期连接

在我们持续多年进行的一项行业调研中，越来越多的企业寻找能够提升用户运营效率的、适应新环境的数字工具，并给出了非常丰厚的市场预算——数字可能逐年变化，但与曾经企业在数字化领域投入的反复和犹豫相比，工具预算堪称果决，是一个很大的富矿。

放在降本增效的大环境下，这样的结果很容易理解。在这里，我们要讨论的反而是其中一个很小的问题：企业会怎么挑选这些工具？或者说，企业的购买决策会被什么所影响？

排在第一，且在调研中大幅领先的答案是：许多企业选择工具时，会先咨询同行和圈内好友，请他们做推荐。

虽然在同期许多面向消费者购买决策的调研中，“好友推荐”的占比通常会很高，却仍会位列广告、媒体，以及 KOC/KOL（主播）的推荐之后。而前述调研则反映出了一个根本性的变化：企业直连用户后，依赖的运营和增长方式变了。

拜社交网络发展壮大所赐，过去十余年来，企业得以直连数十万、数百万，乃至上亿用户，并在这条路上不断孕育和迭代品牌的增长方式。仅过去四到五年时间，就涌现了直达消费者（DTC）、私域、全域等不同浪潮，今天甚至很难说清这是一个商业模式还是面向用户运营的策略、增长方式的变化而已，再叠加短视频、直播等媒介变化，一个个行业因此被改写。

当下，在快消、食品、茶饮、鞋服等领域的企业规划产品推广时，直播和短视频多是下意识的天然选择。这是因为，用户决策所需成本较低，主播通过低廉的价格、优选的商品、无忧的客服，加上镜头前亲和或睿智的表现，很容

易与用户直接建立起信任连接，继而带来销售的大幅提升。

这里还需要特别强调一个背景：今天我们所身处的网络世界，早已是富饶的世界。信息无穷无尽，娱乐无穷无尽，商品无穷无尽。富饶的环境中，用户会对很多事情毫不在意，决策方式也和过往不同，快速划过屏幕、停留在一个直播间的时间甚至不足 2 秒，这样的行为只是表象，反映在市场上，则是许多企业好不容易建立起来的市场嗅觉、思考方式，会迅速失效。

尤其从近几年开始，很多企业在定价和推广上就遭遇了这个巨大挑战。也因此，在富饶时代中，直连用户、建立长期连接，变得无比珍贵。

前述提及的“提升用户运营效率的、适应新环境的数字工具”，正被用来解决此后的问题：初始信任关系建立后，如何长期持续与用户互动，获得更多复购和转介绍？

重决策需要宽桥

事实上，用户可以信赖身边好友推荐，也可以信赖主播或 KOC 推荐。一旦决策对象切换到了高客单价，或者重决策的 TO B 领域时，这条路径就走不通。重决策所需要的专业知识更多或者信任度更高。如何直连、如何长期连接，就是截然不同的新问题。

问题的答案和前面提及的调研，戴蒙·森托拉恰好在其新书《宽桥社群》中给出。他于引言中开门见山地告诉我们：一些复杂的、需要重决策的事情，需要接触多个采用者才能传播。所谓的“多个采用者”，他们本就是相互熟悉的，在一个圈子中。

相比于 KOC 和主播，多个采用者（就如调研提到的同行和圈内好友）更多是行业相似、需要解决的问题相似、专业知识储备相似且互相之间合作交往甚多的人。他们之间有太多的联系，以至于戴蒙·森托拉在书中将具有这种特性的人群称为“宽桥”。

“三近一反”和“三人成虎”

这些特性在国内还有另一个结论，即“三近一反”“三人成虎”。差别是，在个人消费者中，年龄相近、兴趣相近、地域相近，但性别相反的人所结成的圈子，会更活跃。他们所分享的信息覆盖到具备上述特点的人群中时，很容易产生影响。这也泛指某一个人群有许多共同点，包括游戏的战力相近、履历相近、财富相近，却像产业链的上下游、企业的甲乙方一样互相需要（三近一反）。而在重决策的人群中，则会出现这样的情况：在多人的共同推荐下得出一个结论（三人成虎）——这会加强可信度和互补性。

这个细微的差别，又可以用戴蒙·森托拉另一个结论来概括：**“弱连接”（长桥）会带来信息的疯传，“宽桥”才会带来重决策（行为）的流行。**

前者，说的是我们看到一个热闹的事件，但三两天后它就会消失在网络中无人提及，再过几天可能都不会有人记得。而后者，说的是一个新事物被认可，人们纷纷用自己的购买行为来做出肯定。新事物的流行对于很多企业来说，才是追求的方向。

社群运营引发流行的开始

在这些描述中，我们甚至都没过多解释社群。相似的人群、互相合作和交往的人群，就是社群。行业发展到现在，大家早已接受了社群的概念，三五成群是社群，数万人聚集的大圈子也是社群。值得提及的是：过去不论行业怎么发展，社群运营一直都是基础且重要的运营策略，是各种新浪潮的坚实支撑。

以今天常说的私域为例，某种程度上，社群运营等同于私域运营。如绝大部分快消、茶饮类品牌的私域，都建立在社群基础上，一个品牌借助不同工具和系统，运营和维护着数以几十万计的社群数量。在这种情况下，标准的动作就是运营基础。在这类社群中，用户将之作为某类信息的接收器（如优惠券），并快速做出购买行为。而高客单价产品的私域，也重度依赖社群，但每个社群、每名用户都会被小心维护和服务。甚至私域不惜对每一位用户都采用小群服务的方式（即多名员工在仅有一名用户的小群中提供服务），因为每一位用户，或都是流行的起点。

我在读《宽桥社群》时泛起的思考是，引发流行的不仅仅在于如何开始，在社群的逻辑下，开始反而是一件清晰的事情。当我们把上述市场变化如信息富饶、直连用户、维护和用户的长期信任连接等，都放在一起时，会发现，一家 TO B 或重决策的企业，在运用社群时会如何演变并持续发生作用？

如戴蒙·森托拉在《宽桥社群》中建议，找到一个目标用户人群——最好是关系既紧密且互相之间有很多联系的群聚型人群，邀约他们尝鲜和试用，他们就会是第一批种子用户，在这个人群的影响和扩散下，流行才会渐渐开始。

这是很一个很“笨”、很“慢”的建议，只是，在实际运营中会很有效。在这里，慢反而是稳，是快。

那么后续呢？仍以刚提到的社群运营为例，在几十万计的社群数量基数上，许多企业开始重度挖掘、服务和维护其中的超级用户（KOC），而当重决策的企业在采用小群重度服务时，也在想着如何能利用某些疯传的特性进行更大的人群覆盖。他们所思考的，类似于“三近一反”和“三人成虎”这样特性的反复组合，只是出发点完全不同。

这些用户散在不同圈层、不同平台和不同场景中。不论是哪种，在今天都不是单纯人力所能及的，都需要依赖诸多数字化工具和系统，才能将社群及背后的企业做好。

HOW BEHAVIOR SPREADS

目　录

HOW
BEHAVIOR
SPREADS

引　言

叫好VS.叫座，“疯传”如何阻碍行为的真正流行

加速社会传播的新方法

病毒式传播可谓无处不在。我们都知道，新观念可能像病毒一样能够轻易得到传播，我们也知道，对社会有益的创新行为往往得不到传播。如何解决这类问题呢？在这本书里，我将为你介绍一种用网络传播加速社会变革的新方法。

运用该方法的一个成功案例发生在 20 世纪 60 年代初的韩国。当时，韩国的人口增长迅猛，即将出现人口爆炸。为应对这种局面，韩国政府向全国民众提出了避孕倡议。20 世纪 60 年代至 70 年代初，几个发展中国家的政府也曾提出类似的倡议，但这些国家都遇到了相似的问题：虽然人们的生活条件变好了，但农村家庭的生育标准仍受传统观念影响，他们往往会担心孩子早夭，所以一般都要生至少 5 个孩子。[1]

大多数干预措施都以行为改变的心理模型为基础。有些国家利用大众传媒的宣传，一方面让超生家庭感到无地自容，另一方面强调个人责任，以此引导大众采取避孕措施。虽然这些国家的措施也起到了一些效果，但无法与韩国相提并论。韩国的避孕倡议只用了不到 20 年的时间就取得了超出预期的效果。这让我们可以从新的角度思考公共卫生干预问题，即从社会学角度思考如何利用对等网络①改变社会规范。[2]

当时，韩国所有村庄都收到了政府的避孕措施清单。虽然韩国的干预措施是在全国施行的，但其收效取决于村民，村民通过与邻居的交往了解避孕措施。在许多村庄中，社会传播的对等网络都将信息传递给了大量村民。信息得到传播后，女性都开始向同龄人学习，采用相同的避孕措施。值得一提的是，同村村民采用的避孕措施都相当一致，但不同村庄采用的措施则大相径庭。有些村庄采用的是宫内节育器，有些村庄则选择用药物避孕，还有一些选择输精管切除术。值得注意的是，避孕措施是否得到传播，并非取决于村民具体采用什么避孕措施，而取决于社会影响网络。[3]在信息成功传播的村庄中，村民间都存在相互重叠的社会关系，由此形成紧密的组织，促进了避孕措施在整个社区中的传播。越来越多的这类研究反映了一个基本事实：社会网络是传播新社会规范的主要途径。[4]

一个意想不到的问题出现了，那就是行为传播最有效的网络途径与理论上病毒传播的网络途径并不相同。虽然在病毒传播模型中，传播的成功取决于弱连接的辐射式网络，但实际上，人们在空间互动中的高重合率才是广泛传播的关键。之后几十年，人们又进行了大量传播学研究，从传播数码技术到动员社会运动，在各个领域都得出了相似的结论。**越来越多的研究表明，创新行为要想成功传播，就需要一个关系紧密、重合区域多的网络。**

如今，病毒式传播的概念为全球成千上万的科学家带来了科研灵感，其中有计算机科学家、物理学家，还有社会学家和营销学者。在这些学者所处的众多领域中，传染病流行病学为行为传播的研究指明了总体方向。一般认为，行为的传播同病毒一样。马尔科姆·格拉德威尔（Malcolm Gladwell）在《引爆点》（*The Tipping Point*）一书中明确提到：“我相信人的思想、行为、新产

---

① 在一个计算机网络，每台计算机相对于在网络上的其他计算机都可以充当一个客户端或服务器，计算机之间允许共享访问而不需要中央文件和外设服务器。——编者注

品在群体中的传播过程与疾病的传播非常相似。这不是比喻，而是字面意义上的类比……思想也像病毒一样具有传染性。”[5]

然而，我将在这本书里说明为何病毒式传播理论不利于我们理解多数行为的传播过程，以及什么样的社会网络最适合传播新事物。在揭示行为如何传播的过程中，我还将展示控制行为传播的网络结构的特征，以及这些特征如何影响社会变革的进程。虽然传播学的研究重点通常都集中在如何让产品或思想更具传播性，但在我看来，新事物本身难以被改变。因此，我的关注点在于改变群体社会网络，从而让失败的技术摇身一变，成为成功的新事物。为阐释我的观点，我在这本书里讲述了大量切实可行的传播问题的解决方法。这些研究结果提供了一种思考社会变革的网络动态的方式，为利用在线技术促进群体行为的持续性改变带来了新的希望。

我所讲述的实例涉及多个领域，如社交媒体技术的传播、全球人类免疫缺陷病毒（HIV）预防措施的推广、法国大革命后叛乱势力的发展等。这些例子主要来自我参考的一些推广医疗技术和动员社会运动方面的传播学文献。虽然从表面上看，这两个话题没什么共同之处，但二者造成社会影响的原理其实是相同的。从网络的角度来说，能够在这两大背景下促进传播的共同结构所揭示的基本网络特征，或许可用来加快各种情境下的行为传播速度。

通过阅读这本书，你既能更好地确认哪类网络能推广戒烟，也能确认哪种网络结构能加快组织的变化，还能学会创建传播新运动行为用的线上网络。这本书还揭示了利用社交媒体传播即时动态信息和鼓动政治激进主义的行为有何不同。对传播感兴趣的理论家和实践派，都能通过阅读这本书了解社会网络对行为变化传播带来的益处，以及实际利用社会网络促进传播的方法。

首先值得强调的一点是，这里提出的方法不同于社会变革的方法，后者基于这样一种假设，即人们的选择可以通过接触正确的信息来改变。虽然这一观点在许多情况下成立，但我在这本书里所要探讨的内容是针对群体而非个体。为了理解这点，我们可以以鱼群为例。我们只观察某一条鱼，是无法预测出一群鱼互动之后形成的复杂的成群行为的。同样，我们只观察一个人，也无法理解新行为在人群中传播的群体动态过程。传播和鱼儿成群一样，都是通过许多个体之间复杂的互动而形成的群体社会进程。观察人群的行为变化时也和观察鱼群一样，不把传播看作个体现象，而是看作群体现象。因此，我认为，人们所做的决定较少受到他们接收的信息的影响，而往往是受其所在网络的社会规范的影响。**这本书将会告诉你如何利用社会网络控制“成群”的过程及传播行为的持续变化。**

由直觉而来的传播理论：弱连接

人们常说，科学是由人们对世界的直觉发展而来的。谈到社会学，虽然如今看来其中许多理论都是不言而喻的，但最开始的时候并非如此。现在看起来平淡无奇的观点，都曾是用来解决社会问题的革新性思维方式。富有成效的观点会被纳为科学知识，从新奇的直觉变为日常生活心照不宣的特征，最终成为大众常识。但有些科学道理是违反直觉的，拒绝融入大众常识。这些科学道理与人们通过长久以来的进化演变、文化发展及个人成长形成的预期相悖。人们即便学习了这些道理，也还是难以掌握。

何为反直觉观点？为何人们即便了解了这些科学道理，却还是无法用直觉理解？举个例子简单说明一下。图 0-1 是两张咖啡桌。我想通过直觉了解哪张桌子更长。在观察过这两张桌子的长宽比后，你会得出怎样的答案？我第一次见到这张图是在理查德·塞勒（Richard Thaler）和卡斯·桑斯坦（Cass Sunstein）① 2008 年出版的《助推》一书上[6]，当时我猜 A 桌子的长宽比大概

① 卡斯·桑斯坦在其新作《助推 2.0》中，从行为经济学、心理学、法学、哲学等各个领域入手，探讨了助推是如何改变社会和我们的生活的，告诉我们那些看似微小的扰动是如何引发巨大变化的。《助推 2.0》中文简体字版已由湛庐引进、四川人民出版社出版。——编者注

是 3 ∶ 1 或 3.5 ∶ 1，B 桌子的长宽比大概是 1.5 ∶ 1 或 1.25 ∶ 1。轮到你猜了。

其实，这两张桌子是一样长的。认知心理学家认为，出现这种错觉是由于眼睛根据图形的方向和桌腿带来的视觉对比对图像进行了修正。当然根据每个人的理解不同，你也可以说眼睛修正错了。现在，你来量一量两张桌子的大小，消化一下刚学到的知识，然后看看别处，再看回来。你觉得哪张桌子更长？

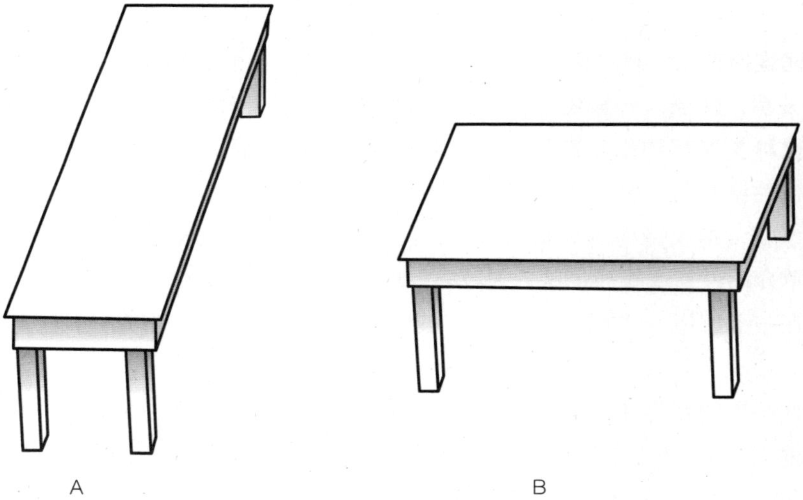

图 0-1　两张咖啡桌

问题的关键在于，虽然我们知道正确答案，但这两张桌子看起来还是不一样长。即便我们有相关知识，感知系统带来的偏差也是无法克服的。科学教育的意义就在于，让人们了解偏差，预判可能出现的错误，避免造成重大失误。放松警惕可能只是瞬间的事，但这一瞬间就可能让挥之不去的错觉误导大脑，做出不可避免的错误判断，造成严重的后果。

我所要讲的是一种错觉，是人们对社会网络的认知偏差，那是一种由直觉而来的传播学理论，不在认知科学的范畴内。就像人们认为图 0-1 中的两张桌子尺寸明显不同一样，我所指的这一理论也深埋于人们的直觉之中，挥之不去。尽管人们很愿意相信这一流行的理论，但本书将告诉你它是如何大错特错的，它让我们完全误解了行为在社会网络中的传播方式。这一理论就是弱连接理论（weak ties）。

意想不到的新问题

弱连接理论中有这样两个基础概念：强连接指我们与朋友、亲密的家人之间的关系，这些人一般也互相认识；弱连接指我们与泛泛之交的人之间的关系，这种关系将我们与在社会网络中距离较远的人联系在一起。社会学家马克·格兰诺维特（Mark Granovetter）认为："任何通过弱连接而非强连接传播的事物，都能传播给大量人群，并能在较远的社会距离间传播。"[7] 我将在第 1 章介绍最初令我涉足这一领域的发现，即这一非常有影响力的网络传播理论存在一个意想不到的问题。

这一理论之所以影响广泛，部分原因是近年来网络科学飞速发展。网络科学跨越了物理、生物、计算机科学等多个学科，帮助人们快速理解社会网络结构对传播过程的影响。这些学科都建立在一个共同的观点之上，即病毒、观点、即时消息、避孕措施、节食菜谱、流行款式、情绪、意识形态、科技等都可以由一个人传播给另一个人。这一理论的指导原则是：社交结构能够预测其在人群中传播的过程。真正让格兰诺维特的原创理论达到全盛期的是，"小世界网络"之父邓肯·瓦茨（Duncan Watts）和国际知名数学家史蒂夫·斯托加茨（Steven Strogatz）[①] 提出的小世界网络模型。这一模型证明，连

① 邓肯·瓦茨的颠覆式新作《反常识》教我们学会用反常识思维认识并应对这个复杂的世界，跳出常识陷阱，优化我们的工作与生活。史蒂夫·斯托加茨的《微积分的人生哲学》是他献给高中数学老师的深情力作，带领读者发觉比微积分更深奥的东西。这两本著作的中文简体字版均由湛庐引进，分别由四川科学技术出版社和中国财政经济出版社出版。——编者注

接距离较远的人之间的社会关系，即桥连接，显著提高了社会网络中的传播速度。[8]

弱连接假说和小世界法则相辅相成，这让许多人相信，网络结构就是以这样的方式控制社会传播过程的。但问题是，若人们将这一理论与大量实际存在的传播案例进行对照，就会发现这样一个事实：弱连接或许能在某些情况下促进传播，但在其他更多情况中却不能。

行为流行关键词
HOW BEHAVIOR SPREADS

小世界网络模型：1998 年，邓肯·瓦茨和他的老师史蒂夫·斯托加茨在两人联合发表于《自然》的论文中提出了著名的“小世界网络模型”。邓肯·瓦茨和史蒂夫·斯托加茨提出，小世界网络是一类随机图。这类网络图可以通过两个独立的结构特征，即集聚系数和平均节点间距离（也称作平均最短路径长度）来进行识别。

第 2 章的内容则解答了这些问题。问题的关键在于，复杂传播①和简单传播并不相同。**复杂传播需要接触多个采用者才能传播，而简单传播只需接触单一传染源即可传播。**计算机研究显示，复杂传播或成本高，或风险大，或需要一定程度的互补价值才可传播，弱连接可能会放慢其传播速度。这一发现对社会科学家关注的大多数传播都有影响，例如合作关系、社会规范、婚姻习俗、健康行为、投票倾向、技术应用、投资决策等，不一而足。[9] 这一发现还说明，加速传染病传播的社会网络可能降低其治疗手段的传播速度。因为疾病和信息一样都是典型的简单传播，能快速通过弱连接传播，而行为变化则是典型的复杂传播。

① 在网络科学领域，complex contagion 也被译为“复杂传染”，为了便于读者理解，本书统一译为“复杂传播”。与此概念对应的“简单传染”也在文中统一译为“简单传播”。——编者注

第 3 章将关注点从计算实验所在的数学世界转移到了通过人类社会网络进行行为传播的现实世界。此处我遇到了一个关键问题：需要发明一种方法来验证我的传播理论。在进行有关网络和传播的研究时，研究人员仅仅为了确认“传播过程是否存在”这种基本问题，就会面临诸多困难，而他们还要准确识别社会网络结构影响传播过程的方式，这简直是难上加难。因此，互联网对社会研究而言就成了无价之宝。仅用两年时间，一个独立的线上社群便可成形并容纳几千名互联网志愿者。小型实验室使用的技术加上大量数据科学分析，就能完成一场以互联网为基础的社会网络实验，以研究线上社群中行为的传播方式。由此我们得出了颇具启发性的结论：弱连接虽然能加快信息的传播速度，但会放慢行为的传播速度。

对弱连接如何快速传播信息的研究，或许无助于我们研究行为变化的传播过程。而实际上，信息通过病毒式扩散传播的速度越快，行为传播的前景可能越黯淡。由此，人们凭直觉感知到的简单的病毒式传播和复杂的行为传播之间的不同，就变成反直觉观点：**网络中的弱连接越多，新事物传播的速度可能就越慢。**

在本书的第二部分，我将利用这一社会传播理论解决一些实际存在的传播问题。第 4 章介绍了这一复杂传播理论在实际生活中的应用范围：从 Twitter 上政治话题的传播到青少年吸烟习惯的传播，均有涉猎。

第 5 章讲述了当创新者遭到社会群体抵制时，如何利用这些研究结果来解决其面临的具体挑战。例如，如何设计公共卫生干预措施，让行为变化通过网络在风险人群中形成大规模传播；如何利用社会网络在已广泛采用某一技术产品的群体中推广同类的新产品。无论在哪种情况下，我们得到的经验都是一致的：将早期采用者聚集起来可以加快新事物的传播速度。

第 6 章主要讨论组织中的传播现象，揭示了我的研究发现与传统意义上的信息经纪人在传播新事物过程中的作用存在何种分歧，并指出在组织中传播新行为、新思想时，宽桥（wide bridges）起到的重要作用。此外，我还讨论了网络结构的起源，同时说明了个人在组织中的身份如何影响网络结构的形成，并讲述了如何利用组织的特点设计出有利于传播的网络。

我在第三部分展示了实际操作的内容，在线上建立了新型社会资本，并在第 7 章展示了相关实验结果。实验内容为在陌生人之间设计能够促进新行为传播的社会网络，实验结果说明了网络关系中社会相关性和共情作用的重要性，并展示了如何通过在构建社会网络时加入同质性，来加强已有线上环境中的社会相关性和共情作用。这里的同质性指的就是不同社会联系人的相似性。

第 8 章阐述了“如何控制线上传播的行为的种类”这一难题。社交带来的影响力可大可小，创建极具影响力的网络可能反而有助于传播不良行为，造成不良后果。由此，社会网络的关系情境变得十分重要。人们在传播行为发生变化时，越是利用凭直觉而来的网络策略，越可能引发适得其反的后果。为了避免这种情况，我将带大家看一下线上网络环境中的社会比较和社会支持如何控制人们对他人行为带来的影响。为说明这一观点，我加入了一项措施调控实验，实验展示了对线上社群中人际关系的设计如何促进或抑制现实中行为的改变。

本书结语部分讨论的重点不再是强弱连接对传播产生的影响，而是说明如何用社会强化原则解释利用网络传播的行为变化的过程。观察社会关系结构的细微变化如何对群体变化的结果产生重大影响，这一方法不仅能用来理解个体行为，还能用来了解引导群体行为发生变化的无形力量。令人欣喜的是，结果符合我们的预期，即有些人虽然有理由抵抗行为的改变，但这些人不一定顽固不化，传播也不一定失败。相反，这种预期揭示了行为传播要想取得成功必须走哪条路，行为传播要想变得高效必须采取怎样的策略。

HOW BEHAVIOR SPREADS

第一部分

长桥加速信息疯传，宽桥引爆行为流行

思想、产品、信息、行为的传播与病毒无异。

——马尔科姆·格拉德威尔

《纽约客》特约撰稿人，《异类》《引爆点》作者

HOW BEHAVIOR
SPREADS

第一部分导读

为什么有的社会传播进行得很顺利，有的却很困难？比方说，为什么 HIV 的传播十分迅速，预防 HIV 感染的行为却较难得到传播？这类问题的症结在于，人们以为大多数社会传播的方式与疾病一样。在疾病传播中，一个流感患者可以把病毒传染给许多人，这些被传染的人又可以把病毒传染给更多人。人们认为，信息的传播过程和疾病的传播过程尤其相像：一个人无须付出任何代价，就可将新闻故事反复讲给许多人听，这些人又可将故事在人群中传播开来。但如果传播就是这样形成的，那为何许多社会运动的传播却要耗费几个月甚至几年的时间？为何许多新兴技术难以迅速发展？为何疾病预防策略经常无法起效？人们在病毒传播中吸取的教训，能否用来改进行为的传播，进而有助于从社会运动到新兴技术等任何事物的传播？

为了解答这些问题，我在读博士期间，耗费数年研究了理论上行为通过社会网络传播的动态过程。研究发现，许多情况下，增强群体网络联通性等用来改进传播的常用方法反而会导致传播速度减慢。现实中，加速病毒传播的条件竟然可能阻碍行为的传播。这样的结果颠覆了有关传播的传统观念，说明我们应采取新方法研究社会网络中的传播。事实上，增加病毒式扩散的渠道可能妨碍行为的改变。

我将这些理论成果与我的博士生导师迈克尔·梅西（Michael Macy）联名发表在了《美国社会学期刊》（*American Journal of Sociology*）上。[1] 你可以在第 2 章读到这些研究发现。我也开始思索一个更深刻的问题：这一有关传播的新理论能否经受住现实的考验。

那么，如何将这一关于传播的新理论应用于现实中的行为改变过程呢？我当时有幸加入了哈佛大学的罗伯特·伍德·约翰逊（Robert Wood Johnson）卫生政策学者项目。我在那里的导师尼古拉斯·克里斯塔基斯（Nicholas Christakis）[①]帮忙想出了可以检验复杂传播理论的方法。但问题在于，目前还没有方法能检验传播的网络模型。

那时候，有关利用互联网研究社会行为的想法还处在萌芽阶段。我经过几个月的思考，排除众多思路，最终认定可以通过基于互联网的实验对我提出的传播理论进行因果检验。我已将相关研究结果发表在《科学》杂志上，你可以在第 4 章读到这些研究成果。[2] 此外，我还在附录中描述了如何在其他研究领域应用这些方法。

美国社会学协会及社会学之外的其他学科研究人员都对这些观点称赞不已，由此我想到可以换一种形式解释这些观点，这不仅能让数学家、社会学家和网络科学家理解，也能让对社会网络中的行为传播这一问题感兴趣的大众理解。自此，我开始思考如何将该理论观点应用于各种各样的具体情境之中，以及它能否用来解决实际存在的传播问题。本书的第二部分全由这类实例组成，从为集体行动选取有效的动员网络，到为公共卫生干预措施寻找有效的传播方式，均有涉猎。我还谈到了占据“结构洞”（structural holes）的信息经纪人带来的影响，以及如何促进组织中的信息传递。经过这些实例的研究，我又着眼于这些观点可能带来的更普遍的影响，即对公共政策的影响。我为此开展了几项实验，这就是本书第三部分讲述的有关社会设计的内容。

---

① 耶鲁大学社会与自然科学斯特林教席，他在著作《蓝图》中雄辩地向我们证明，为什么我们会以社会的形式生活，为什么成功的社会都具备那八大特征。另一著作《大连接》讲述了社会网络是如何形成的以及对人类现实行为的影响。这两本著作的中文简体字版均已由湛庐引进，分别由四川人民出版社和北京联合出版公司出版。——编者注

HOW BEHAVIOR SPREADS

第 1 章

为什么面对新事物，我们往往难以接受

人们希望得到传播的事物往往得不到传播，而人们不想传播的事物，即便遭到全力阻拦，依然能够大肆传播。[1] 阅读这本书，你将获得答案。

举个典型的例子，HIV 和艾滋病的传播就在全球造成了灾难性后果。HIV 的传播速度之快是史无前例的。1980 年第一例艾滋病患者确诊，自那之后的 35 年间，全球有 3 700 多万人感染艾滋病。这种疾病的传播规模之所以如此惊人，部分是因为它可以通过性接触传播。如果 HIV 不具备这一特性，那么切断其传播的方式就相对简单。要遏制不安全性行为并不容易，这一难题让艾滋病成了史上最具毁灭性的传染病之一。[2]

令人意外的是，对男性进行包皮环切术能够有效阻止 HIV 的性传播。这一手术有效降低了女性传染给男性的概率，可以避免感染者在不知情的情况下将病毒传染给多个性伴侣。

HOW BEHAVIOR SPREADS
行为流行实验室

在撒哈拉以南非洲，公共卫生人员阻止 HIV 进一步扩散的主要方法就是鼓励青少年和有性生活的成年男性接受包皮环切术。[3] 但在许多国家，包皮环切术的推广十分缓慢，因为当地的宗教信仰和社会习俗十分排斥这种行为。这种文化冲突在肯尼亚尤其尖锐。虽然该国每 4 个成年人中就有 1 人感染 HIV，但在刚开始推广包皮环切术时，当地感染最严重的几个地区都出现了集体抵制运动，这些地区的非政府组织工作人员遭到了暴力驱逐。[4]

要解决这一问题，一种直观的方式就是提供能阻止 HIV 传播的替代方案。新方案要对人体的侵害更小，对文化的刺激更少，与此同时又要和旧方案一样有效。过去 5 年间①，在 HIV 预防方面出现的最激动人心的发明，是暴露前预防（pre-exposure prophylaxis，PrEP）药物治疗。每日服用 1 片抗逆转录病毒药物可有效预防 HIV 感染，预防率高达 90%。这种高效的药物疗法基本可以阻断 HIV 的传播，推广时也不会遇到推广包皮环切术时面临的问题。[5]

然而，近期有两项针对撒哈拉以南非洲的女性开展的实验表明，服用药物不能预防 HIV。原因很简单：基本没有被试真的在服药。其中一项实验采集了被假定为每日服药的女性的血液样本，结果仅从 30% 的样本中检测到药物成分。这一发现令 HIV 研究团体十分担忧，他们没有想到，人们的药物依从性②竟然这么糟糕。由于 PrEP 药物也能用来治疗 HIV 感染，在对被试的随访中，部分女性就表示，她们担心这种药物可能反而让她们感染 HIV；另有一些女性担心服药会让当地人认为她们感染了 HIV，进而歧视她们。[6]尽管被试在当地接受过有关药物安全和预防 HIV 重要性的咨询服务，但以上担忧在被试群体中仍然十分常见。与包皮环切术一样，药物治疗也遭到了人们的极力抵制，传播受阻。[7]

① 原书于 2018 年出版，本书提到的时间范围以 2018 年为参照基准。——编者注

② 患者对药物治疗方案的执行程度。——译者注

传播的基本问题便是无法成功推广某一行为，只要人们不愿改变行为，传播就会失败。无论是宣传疫苗接种、引入创新技术，还是推广环保型经营方式，都会遇到同样的问题。新事物越让人感到陌生、不便、不适，价格越昂贵，就越可能遭到抵制，也越可能传播失败。[8]

解决这一问题的常用方法是从新事物本身下手，让其用法更简单、知名度更高、价格更便宜。多数情况下，这些方法都很有效。但如果新事物不能被“简化”为更易传播的形式呢？有时候，文化观念和根深蒂固的行为规范可能让人们长期抗拒变化的出现，尤其在变化冲击到他们对性别、地位、权力的基本理念时，他们的抗拒会越发持久。[9]

HOW BEHAVIOR SPREADS
行为流行实验室

美国芝加哥大学的人类学家迈克尔·迪特勒（Michael Dietler）举过一个有趣的例子：在肯尼亚的村庄中，许多家庭饱受茅草房顶隔热性差之苦，但泥砖房却未能在此地推广成功。泥砖房的工期时长与茅草房的相近，但造价更便宜，也更结实耐用。然而，当地婚姻关系的维系靠的是男强女弱的劳动关系，比如在需要不断修缮房顶这件事上，女性完全依赖男性。泥砖房可能让这一依存关系不复存在，让村中的婚姻关系不再稳定。直到村民看到附近社区中有几户人家造了泥砖房，发现他们即便采用了这种全新的建筑技术，也有办法保留婚姻中的依存关系，这才让泥砖房在村庄中得到了推广。[10]

有些人可能因变化失去特权，所以反对变化；有些人可能从变化中获益，却也不希望看到自己已经熟悉的关系被打破。因此，诸如避孕措施、疫苗接种、灌溉技术甚至教育方式等技术和医学上的革新，一旦可能打破固有的社会关系模式，就可能遭到抵制。[11] 对这一问题，我探索出了一种新的解决方法。我研究的不是如何改变新事物，而是如何改变群体的社会网络以促进新事物的传播。

为什么中国的民营企业能在温州而不是上海发展起来？为什么加利福尼亚州马林县（Marin County）的反疫苗运动能让当地家庭不再为孩子接种疫苗，这种情况又该如何处理？[12] 这些问题的答案说明了社会网络结构是怎样阻碍或加速行为传播的。改变行为不一定能让其变得更具吸引力，但我们可以通过特定的社交途径，让新行为变得更合乎情理、更易接受。

可以实践这一方法的情况数不胜数。为方便理解，我将总结出这些情况的共同特征。好在我们有一个通用的表现模型：社会传播网络模型。

在社会网络中发现行为传播的新方法

社会网络已经成了所有社会科学家的通用语。从研究古印度制陶技术传播的考古学家，到研究如何推动巴以冲突调解的社会心理学家，他们都会提到这个词。[13]

与网络相关的术语出现的领域如此之多，让“社会网络”一词的内涵在过去几十年中迅速演变。如今其用法之多常常让人感到困惑。图 1-1 可以帮助你更好地理解这本书里所讲的“社会网络”一词。[14] 起初，社会网络就是自我中心网络，其中有一个个体或者说自我（就叫他“鲍勃”吧）及他的几个直接社会联系人。[15]

在图 1-1 中，社会网络的核心节点鲍勃有 4 个联系人，分别是玛迪逊、基兰、肖娜、塔维什。我们通过观察鲍勃联系人的特征，就能对鲍勃的人际交往模式有一定了解。鲍勃的朋友多是男性、女性，还是性别焦虑人群？他的朋友和他同属一个人种吗？他的朋友都属于同一人种还是混血？鲍勃的经济状况、政治信仰和朋友们类似吗？

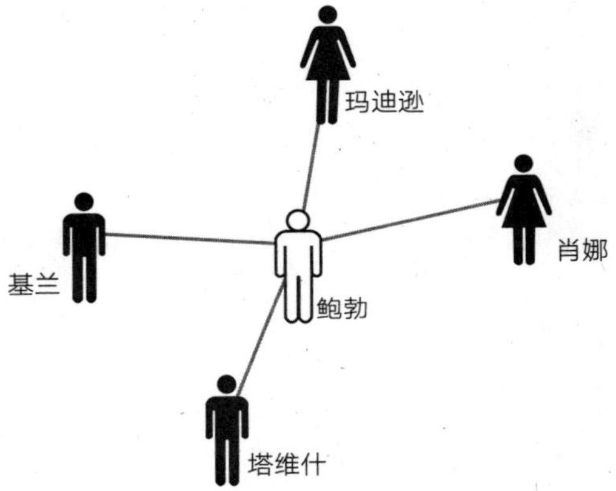

图 1-1　自我中心网络

虽然图 1-1 展示的是社会网络的基本概念，但由此我们可以根据社会、政治信仰、人种、健康状况和宗教价值观等一系列特征，判断一个人的社会网络属于隔离型还是融合型。过去几十年中，几个重要创新的传播都不是通过自我中心网络达成的，但这一网络在几个重要的社会学领域中应用颇多。比方说，对美国文化和社会变革的一般趋势的研究就用到了自我中心网络，研究人员在得出社会支持网络中的同伴影响模式时也用到了这一方法。虽然自我中心网络可以用来研究许多问题，但在研究超出其范围的传播过程时存在明显局限性。[16]

马克・格兰诺维特对弱连接的研究为社会网络和传播的研究带来了重大突破。格兰诺维特的弱连接理论建立在德国社会学家格奥尔格・西梅尔（Georg Simmel）等人的观点之上，他强调，要理解人际网络在社会传播中的作用，就必须跳出自我中心网络。[17] 要理解鲍勃的观念和行为，只观察与鲍勃有联系的人是不够的，还要观察与鲍勃的朋友有联系的人。

从图 1-2 中可以看出，鲍勃的朋友玛迪逊和基兰也有联系，而肖娜与鲍勃的其他朋友完全无关。在这种结构模式下，玛迪逊和基兰可以迫使鲍勃遵从他们认可的行为。同理，基兰和鲍勃也可能一起迫使塔维什遵从相同的行为。

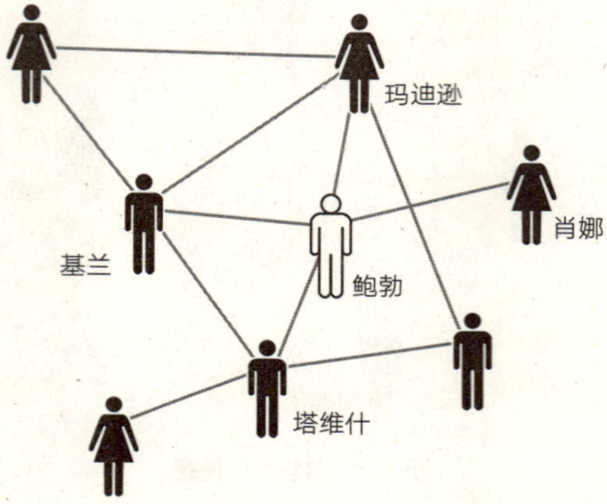

图 1-2　朋友的朋友网络

与之相比，肖娜感受不到鲍勃其他朋友面临的社会压力，此时我们说肖娜属于鲍勃社会网络中的弱连接。因此，鲍勃与肖娜的关系就成了一个珍贵的渠道，可以用来向鲍勃的邻里传播新理念、新信息、新行为。随着弱连接理论的出现，探索强弱连接影响力的文献大量涌现，从企业交流网的战略优势，到校园种族隔离，再到 HIV 的传播，无不涉猎。[18]

如今，研究网络的新方法是跳出自我中心网络，我们要观察的不仅是鲍勃的朋友和这些朋友的朋友，还有他朋友的朋友的朋友，以及他朋友的朋友的朋友的朋友，以此类推，直到整个群体都被纳入其中。如图 1-3 所示，这幅社会网络鸟瞰图展现了几百万人的社会关系全景，是大规模社会关系结构的一种表现形式。

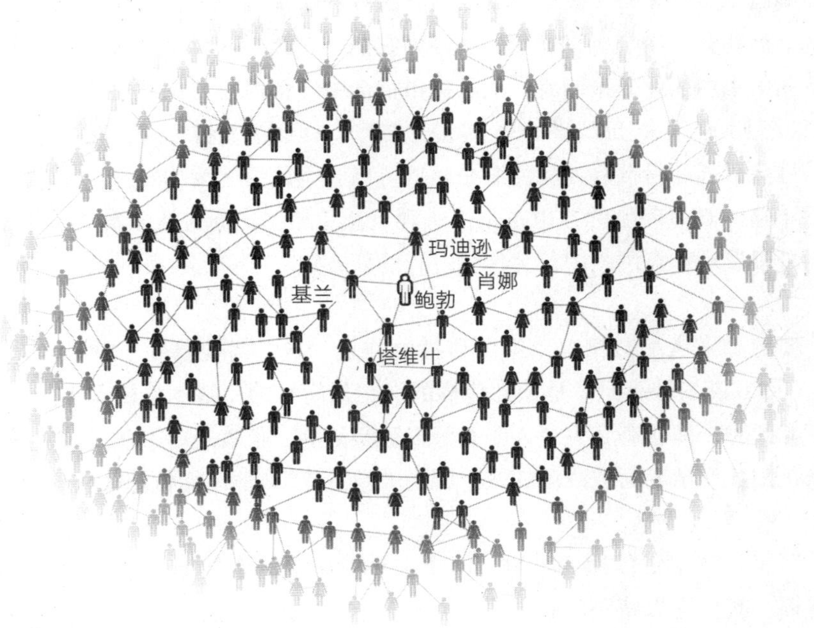

图 1-3　社会网络鸟瞰图

社会学从自然科学和数学中引入了新的计算分析法，例如网络科学和数据科学，来研究这些大规模社会网络，由此我们得到了高度联通的社会网络的大量统计学特征，并提出了一些新概念，如小世界拓扑和无标度网络，这些都可以用来研究网络结构对人群集体行为的影响。[19]

行为流行关键词
HOW BEHAVIOR SPREADS

小世界拓扑：缩短陌生人之间距离的弱连接网络。

无标度网络：由高度联通的多个“中心”将群体连接在一起的网络。

不过，虽然来自“硬”科学的新方法有利于社会网络的研究，但人们应该谨记，这些新方法之所以有用，是因为它们本就源于社会学。西梅尔在研究存在从属关系的团体关系网时，就已提出社会中广泛存在的关系模式可能对日后的新行为具有重大意义。[20] 一个多世纪以来，社会学领域一直存在一个根深蒂固的观点，那就是社会互动的潜在结构可以影响社会生活的发展。我的方法正是基于这一观点产生的，也正是这一观点让我相信，通过探索群体网络结构，人们可以发现掌控网络中行为传播过程的新方法。

要想知道大多数情况下网络传播的特点，我们需要首先了解社会“传染病”，比方说某种病原体是如何传播的。在最简单的传播网络模型中，群体中只存在两种个体状态。一个人要么是未被激活的，也就是传染病的“易感者”；要么是因社交活动而被激活的，也就是“感染者”，他可能将传染病传给他人。

图 1-4 展示了传播的过程，由第一个被激活的个体鲍勃开始，传染病逐步传播。我们可以将鲍勃想象为“种子”，他是 0 号患者。这颗种子是由外部因素激活的，但后续一次又一次的激活都由内部因素引发，即源自鲍勃的社会活动。一旦鲍勃将传染病传给了自己认识的人，他们就会被激活，并可能接着激活他们认识的人，以此类推，传染病就在这一网络中得到了传播。

人与人之间的传染病传播可能遵从多种规则。最简单的传播规则是，鲍勃将传染病传给了他的每个联系人。之后，鲍勃的联系人又激活了他们的所有联系人，以此类推。依据这一简单的传播规则，图 1-5 展示了在一个联通的网络中，单个被激活的种子是如何将传染病传给一个又一个人，最后导致整个群体都受到感染的。

个体的社会网络可以用来追溯某种病原体的传播轨迹，也可以用来预测有多少人可能会被感染。网络传播模型的用处之一是，展示传播过程的发生时间和发生方式。传染病是否会暴发并流行，通常取决于疾病传播依赖的连接模式。

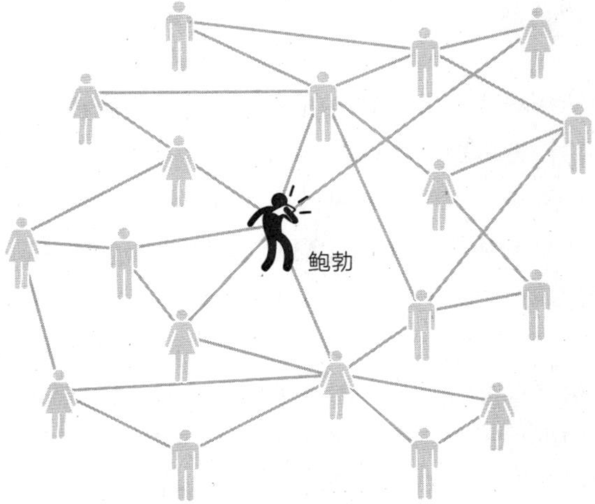

图 1-4　0 号患者

图 1-5　社会“传染病”的传播过程

在行为传播上，我们通常假定，一旦某人被激活，他就会保持激活状态。在公共卫生领域，这叫“一步到位”的干预行为，比如进行包皮环切术和注射脊髓灰质炎疫苗均属此类干预行为。个体只需被激活一次，就能终身“受益”。

安全套则与之不同，它只在人们使用时才有效。[21] 同理，预防性筛查、PrEP 药物治疗、糖尿病的治疗、疟疾的药物治疗都需要定期反复进行，这样个体才能保持激活状态。

以上两种激活模式，即一步到位模式和长期保持模式，存在的区别及其在如何有效促进网络传播方面带来的启示，对几乎每种传播过程的研究都至关重要，因此我将在接下来的章节中详细讨论。好在传播的网络模型可以用来研究所有激活形式，例如对麻腮风疫苗（MMR 疫苗）、情绪传染、品牌忠诚度等一切对象的研究。

现实中的传播过程非常复杂，网络模型的简洁使它十分受欢迎。只要是通过社交活动对行为进行传播推广，都可以用这一网络模型表示出来。仔细观察网络，人们就有可能判明连接结构是如何影响传播过程的，从而对“社会网络如何影响行为传播”的问题产生新的理解。

弱连接加快传播速度，小世界比大世界更适合传播

格兰诺维特的弱连接理论对这一问题给出了最佳回答。在格兰诺维特的理论中，“强”和“弱”都有双重含义：一重含义在于“关系”，即强弱二元层面；另一重含义在于“结构”，即群体层面。他将人与人之间的关系看作个体影响他人的渠道，这一渠道的影响力可大可小，其强度即“关系”强度。

行为流行关键词
HOW BEHAVIOR SPREADS

弱连接：它连接的是泛泛之交，他们接触较少，疏于经营彼此的关系，也不太可能影响彼此。

强连接：它连接的是亲密的朋友或亲属，他们接触频繁，在交往中倾注了许多情感，且彼此高度重视。

强连接让我们更相信对方提供的信息，更容易受对方感染，它增强了密友带来的影响力。正如埃弗里特·罗杰斯（Everett M. Rogers）所言：“毫无疑

问，密友间的网络连接具备的潜在影响力，比弱连接的潜在影响力更强。”[22]

格兰诺维特还引入了强弱连接在“结构”上的含义。关系的“结构”强度，指的是关系将原本疏远的节点连接在一起，以此推动社会网络中传播、聚集、融合现象的能力。他认为，在“关系”这层含义上的弱连接不明显，也不常见，却往往属于“结构”含义上的强连接，因为它为社会网络的传播提供了捷径。泛泛之交就属于“关系”含义上的弱连接，它通常出现在社会距离较远的个体之间，这样的个体在网络中一般没有共同的朋友。这些“长连接”两端的节点本可能十分疏远，如此连接起来，就成了交流新信息的渠道，大大提高了信息传播的概率。

格兰诺维特发现，如果两个人各自和第三个人存在强连接，那这两个人之间很可能也有连接。形成这一结构规律的原因如下：第一，我们一般和熟人有共同点，这些熟人之间一般也有共同点，因此他们很可能结成关系；第二，我们一般和强连接对象处在相同的社会情境中，比方说，我们可能常去同一座教堂、住同一片社区、上同一所学校等，因此我们的强连接对象一般也处在相同的情境中，很可能经常见面。更重要的是，因为我们经常与熟人互动，所以这些熟人可能也在一起互动。如图 1-6 所示，鲍勃与塔维什、基兰的关系越近，塔维什和基兰的关系就可能越近，这令他们成为关系密切的三人组。[23]

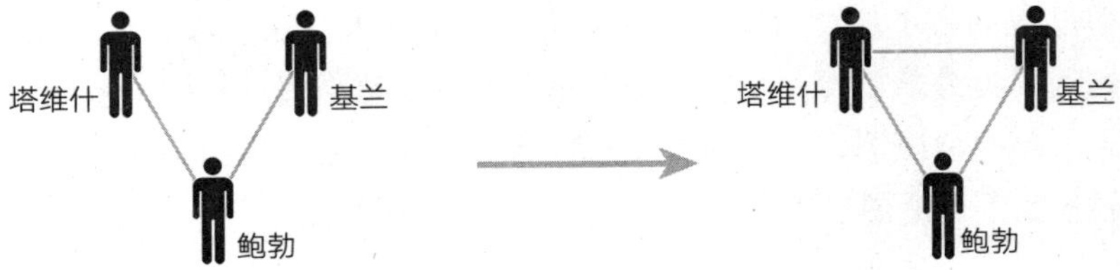

图 1-6　三元闭环

也就是说，强连接往往出现在“关系密切的三人组”中，这种三人组就是网络中的社交三角。研究社交三角的网络学者经常会问："哪些有共同朋友的人会产生联系？"答案在于这些人邻里间的"群聚"程度，以及邻里间关系的平均强度。

由此，关系强度和结构强度就实现了相互转化。强连接一般成群出现，所以群聚的关系强度一般较大。与之相对，跨越了较远社会距离形成的网络关系一般是弱连接，所以弱连接的长度一般较长。

从每个人的关系角度来看，强连接是人们社会网络中最重要的关系。强连接对象离我们更近，更值得信任，与我们也更熟悉，因而对传播影响更大。然而，从整个网络的鸟瞰角度看，强连接也容易造成一堆密不可分的社交三角，这些三角数量冗余、挤作一团。因此，**一种传播要想通过强连接从网络的一端传到另一端，就要经过众多群聚型邻里。**

图 1-7 就是这样一个例子。最左侧圆盘中涂黑的小人是马娅，她要招一名编程人员，想通过自己的"口头传播"网络将这一招聘信息传播出去。这张图展现了马娅的招聘信息在一个群聚型网络中的传播过程。在这一网络中，每个人都有 4 个联系人，2 个在左侧，2 个在右侧。在最左侧的圆盘中，马娅作为"种子"开启了传播过程。她把招聘信息告诉了她所有的熟人，并让他们把这个信息传播给他们所有的熟人，以此类推。中间的圆盘展示了这一传播过程的第 1 步，马娅激活了 4 个直接联系人，这些人也被涂成黑色。最右侧的圆盘为第 2 步，马娅的每个联系人都将招聘信息告诉了他们的每个联系人。理想情况下，马娅的"口头传播"网络中会出现病毒式传播，这会让她轻松找到合适的员工。

但这里出现了一个问题，那就是马娅的朋友中有许多人会将招聘信息回传给已经知道了这个信息的人。在第 1 步中，马娅把招聘信息传达给了阿伦和埃米；在第 2 步中，阿伦和埃米把这一信息传达给了各自的联系人。但由于阿伦和埃米相互认识，他们就在第 2 步中向彼此传递了多余的信息。本应将信息传达给新人的传播过程就这样作废了。如果马娅的朋友与他们彼此之外的其他人存在网络关系，那传播的效率会高得多。

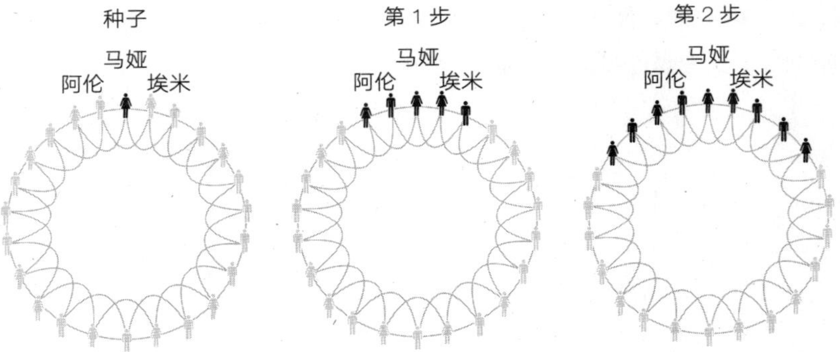

图 1-7　群聚型网络中的传播

在群聚型网络中，这种信息浪费不可避免。在存在众多三角的网络中，每两步传播中往往就有一步是反向传播。如果我们重复这个过程，一步接着一步，就会发现虽然强连接中的每个人都在主观上高度相关，但从整体来看，这种网络在客观上存在严重的传播冗余现象，传播效率极低。

与强连接相比，弱连接对象是每个人的自我中心网络中在关系层面上最不重要的联系人。由弱连接相连的人往往没什么共同点，交往不频繁，交集也不多。从主观角度来看，他们往往是个人社交圈中最不引人注意的部分。

但格兰诺维特发现，正因如此弱连接才在传播中至关重要。弱连接被排除在强连接网络之外，因而具有极高的结构强度。强连接一般都是共同好友群聚而成的社交三角，弱连接则是群体中随机出现的分叉。[24] 格兰诺维特的一个重要观点就是，在传播中起关键作用的是结构，而非情感。即便没有情感因素，单纯在网络中增强弱连接的结构效应也能成为连接较远区域的捷径。

图 1-8 利用小世界网络模型说明了这个观点。这 3 个圆盘由左至右，展示了在群聚型群体中引入弱连接后，网络的传播能力发生了何种变化。图 1-8 中最左侧的圆盘展示的群聚型网络和图 1-7 中最左侧的圆盘展示的相同。在这一网络中，马娅和朋友的邻里有重合部分，每个人都有 4 个联系人，2 个在左侧，2 个在右侧。图 1-8 中的 3 个圆盘从左至右，探索了群聚型关系经过“重新分配”变为弱连接后，网络会发生什么变化。

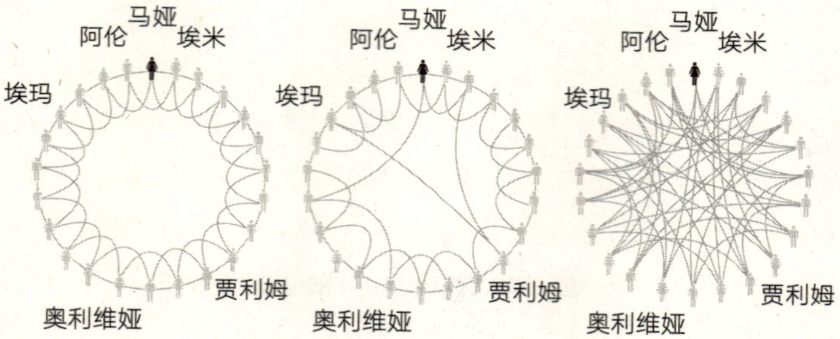

图 1-8　小世界网络模型

由最左侧到中间的圆盘，我们能看到个别邻里关系被去除了，这些关系被随机连接到了群体中的其他人身上。[25] 过去，埃玛和贾利姆之间的关系隔了许多人，现在他们则有了直接联系。这些随机连接形成的“捷径”在网络中能到达的距离比原本的关系更远。有了这些长连接，原本要经过许多步才能从马娅传到奥利维娅的招聘信息，现在仅需两步就能传达到位。较疏远的人际关系变为了加速传播的渠道。

人们常用“分隔度”来描述以上现象，这一概念因提名普利策奖的戏剧《六度分隔》（*Six Degrees of Separation*）而广为人知。[26] 这部戏剧重点讲述了随机关系的力量，这种关系将一个社会中本可能一辈子都毫不相干的人联系在了一起。这正是小世界网络模型要阐述的观点。

在小世界网络模型中，每个连接都可被视为一次握手。分隔度指的是连接 2 人所需的握手次数，即随机选中一个人，使他通过一个个朋友的朋友，与另一个随机选中的人连接在一起所需要的连接数。

通过计算网络的平均分隔度，我们就能知道一个世界到底有多“小”。**术语“小世界”指的是仅需几次握手，就能让任意两人连接起来的网络。而高度群聚型网络通常属于“大世界”，穿越大世界一般需要成百上千次握手。**

我们再看一下图 1-8 中的网络，假如有一个比图中展示的规模大得多的网络，比方说一个 8 万人的网络。如果这个网络与图 1-8 中最左侧的圆盘展示的群聚型网络类似，是一个群聚型网络，那么其分隔度就与人数规模相当。如果网络中有 8 万人，那么其平均分隔度就是几千。要让其中任意 2 人连接在一起，就需要几千次甚至几万次握手。

但如果我们对群聚型网络中的关系进行重新分配，生成长连接，那就会减少每个人邻里中冗余的关系数，这一网络的全局拓扑结构就会从群聚型大世界变为随机化小世界。[27] 图 1-8 中最右侧的圆盘，展示的就是完成重新分配后，每个人的邻里中都不再有群聚现象的网络。此时，所有关系都是弱连接。

对马娅的口头传播计划来说，这意味着由她开始的每一步，即通过她与朋友间的连接、她朋友与她朋友的朋友间的连接等的传递，所传播到的人数是网络结构变化前的数倍。小世界网络模型为“六度分隔”原则提供了一个简洁的数学化解释。[28] 在小世界网络中，任意 2 人间的距离与网络规模的对数相当。因此，即便一个网络中人数众多，其分隔度仍然小得惊人。所以，即便网络中的人数达到 8 万人，任意 2 人间的平均分隔度也会从几千降到 4 左右。即便人数达到 10 亿人，要将任意 2 人连接到一起，平均也仅需不到 10 次握手！

小世界网络模型及其为传播带来的重大影响，巩固了格兰诺维特的弱连接理论。在小世界网络模型出现的几十年前，格兰诺维特就首次提出了弱连接理论，但并未给出清晰的阐释。[29] 格兰诺维特的观点和小世界网络模型都是基于同一个理念产生的，那就是网络中不断增加的弱连接，能够显著增加每个个体在群体中的暴露程度，并以此加快传播的过程。小世界网络模型带来的惊人结论，仅仅展示了弱连接的影响有多明显。对于一个由单一种子开启的传播过程而言，世界越小、弱连接占比越多，网络中每次传播影响的人数增长得就越明显。因此，弱连接能将传播过程从在某一区域人群中的缓慢传递，转变为在整个社会网络中突发的病毒式传播。

这些对马娅的口头传播计划有何意义？图 1-9 至图 1-11 模拟了相应的传播过程，是基于图 1-8 中的三个网络展开的“计算实验”：图 1-9 展示的是群聚型空间网络，图 1-10 是改造为部分弱连接的网络，图 1-11 是完全由弱连接组成的随机型网络。每张图从左至右的三个圆盘，按时间顺序展示了整个传播过程。每个圆盘上都标注了传播过程所经过的时间节点。

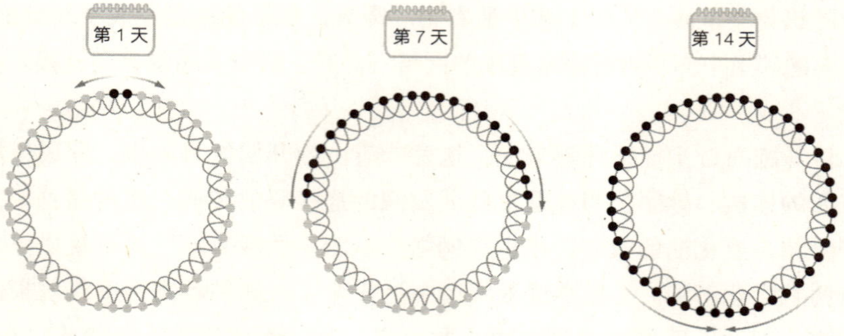

图 1-9 大世界中的传播

三个实验开始时，除了两个开启传播的种子，所有节点都未被激活，呈灰色。他们还没有做出要传播的行为。两个种子节点呈黑色，他们是开启传播过程的社会创新者，名为马娅和阿伦。传播遵从一条基本的社会传播规则。对任何口头传播而言，只有通过直接接触已被激活的联系人，才能激活新的联系人。节点一旦被激活，就会变为黑色，并将信息传递给他们的联系人。直到社会“传染病”遍布整个网络，传播才算完成。

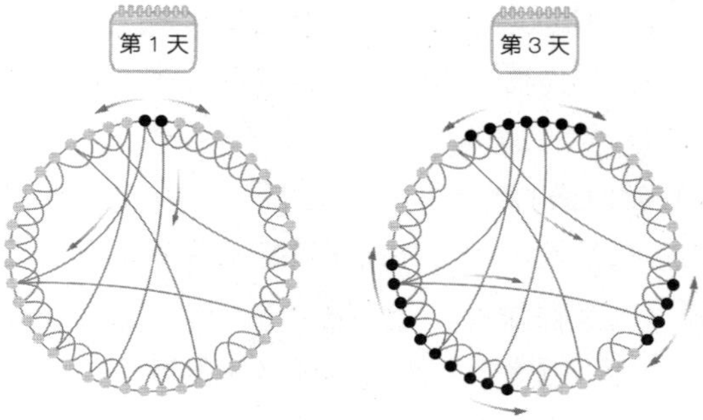

图 1-10　通过弱连接传播

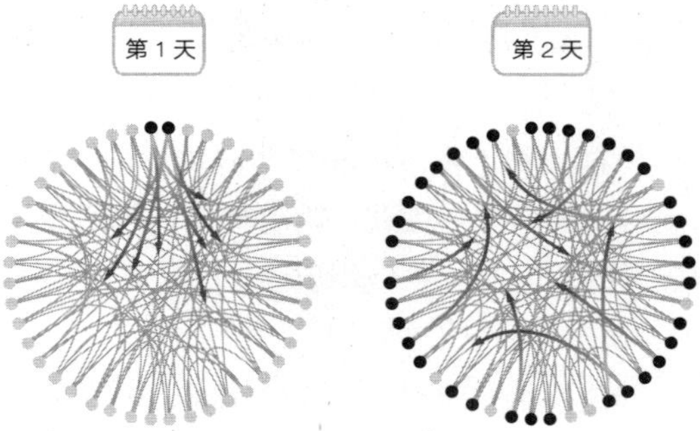

图 1-11　小世界中的传播

在图 1-7 和图 1-8 中，每个人都有 4 个联系人，2 个在左侧，2 个在右侧。在图 1-9 中，传播过程开始后，信息由种子节点发出，传给其两侧的联系人。然后，这些联系人将信息传给他们的联系人，以此类推，信息将传遍整个网络。最终，口头传播用了 14 天才将信息传向一个又一个街区，最终传遍整个群体。

加入弱连接后，这一过程就变得有趣起来。在图 1-10 的传播实验中，除了网络中的部分连接被改造为随机分配的长连接，其余条件与图 1-9 相同。需要注意的是，网络中的关系数量不变，每个人的联系人仍然是 4 个。唯一的区别是，部分联系人不再彼此连接，传播冗余的情况不再那么严重。

在图 1-10 中，传播过程开始时的状态与图 1-9 相同。信息先传给附近的联系人，但一接触到有长连接的联系人，传播方式就发生了改变。信息会穿越网络，在新区域中呈扇形传开，当接触到另一个长连接节点时，信息会再次穿越。每个长连接都将招聘信息传到了网络中一个尚未被激活的区域。结果，招聘信息的传播速度就比原先快了许多。过去需要 14 天才能让网络中的每个人都知道信息，现在仅需 5 天。

那如果加入更多弱连接呢？图 1-11 将同样的实验搬到了一个完全随机的网络中，其中所有关系都经过了重新分配。这个网络中的传播冗余现象被减到最少，每个人在网络中的暴露程度都达到了峰值。和之前一样，每个人都有 4 个联系人，但这次的网络中没有群聚型邻里。因此，随着传播过程的展开，每个收到信息的新人都能让信息的暴露程度呈指数级增长。

这些实验结果向人们展示了弱连接为传播带来的惊人影响。在传播的第 1 步中，招聘信息从种子节点传出，激活了 8 个新的联系人，这 8 个人又将信息传给了 32 个新联系人。社会“传染病”在一瞬间就传到了网络各处，接下来仅需一步，就能激活群体中的所有人了。马娅将信息传出去后，仅用 2 天就找到了理想的面试者奥利维娅，而奥利维娅是通过朋友的朋友知道招聘信息的。[30]

这些惊人的传播过程明确告诉我们，长连接对传播的影响极大。**虽然长连**

接对于情感而言很脆弱，但对于结构而言很强大。它的社会功能令人印象深刻，能将大而散的网络连接在一起，用跨网络的高效路径取代以邻里关系为基础的低效路径，让社会“传染病”得到快速传播。[31]

正如格兰诺维特所言：“任何通过弱连接展开的传播，都比通过强连接展开的传播受众更多、范围更广。”[32] 这一观点的影响力不容小觑。从病原体的传播到社会运动的发展，[33] 传播研究涉及的每个领域一般都符合这样的规律：弱连接加快了社会“传染病”的传播速度，小世界远比大世界更适合传播。这一凭直觉而来的网络传播理论，是成千上万个当代社会传播研究的基础。在了解了这一直觉理论后，我们将对这一理论与行为传播的实证研究进行对比，看看能得出什么结果。

弱连接无法解释社会行为的传播

社会运动也许是社会学中研究网络传播最常见的对象。正如当代西方著名政治学家罗伯特·帕特南（Robert Putnam）所言：“社会网络是运动组织者会用到的典型资源。比如，选举运动的重要资源是读书会；让宾夕法尼亚州的人在三哩岛核事故之后加入草根抗议运动的是朋友关系网络，而非环境保护主义；让美国民众参与到民权运动中的不是理想或私利，而是社会关系。”[34]

当社会运动的成员从最初的活跃分子发展为新成员时，每拨参与者都是一线成员。根据格兰诺维特的观点，弱连接自然会为传播过程加速，将招募活动传播到外部的密友网络，吸引更多区域的人的关注。如果社会运动存在风险，那一开始想加入的人可能就不多，这时若想动员大量人员加入，就更需要能够激活弱连接的招募网络，增加运动在群体中的暴露程度。[35]

但奇怪的是，**社会运动的发展往往不符合弱连接理论的预测。**与前文模拟的直觉预期不同，一直以来对集体行动的研究都表明，动员活动的传播是从相邻空间开始的，像波阵面一样，通过群聚型网络传播，而非像病毒一样，通过长连接跨越网络在全球暴发。[36]

美国耶鲁大学社会学教授罗杰·古尔德（Roger V. Gould）研究的巴黎公社运动就是这类传播的典型例子。[37] 这次运动始于战争后的巴黎，是从城市中关系紧密的小型社区开始的。它没有利用长连接激发新区域参与其中，而是利用人口密度较高的都市邻里，在相邻区域逐步展开。

这种传播模式难以用弱连接理论来解释。我们可以把传播比作一条流淌的河，河从高地流向入海口。如图 1-12 所示，在河流主干流向入海口的同时，还有许多小的支流趁机分叉，以更快的速度流入大海。主干宽阔蜿蜒，流速较慢，而支流就像弱连接，它们是让河水脱离主干快速流入大海的捷径。

古尔德的发现相当于观察到一道洪水冲入主干，却完全避开了所有支流，这着实令人困惑。诚然，力学定律告诉我们，物理上材料的流动必会利用一切可能的途径，特别是最高效的途径。[38] 但古尔德的研究结果表明，人类社会的传播过程似乎并不遵循这条定律。

图 1-12　分叉的河流

准确来说，根据古尔德对动员活动在巴黎的传播过程的描述，这次运动是在经过了当地的每个邻里居住区后，才传播到距离更远的城市人群中的。古尔德记录的传播过程似乎漫长得不自然。长连接就像河流的支流，让社会运动有机会跳出地理空间的限制，激活新区域的群体。正因为长连接能够突破地理空间的限制，人们才害怕传染病的流行，病毒式营销策略才能起效。这种传播理念与古尔德的描述大相径庭，后者似乎过于"平面"。然而，尽管古尔德描述的传播过程受地理空间所限，速度较慢，最终却发展为革命的海啸。

我们从网络的角度很难解释这种现象。如果传播过程限制了传播路线，降低了传播给更多人的可能性，那就不应该造成如此大的影响。我们通常理解的规则是：暴露程度越高，传播范围就越广。正如格兰诺维特所言："可以预见，相较于安全、常态的新活动，人们更抗拒高风险、反常态的新活动，所以我们必须先在早期让许多人接触并采用这一新活动形式，然后才能引发连锁反应，将新活动推广开来。我认为，弱连接多的个体最适合用来传播这种容易遭到抵制的新事物。"[39] 因此，如果我们在传播中没能利用弱连接，限制了新事物在群体中的暴露，那就很可能错失传播成功的最佳时机。

然而几十年后，在北欧又出现了相似的传播过程，那就是工会的发展。1890—1940 年的人口普查显示，在瑞典，几乎每个政区都出现了工会。和巴黎公社相似，工会的快速传播不是跨越社会网络的长连接的功劳，而主要是靠空间关系。瑞典皇家理工学院教授彼得·海德斯托姆（Peter Hedström）发现，与弱连接理论描述的快速发展过程相反，本次传播运动的大获成功有赖于相互重合的居住网络和群聚型邻里。他总结道："运动传播速度的快慢，及其对相关群体的组织能否成功，似乎与空间重合率和网络密度有很大关系。"[40]

关于这个一反常态的传播模式，我们还有更近期的例子，那就是美国亚利桑那大学教授道格·麦克亚当（Doug McAdam）和得克萨斯大学教授伦内尔·保尔森（Ronnelle Paulsen）对美国民权运动"自由之夏"的研究。研究中，他们记录了民权主义者为少数族裔争取1964年美国大选选举权的过程。当时的密西西比州处在暴乱和压迫之下，但仍然有许多人参与了这次集体行动。当时的情况十分危险，参与者面对的是致命的武装冲突。但这些民权主义者还是想方设法鼓动人们参与其中，将美国各地的人吸引到了密西西比州。这一动员事件的惊人之处在于，参与者主要是由口头传播吸引来的。对于这类运动，人们自然期待弱连接能大显身手。弱连接能将信息传播出去，激起大量本不会与运动发生直接接触的人的兴趣。然而，虽然弱连接确实有助于快速提高这次运动的暴露程度，但麦克亚当和保尔森认为，参与人数的增长主要依赖于由强连接组成的招募网络。[41]

这几个例子都无法用弱连接理论解释。为何这些传播过程通过强连接和群聚型邻里展开，而非通过跨越较长距离的弱连接展开？这类例子虽然一反常态，但并不罕见。许多研究都发现了类似的规律，从新事物的传播到传染病的流行，均有涉猎。研究人员在社会合作的推广、抗议运动的发展、消费品的推广、避孕措施的推广、暴力犯罪的蔓延、制度规范的推广、栽培技术的应用、工业技术的传播等方面均发现了这种“低维”传播模式。实际上，这种低效的传播模式普遍存在，哈佛人口与发展研究中心主任莉萨·伯克曼（Lisa F. Berkman）和哈佛大学教授河内一郎（Ichiro Kawachi）在介绍社会流行病学时就得出这样的结论：新的保健行为最有可能在高密度邻里网络和团结的社会环境中得到快速推广。[42]

这些反常现象让我们不得不面对一个实证难题。那就是，虽然长连接是传播最高效的社会途径，但不断有传播学的实证研究发现，**传播社会“传染病”的不是弱连接，而是相对低效的网络。**这些传播过程就像放任支流干涸的河流，一反常态地选择了最长、最慢的道路。那么，这对弱连接理论意味着什么？更重要的是，到底什么样的网络最有利于传播呢？

HOW BEHAVIOR SPREADS

第 2 章

信息可以像病毒一样传播，但行为相反

我们可以简单地将弱连接理论的实证难题看作一个反事实问题。也就是说，虽然我们在实证研究中观察到，有些行为在空间群聚型群体中得到了快速传播，但这也不能说明空间网络就是最高效的传播途径。有没有可能同样的传播在另一种网络结构中能传播得更高效？比方说，虽然古尔德在对巴黎公社的研究中发现，动员活动是基于空间远近传播的，但有可能在当时的那些社会网络中不存在弱连接，所以只能先从相邻空间开始传播。这种传播就像一条没有分支的河流。传播之所以没有流出主干，仅仅是因为彼时彼地没有支流可以利用。

因此，实证研究之所以发现空间网络和强连接是高效的传播方式，可能只是因为这些传播过程没有其他途径可利用。我们可以得出这样的反事实假说：如果那些实证研究的网络中存在更多弱连接，那么那些传播过程就会沿着更高效的途径展开。那样一来，弱连接能让传播速度比实际情况中更快、传播范围更广。也就是说，人们在特定实证研究中观察到的传播网络，可能无助于研究最佳传播网络。

第 2 章的计算实验即可支持这一反事实假说。虽然马娅的口头传播计划在空间网络中快速传播，但经过重新分配拥有更多弱连接的网络能将传播速度大幅提升。为了解这一反事实假说能否解释格兰诺维特传播理论面对的实证难题，我将利用计算实验来进行验证。针对这一假说，我还将检验一个与之矛盾的观点，那就是之所以存在实证难题，是因为通过社会网络进行的传播不尽相同。**能利用长连接加速传播的是简单传播，即通过单次接触就能传播的事物，而非复杂传播，即需要接触多个已被激活的传染源才能传播的事物。**传播的简单、复杂之分，我将在下文根据阻碍传播的社会机制加以解释。换句话说，行为之所以不能像疾病一样快速传播，是因为人们要先判断行为是否合理、可信、有价值，再决定要不要采用。

我将在下文中用传播分类的观点检验弱连接理论。结果显示，关系经过重新分配的网络，对简单传播而言是理想的传播途径，对复杂传播而言却不那么合适。为探索这一发现的适用范围，我在最后加强了计算实验的真实感以检验这一发现的稳健性。实验表明，在许多情况下，行为的传播都无法用病毒式传播模型来解释。

简单传播与复杂传播

麦克亚当和保尔森的研究发现："一旦处在多重关系中，那我们的任何重大决定都可能受到这些关系中重要部分的影响。"[1] 我将指出，人们发现行为、意识到自己可以做出这种行为，以及实际接受这种行为之间的关键区别。[2] 许多情况下，人们与单一激活的个体接触即可发现行为，但不会传播行为。

因此，我们有必要对传播进行分类：哪些通过单次暴露就可传播，哪些需要多个传染源强化才能传播？流感等传染病一般只需单次暴露就可以传播。即便网络中仅有一人感染流感，那他打个喷嚏，就可能将流感传染给我们。然后我们打个喷嚏，就能将流感传染给更多人，以此类推。我们患流感前不需要先确认流感"真实可信"。麻疹的传播更是如此。几乎每个麻疹患者与易感人群接触后，都会导致病毒的传播。

信息也大都这样传播。无论是气候变化、新媒体事件等重要信息，还是比赛结果等普通信息，都能轻易在人与人之间传播。如果我知道今天加时赛的比分，只需在派对上复述一遍，那任何听到这番话的人都能知道比分，再将这一信息传给他人，过程十分简单。信息传播不需要强迫任何人先采用、再传播，能通过网络轻松完成。因此，**疾病和信息是典型的简单传播，只要一个联系人被激活，就能开始传播。**

图 2-1 展示的就是这一简单的传播过程。当一个新的传播出现在某一核心个体的附近时，这一核心个体就会被激活，并将传播给邻近的人。已被激活的人与易受影响的人接触，就可能激活后者，虽然不是每次接触都一定成功，但每次接触就是对传播的一次暴露，会为传播带来更多可能。接触的范围越广，就意味着单一被激活个体向其所有联系人进行简单传播的可能性越高。

图 2-1　简单传播的过程

相比较而言，都市传说和有待核实的谣言等复杂信息、社会运动、社会规范、医疗和健康相关行为、对新事物的采用、大额投资等不属于简单传播。人们要接纳这些传播，或要在金钱、心理、名誉上付出一定代价，或要冒一定风险，或要考虑采用是否值得，因而他们会先看他人的决定，再做自己的决定。传播给人的感觉越陌生，人们接纳它的代价越大、风险越高，人们在接纳时就越重视社会对它的肯定。

因此，**几乎所有重要的行为改变都属于复杂传播，也就是说，需要多个传染源的接触和强化才能传播。**对复杂传播来说，一个人的接纳“阈值”指的是被激活前，需要接触的已激活联系人的数量。图 2-2 展示的是达到阈值的过程。由于图中的核心个体起初不愿接纳高成本的新行为，所以只有在她的数名联系人接纳之后，她才会接纳。只有她所在网络中鼓励其接纳的人数达到一定数量时，她的接纳阈值才能被超越。[3]

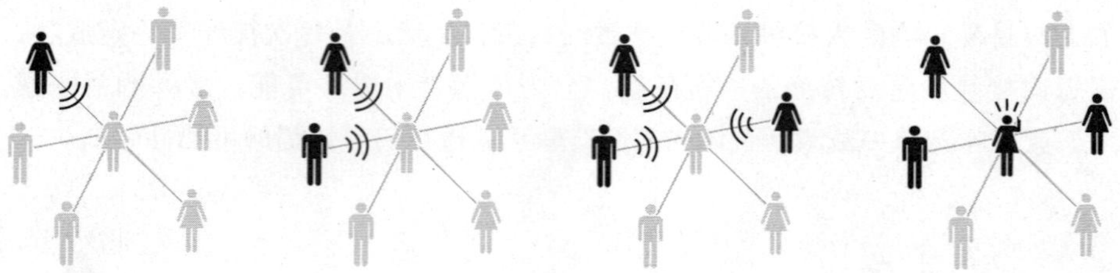

图 2-2 复杂传播的过程

总体而言，简单传播只需一个已激活个体对其进行多次暴露，就可以传播，复杂传播则需要多个传染源对其暴露，才能传播。正如麦克亚当和保尔森所言：“我们的任何重大决定……都可能受到关系中重要部分的影响。”[4]

行为风险越高，越需要社会肯定

我们越是认真思考越会发现，令我们感兴趣的大多数行为都是复杂传播，包括市场投资、职业规划、居住区的选择、对高成本技术的采用、避孕措施的选择、是否加入社会运动、是否加入教会、投票等。这是因为**我们要做的决定风险越高，我们就越需要社会的肯定。我们越拿不定主意，来自社会的证明就越宝贵。我们要为这一决定付出的名誉或金钱方面的代价越高，就越需要更多**

联系人鼓励我们做出这一决定。

大量实例表明，行为的传播需要经过多个传染源的接触才能完成。我们之所以愿意传播一则古怪的都市传说、应用未经检验的新技术、愿意接受教育、加入有风险的人口迁移或社会运动、接受前卫的时装，也许都是因为曾经接触过多个已经采用了这些行为的人。[5]

为什么复杂传播需要经过多个传染源的接触才能完成？这至少受到 4 种社会机制的影响：战略互补、可信度、合理性、情绪感染力。

战略互补，使用人数越多，传播越快

新事物仅靠为人所知一般不能为人所用。[6] **在受“网络影响”的情况下，某一选择的经济价值取决于有多少人已经做了同样的选择。**通信技术的传播就是一个典型的例子。一台传真机没什么大的用处，除非你知道别人已经有了一台传真机，不然不会也买一台。一个人可能无法说服你传真机值得花这么多钱购买，但随着联系人中有传真机的人数越来越多，传真机的相对价值就越来越高。采用人数的增加，令新技术的互补价值随之提高，使其从奢侈品变为必需品。

电话、无线对讲机、邮箱账号、社交媒体账号的传播都是如此。应用某一社交技术的人越多，其对每个人而言的固有价值就越高。集体行动的传播亦是如此。对罢工、革命、抗议游行的研究表明，每个参与者都为传播带来了正面的外部效应。[7] 投资公共物品产生的成本与收益往往与之前的投资者数量息息相关，实现“群聚效应”后才能令后续的投资更具价值。对任何依靠互补性为未来的采用者创造价值的传播过程而言，复杂性是其基本特征。

行为流行关键词
HOW BEHAVIOR SPREADS

群聚效应：社会动力学领域的一个术语，用来描述在一个社会系统里，某件事情的存在已达到一个足够的动量，使它能够自我维持，并为往后的成长提供动力。

可信度越高，传播越快

新事物在被我们认识的人采用前，往往缺乏可信度。美国芝加哥大学教授詹姆斯·科尔曼（James Coleman）发现，医生在看到同事应用某一医疗新方法后，他自己才愿意应用。美国本特利大学教授 M. 林恩·马库斯（M. Lynne Markus）在媒体技术的应用方面发现了相同的规律。美国阿肯色大学教授维斯瓦纳特·文卡塔斯（Viswanath Venkatesh）发现机构应用新兴供应链技术和管理策略的依据是同行对这些新事物切实的肯定。对可信度的需求也让人们采用新观念、新看法的过程变得更为复杂。人们在传播新的都市传说和民俗知识之前，一般都要多方确认其真伪，积累足够的可信度后，才向他人复述那些内容。如果是从社会距离较远的联系人那里听来的故事，人们就更需要通过社会各方加以确认，以免那些出人意料的信息不过是信息提供人的无稽之谈。名誉影响通常就是这种情况。关于某位同事，我们可能从一方得到错误的信息，但可经多方确认信息的真伪，从而对这位同事的名誉产生新的认识。[8]

合理性越强，传播越快

如果某一旁观者有多位亲密好友都参加了某一集体行动，那他很可能会认为这一行动有其合理性。同理，人们在决定穿什么衣服、留什么发型时，都要先看别人的做法，以确定自己的做法足够合理才会下定决心。人们在采用卫生习惯、锻炼计划时，也非常关心来自社会的预期。同样的道理也体现在新兴市场发展过程中的同行强化作用上。人们对合理性的需求，部分是因为来自社会的肯定能降低来自个人的信息的风险，但更多是因为人们看到他人进行大额投资、预测决策或者对有争议的社会观点表示支持后，能让自己更加坚定地做出同样的选择。当某一行为可能带来名誉损失时，人们就更需要来自社会的支持。新行为带来的风险与采用人数息息相关。如果大家都做了错误的决定，那错误决定带来的名誉损失就会减少。[9]

情绪感染力越强，传播越快

从行为理论到阈值模型，再到控制论，许多集体行为的理论模型都基于同一个假设，即人类行为中也有表达性和象征性的冲动，能转化成情绪化而非完全理性的社会传播形式。社会上人员密集的集会尤其能带动情绪的交流，增强情绪感染力。这类集会中，人们处在相同的情绪状态中，相互刺激，不断表达。从体育赛事到虐待行为的传播过程，甚至是哲学圈的形成过程中，我们都能观察到情绪感染的动态。[10]

介绍这 4 种造成行为传播复杂性的社会机制后，我接下来要讨论的是，复杂性如何影响行为在社会网络中的传播。

简单传播依赖长桥，复杂传播全靠宽桥

为了解传播的复杂性对网络传播带来的影响，我们可以先用第 1 章提到的小世界网络模型验证一下由弱连接理论而来的反事实假说。和第 1 章所述的计算实验一样，我们可以先研究群聚型网络中的传播现象，再观察加入长连接后分隔度降低的网络中的传播现象。最后，我将放宽小世界网络模型这一简化版假设的条件，加入实际生活中社会网络的真实特点，探讨可能出现的结果。

要验证弱连接理论，我们就要保持实验条件与前一章相同。当然，一个条件除外，那就是这次我们假设传播的是复杂传播。

为继续进行第 1 章的实验，我们假设马娅的口头传播计划起效了，她招到了新的编程人员，完成了软件的开发。这次，她想用口头传播的方式推广的是她的产品。和上次的招聘信息不同，这次马娅和她的生意伙伴阿伦想传播的是一款新的桌面应用，他们希望人们在电脑上安装这款应用。因此，仅凭一次社交接触不足以实现这次传播，每个人在采用这一新行为前，都要向第 2 个已被激活的传染源进行确认。在其他方面，本次的计算实验与前次无异。

图 2-3 为实验的第 1 阶段，用到的是和第 1 章实验中相同的群聚型网络，其中每个人都有 4 个联系人，2 个在右侧，2 个在左侧。灰色节点代表尚未采用新行为的人，两个黑色节点即马娅和阿伦，是将传播引入群体的种子。

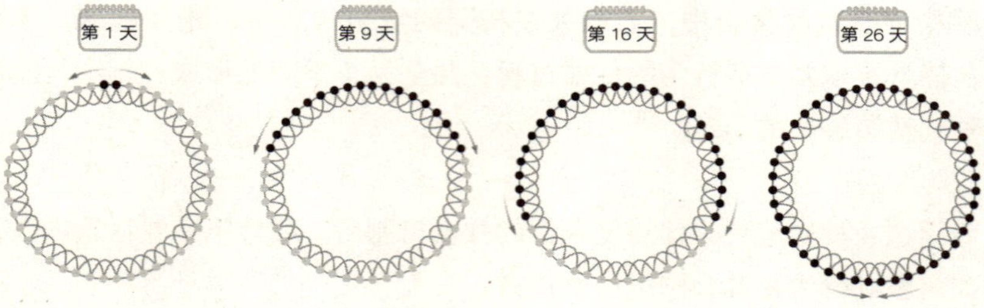

图 2-3　大世界中的传播

在群聚型网络中，复杂传播过程和前一章的很像。传播从一个社区传到另一个社区，直至传遍整个群体。但值得注意的是，尽管新行为传遍了整个群体，但其传播的速度比简单传播更慢。这一次，整个传播过程用了 26 天，因为每个人在采用新行为前，都必须得到第 2 个传染源的确认。

这一传播模式虽成功但耗时，似乎增强了反事实假说的可信度。也就是说，由于通过空间网络进行的复杂传播传播速度太慢，对网络拓扑结构的些许改变或许能加快传播的速度。对马娅和阿伦而言，他们的产品一旦面世，竞品随时可能出现，所以他们的推广越快完成越好。如果能让相关信息迅速传开，或许就能加快人们采用新产品的速度。从图 2-3 的慢速传播来看，他们还有很大的进步空间。如果我们加入长连接，减小世界的规模，应该就能加快传播的速度，甚至速度可能比简单传播更快。

图 2-4 展示的是网络中加入个别弱连接后的传播过程。传播速度不但没有加快，还减慢了。为何减少了网络中冗余的关系，反而降低了传播的速度？我们降低了网络的分隔度，应该加快传播的速度才对，这一实验的结果似乎十分荒谬。

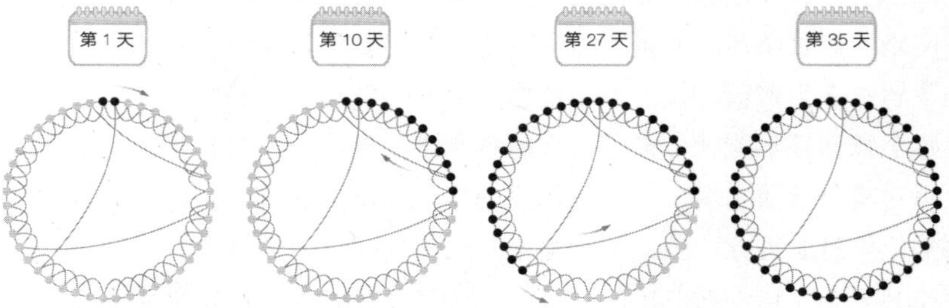

图 2-4　通过弱连接传播

在解决这一问题之前，我们可以再利用一下这个反事实模型。我们可以将实验更进一步，加入更多弱连接再看结果。幸运的话，我们就可以用这个模型避免传播速度减慢，看看进一步重新分配网络关系是否能解决问题。

但更多长连接加入后，情况再度恶化：由图 2-5 可看出，这样不仅没有加速传播，反而让传播彻底停止了。不仅如此，我们再加入更多长连接也无济于事，传播停止后我们似乎无计可施。马娅和阿伦对这一幕百思不得其解。为他们高效传播招聘信息的一切方法，都无法用来推广产品。

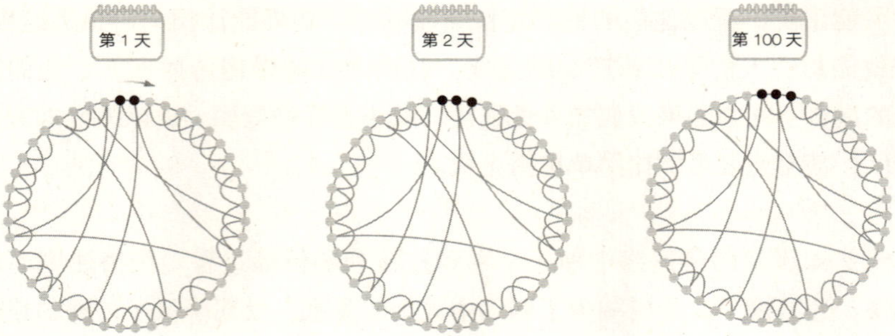

图 2-5　通过更多弱连接传播

实际上，能让这款产品高效传播的唯一方法就是，回归我们最开始利用的空间网络。对复杂传播来说，让世界变小似乎会引发无法补救的问题。我们需要先了解一下为何长连接无益于传播，从而理解这一实验结果。对简单传播来说，每个长连接都能让传播多一次跨越网络的机会，由此发现正待激活的新目标。但对复杂传播来说，长连接传递的仅是一个提示信号，而没有来自社会关系的强化信息。因此，我们在网络中加入长连接后遇到的第一个问题就是，它们不能为复杂传播创造有用的途径。不仅如此，长连接还会带来另一个更严重的问题，**即长连接不仅不能加速传播，还会阻碍传播。**

为探明其中缘由，图 2-6 放大了图 2-3 中群聚型网络中的一部分。其中白色小人塔维什是核心个体，他的 4 个联系人均用黑色表示。与之相对，图 2-7 中的白色小人叶利芙为核心个体，她的 4 个联系人也用黑色表示。在图 2-8 中，两个白色小人阿什利和塞菲拉是塔维什和叶利芙的共同好友或联系人。这些人在两个邻里之间建起了宽桥，在图中以粗线表示。这座宽桥包含了阿什利和塞菲拉的多条关系线，将塔维什和叶利芙所在的邻里连在了一起。这座桥就是两个邻里间社会强化和行为传播的通道。

多数简单传播理论认为，两个邻里之间的桥一般只包含一条关系线。但如果是通过多次接触才能实现的传播，那唯有包含多条关系线的桥才能起效。也就是说，我们不仅可以度量桥的长度，即这座桥跨越的距离，还可以度量其宽度，即其包含的关系数量。

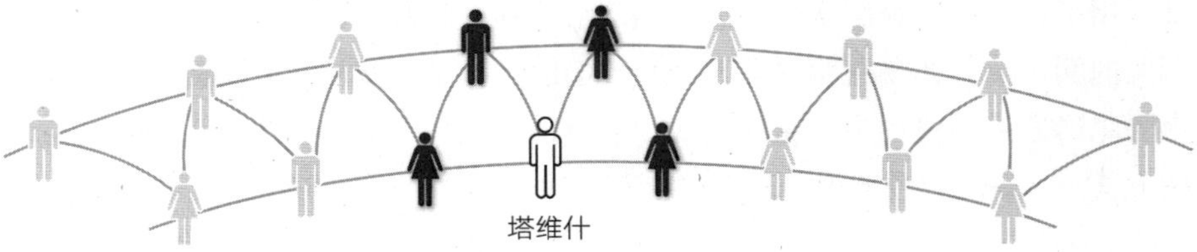

图 2-6　塔维什的邻里

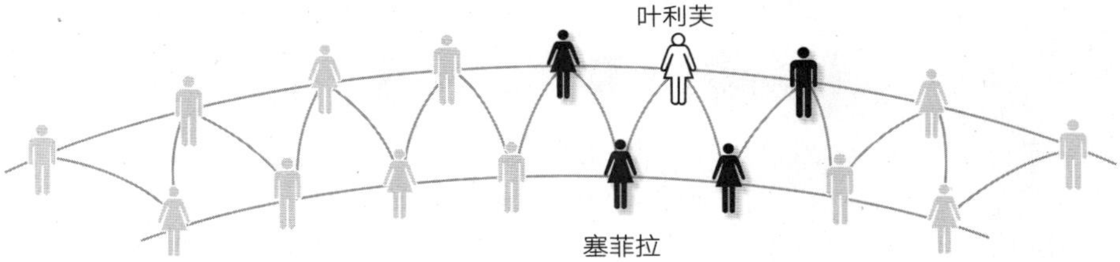

图 2-7　叶利芙的邻里

简单传播通过长桥高效传播，复杂传播则通过宽桥高效传播。两个邻里间桥的宽度指的就是他们相互重叠的关系数。[11] 在图 2-8 中，塔维什和叶利芙邻里间的桥包含了 3 条关系线，即阿什利与叶利芙之间的关系线、塞菲拉与叶利芙之间的关系线、塞菲拉与乔丹之间的关系线。

这座桥的宽度允许复杂传播中复杂度最低的事物，即通过与两个已激活的传染源接触来传播的事物，在塔维什和叶利芙的邻里间传播。现在我们再来看看马娅的产品传播计划，如果塔维什和他所有的朋友都开始用马娅的新产品，那么来自塔维什的朋友阿什利和塞菲拉的强化信号，就能说服叶利芙，之后叶利芙也会采用这项新产品。但这还不足以让新产品传播到更远的地方。如果这项产品价格昂贵或不为人熟知，那要让叶利芙的其他朋友采用它，可能还需要更多联系人提供强化。塞菲拉和乔丹的联系加宽了两个邻里间的桥。因此，塞菲拉和叶利芙就能一起说服乔丹，让她试试马娅的新产品。一旦乔丹和叶利芙都采用了新产品，她们就能将产品推广给叶利芙的其他朋友。这项新产品在叶利芙的朋友及其朋友的朋友等人之间传播的过程中，宽桥化身为传输社会影响力的隐形通道，将行为变化传播到了社会网络的每个角落。[12] 以上便是复杂传播方式。

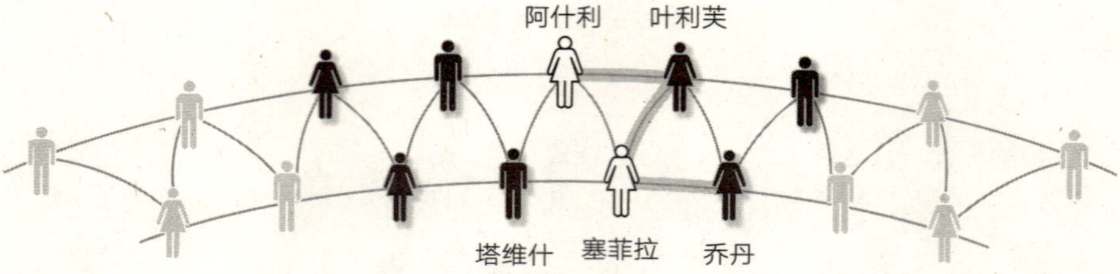

图 2-8　邻里之间的宽桥

图 2-9 展示的是桥内的几条关系线被重新分配后的情况。随着长连接数量的增加，桥的平均宽度变小了。虽然塔维什和叶利芙都与群体中的其他人建立了新的联系，但他们与彼此朋友的联系变少了。他们仍然有一个共同朋友塞菲拉，所以他们的邻里之间仍然存在关系。但塔维什和他的朋友对叶利芙邻里的影响力减弱了。虽然叶利芙和她的朋友可以从塞菲拉那里了解新事物，但这些信息缺少必要的社会强化，不足以让叶利芙和她的朋友采用新事物。所以，虽然有关马娅产品的信息会得到推广，但产品本身可能得不到传播。

自从格兰诺维特有关传播的开拓性研究问世后，人们就认为桥指的是又长又窄的关系线，用于在群体中进行远距离连接。[13] 桥的宽度之所以不太受关注，是因为宽桥阻碍了简单传播。宽桥带来的关系冗余现象减缓了简单传播的速度。因此，**对简单传播而言，邻里的群聚性越高，长连接就越少，传播速度就越慢；对复杂传播而言，邻里的群聚性越低，宽桥就越少，这样不仅会放慢传播速度，还会使传播完全停止。**

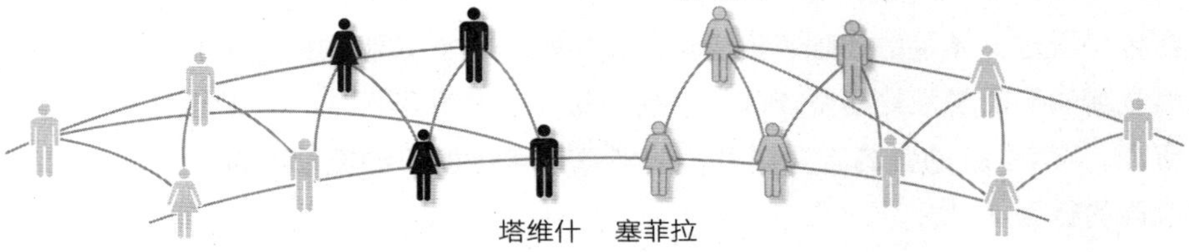

图 2-9　重配关系线减小桥的宽度

也就是说，许多时候，为加速信息传播而建立的通道，可能在无意中破坏了维持行为影响力所必需的社会强化网络。加速信息的传播，反而会让传播信息的目的变得不易达成，加强团队团结、传播复杂的技术知识、推广新的社会规范、广泛动员人们加入社会运动的过程都可能受到影响。[14] 虽然格兰诺维特认为，不管传播什么，弱连接都是最高效的传播渠道，但我认为，我们不能将简单传播理论类推到复杂传播过程中。[15]

彼此距离越近，越能相互影响

我们由此产生了一条新的思路，解释为何有大量实证研究发现，社会运动往往通过空间传播。从麦克亚当进行的创新性研究开始，不断有对社会运动的研究发现，动员活动是通过空间传播的。海德斯托姆在对瑞典早期工人运动的研究中发现，人们的参与过程是先在局部地区展开的，从一个社区发展到另一个社区。[16]

人们在对新事物传播的研究中也发现了空间传播模式。美国著名社会学家威廉·怀特（William Whyte）发现，空调机组在费城的推广是通过社区完成的空间传播。新兴企业组织形式的传播也符合空间传播模式。[17]

这些实证研究表明，空间网络具有一种关系特征，使它有助于社会、政治、文化方面的传播，这一特征即物理邻近性（physical proximity）。该特征在传播通过身体接触或呼吸道传染的传染病、需要人们眼见为实的时尚新品和科技新品、需要面对面交流才能传递的敏感信息时不可或缺。正如海德斯托姆所言：**“两个行动者的距离越近，他们就越可能意识到彼此的存在，从而影响彼此的行为。”**[18]

行为流行关键词
HOW BEHAVIOR SPREADS

物理邻近性：空间网络具有的一种关系特征，它有助于社会、政治、文化方面的传播。

由此可见，人们过去远远低估了空间网络的结构特征——宽桥所起的作用。**复杂传播在空间网络中更易实现的原因，不仅在于节点间的关系线在物理上更短，还在于邻里间的桥在结构上更宽。**物理邻近性提高了关系的关系强度，桥的宽度则提高了关系的结构强度，后者对复杂传播十分重要。

过去，人们一直认为空间网络的关系强度高，但结构影响小。与之相反，弱连接的关系强度低，但结构影响大。格兰诺维特认为，传播成功的关键在于结构影响，而非关系强度。但我通过研究发现，空间网络或许兼具关系强度和结构影响，能够优化传播过程。在进行复杂传播时，由强连接组成的群聚型网络或许能大幅提升其在大范围、多样化群体中的传播效率。

我们已经可以预见，这些研究结果对最佳传播策略意味着什么，我们在设计公共卫生干预措施、动员人们加入集体行动、为加强科技合作和文化交流而精心协调组织关系时，都将受益于此。我将在第二部分深入探讨这种影响。接下来的内容聚焦于你此刻可能关心的问题。

可能有人会问，由小世界网络模型得来的研究结果如何能影响现实世界？小世界网络模型描述的是一种高度程式化、高度抽象的社会网络，其中没有家庭，没有挚友，也没有对手。不仅如此，现实中的空间网络通常不呈环状分布，其中的关系也不是随机重新分配而来的。因此，虽然小世界网络模型十分著名，并得到广泛应用，但仍然属于人造产物。显然，由小世界网络模型得来的研究结果不一定有助于我们理解甚至影响现实中的传播过程。为弥补这种理论与现实的差距，我们要先搞清楚，一旦我们开始研究现实世界，有关复杂传播的研究结果是否还经受得住检验。

比如，现实中的社会网络不具备固定不变的结构，每个人能延伸出的关系线数量不尽相同。那如果网络“度”的分布更加多样化会怎样？换句话说，如果每个人连接的关系数量各不相同的话，会出现什么情况？在现实世界的网络中，度分布多呈偏态。一些被称为“中心”的人拥有的关系数量远超他人。如果我们在有中心的网络中测试复杂传播过程，会发生什么？此外，小世界网络模型中所有的关系强度相当，没有强弱之分。但我们都知道，在格兰诺维特提出网络概念之初，关系的强与弱就是其基本特征。那么，在模型中加入关系强度后，又会发生什么？

我们还要考虑到，有关复杂传播的研究结果中似乎有这样一条规律：在网络中加入捷径会减少局部区域中桥的数量。在小世界网络模型中，关系的重新分配会产生捷径。但一定还有其他方法能增加弱连接的数量。如果说，我们创造捷径的方法不是重新分配网络中的关系，而是在网络中加入更多关系呢？这样既不会影响局部区域桥的宽度，又在网络中加入了长连接。这时传播的过程又会如何？

此外，在目前的模拟实验中，群体的阈值都是固定不变的。在简单传播模型中，每个人的阈值都是 1；在复杂传播模型中，每个人的阈值都增加到了 2。如果阈值分布更加多样，有的人阈值低，有的人阈值高，会发生什么呢？这对传播有何影响？

不仅如此，与其说每个人的阈值是从随机分布中抽取然后固定的，不如说每个人自身也可能随机波动。如果阈值是基于概率而来，并非绝对固定的呢？也就是说，如果一个人的采用阈值随时间而变呢？那会发生什么？最后，个人身份会有影响吗？如果有的人身份地位高，有的人身份地位低，会对复杂传播造成何种影响？

我们思考的越多，发现的问题就越多。我投入了大量时间，思考包含前文所述的许多问题，力图搞清复杂传播过程是由小世界网络模型而来的人为产物，还是现实世界中传播过程的真实还原。

接下来我将为大家介绍，如何改变实验模型才能将网络与个人的现实特征加入到对复杂传播的研究，以及这对社会传播过程会带来何种影响。多数情况下，这些变化对前文所述的传播过程没什么影响。这是因为小世界网络模型思路明确、影响稳定，并且敏锐地捕捉到了控制传播的网络拓扑的基本特征。[19] 不过仍然存在一些例外，在模型中加入大量现实特征后，我们有关复杂传播的研究结果意外得到了更多支持。模型变得越现实，宽桥通常对传播就越有利。

下面我将具体讲述在加入了如下特征的模型中研究传播的动态过程：偏态的度分布或中心节点、增强的连接密度、地位差异、阈值的变化、连接强度的变化。在确定我们的研究结果具有足够的稳健性后，我们将在第 3 章讨论如何通过实验检验这些结果。

社会网络中心的两面性

实际生活中，社会网络的一大特征是：部分人比其他人的对外连接更多。在艾伯特 – 拉斯洛 · 巴拉巴西（Albert-László Barabási）和同事于 1999 年和 2000 年所做的有关网络联通性的一系列计算研究中，他们发现一类有趣的网络，名为“无标度网络”，其联通性的分布方式十分极端。[20] 这些社会拓扑中，联通性最高的个体对外的连接数可能是群体中其他人的成百上千倍。巴拉巴西的基本观点是：虽然多数人只有几条关系线，但高度联通的中心，即“高度”中心，对将群体联合在一起起着至关重要的作用。

虽然现实中的社会网络不像巴拉巴西认为的那样不均匀，但他的模型有利于我们思考高度联通的个体在社会“传染病”的传播中所起的作用。就拿一个胆固醇或糖尿病相关的保健新知识来说，一个中心可以将信息传递给上百个联系人，这些人又可将信息传给他人。但这一强有力的传播加速器也有缺点，那就是中心也可能成为艾滋病等性传播疾病的主要传染源。正如格拉德威尔和其他人发现的那样，中心是简单传播的完美载体。[21]

为弱化中心带来的负面影响，我们有必要了解一下，中心在传播有益的健康行为变化方面，例如安全套的使用或其他疾病预防行为，是否同样有效。为了解偏态社会拓扑（skewed social topology）是否会影响复杂传播，我做了一项传播实验，将复杂程度最低的复杂传播，即阈值为 2 的传播，置于由 4 万名行动者组成的无标度网络中，观察其传播过程。由于度分布极度不均，多数行动者仅有 5 个联系人，少数行动者有几百个联系人。我用网络生成算法创建了一个高度群聚型无标度网络，然后用重配算法在网络关系线重新分配时，保持度分布不变。也就是说，网络的度分布保持不变，但网络的群聚程度改变了。这样，我们就能在无标度网络中检验单纯由群聚性对传播带来的影响。[22]

这些对度异质性（degree heterogeneity）的探索让我们有机会思考一下采

用阈值的作用。当网络度固定不变时，比如每个人都有 6 个联系人，那阈值为 2 就意味着一个人的联系人中有 33% 采用了新事物，这个人才会采用新事物。以此类推，如果每个人有 8 个联系人，那阈值为 2 就意味着一个人有 25% 的联系人采用了新事物，这个人才会采用新事物。但如果每个人的联系人数目不一，那复杂性的意义就变得略为复杂了。如果一个人有 3 个联系人，那阈值为 2 就意味着他有半数以上的联系人采用新事物，他才会采用新事物。但如果一个人有 200 个联系人，2 个联系人仅占其联系人总数的 1%。

为确保我们理解阈值与度异质性的相互作用关系，我又进行了两组实验，以评估中心对传播的影响。第 1 组实验研究的是绝对阈值，关注的是已激活联系人的数量，不考虑邻里的规模。我研究了复杂程度最低的复杂传播在关系经过重新分配的无标度网络中传播的过程。第 2 组实验以分式表示阈值。[23] 例如，当每个人的阈值都是 30% 时，对一部分人来说复杂的传播，即需要与 2 个或更多已激活的联系人接触才能让他们采用的传播，对另一部分人来说并不复杂。如果一个人有 3 条关系线，那阈值为 30% 就意味着他面对的是一个简单传播，他仅需与 1 人接触就能采用新事物。但如果一个人有 100 条关系线，他被激活前就需要多方强化，与 30 个已激活的联系人接触才能使他采用新事物。因此，若以分式表示阈值，中心就较难被激活。[24]

无论是绝对阈值，还是分式阈值，都对理解传播过程有意义。例如，在卫生健康领域，人们是否使用安全套可能基于行为规范的要求。这种情况下，采用新行为的联系人所占的比例也许比其绝对数量更重要。这种阈值的分式表达形式，也符合麦克亚当和保尔森的观点：人们的重大决定都受到他们关系中的重要部分的影响。然而，有些情况下，采用阈值主要取决于采用人的数量，与邻里的规模无关。例如，一个人在复述一则都市传说之前，也许仅需要得到 2 个或 3 个人的确认。无论他认识多少人，一个故事听上两三遍也许就足够让他相信了。

在计算实验的第 1 阶段，我研究的是绝对阈值为 2 时的传播过程。这种复杂程度最低的复杂传播在群聚型无标度网络中得到了快速传播。但当无标度网络被重新分配后，传播就没那么高效了。这一差距没有之前那么明显。在利用空间网络进行传播的实验中，随机分配令传播的成功率骤降。在加入长连接前，网络还能进行复杂传播，但加入长连接后，整个网络的传播过程就彻底停止了。这是因为传播偶然间激活了一个中心。当重配率较低时，在有中心的邻里中，余下的群聚型节点能维持中心的传播功能，中心的部分联系人可以一起传播给其余的联系人，这样也能让许多人被传播。但即便我们附加的重配率不高，传播速度也比由中心直接传至邻里要慢。图 2-10 解释了其中的原因。

多数人都只有几个联系人。对群体中的大多数人来说，要想激活他们，他们的邻里中需先有相当比例的人被激活。如平均每个人约有 5 个联系人，也就是说，5 个人中有 2 人已被激活才行。与中心的邻里不同，边远的邻里仅被个别重合的关系所连接，有时两个邻里间仅有一座宽桥。由图 2-10 可看出，在这种低度邻里中，极个别随机分配的关系线就能破坏维持传播所必需的长链强化，切断传播。个别重配的关系线可能破坏几百个低度邻里之间的联系。重配关系线后，连中心也不能推动传播了，传播就此完全停止。

我在实验的第 2 阶段研究了分式阈值，得到了更惊人的结果。即便仅在无标度网络中重配极个别关系线，传播过程也遭到了彻底破坏。我们将阈值设定为 25%，由于多数个体的联系人数量为 5，故传播的复杂程度降到了最低。对联系人数量小于 5 的个体来说，传播成了简单传播，他们仅需一次接触就能被传播。但对于有 200 个联系人的中心来说，有 50 个联系人都被传播，他才会采用。如果一个中心的邻里中没有群聚型关系，那就无法由中心调动足够多的联系人来促使其他人被传播。

由此可见，一旦桥的宽度受到一点损耗，中心就无法再影响传播过程了。

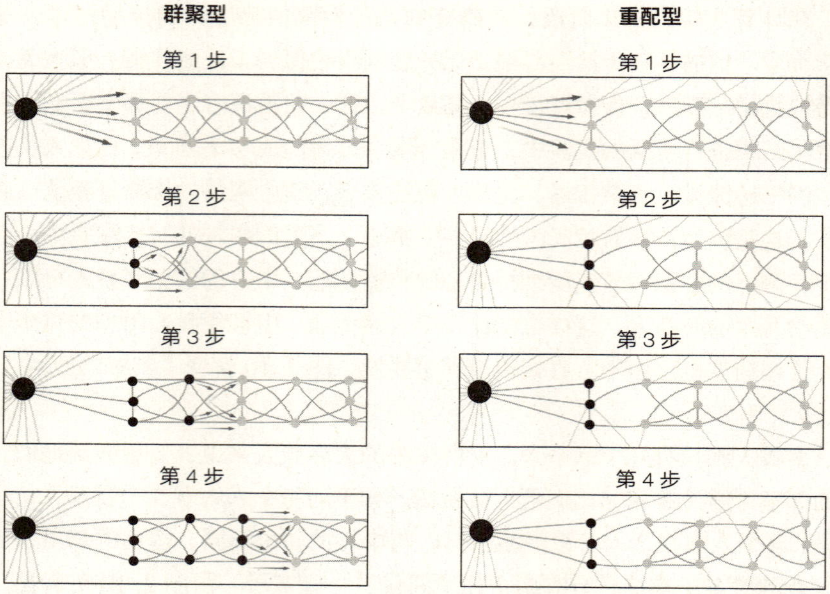

图 2-10　群聚型与重配型无标度网络

根据这些实验结果，我们进一步思考一般情况下中心在传播中起到的作用。若采用绝对阈值，则一个人是否被传播，仅凭已激活联系人的数量就能决定；若采用分式阈值，则人们还会受到未采用者的影响。换句话说，中心既可以向许多人输出影响，也可以任由许多人输入影响。在进行简单传播时，中心只会加快传播速度。中心暴露于许多人之中，意味着中心可以更快被激活，也能迅速扩大传播的范围。但在进行复杂传播时，情况往往不同。

虽然中心暴露于网络内的几乎所有人之中，但这也意味着中心能发现所有没有采用新行为的人。这些未采用者带来的影响能抵消采用者的影响。网络的群聚性能让中心周围的节点彼此合作，说服中心采用新行为，让传播过程进行下去。但如果网络不具有群聚性，那中心周围的个别采用者就很难影响中心的行为，因为中心同时还能意识到其他不采用新行为的联系人所带来的负面影响。

为了解中心的优缺点对新兴技术传播的影响，我们来比较以下两方对新兴技术的采用过程。一方是世界 500 强企业的经理，有几百个同行；另一方是一家小型创业公司的经理，联系人较少。由于世界 500 强企业的经理是网络的中心，他很早就能发现与其公司业务有关的新兴技术。与之相比，创业公司的经理只在业内认识几十个联系人，不太可能提早听闻新兴技术的消息。

同时，拥有优越社会关系的经理还认识大量没有采用新兴技术的联系人，由此承受着极大的压力。来自这些未采用者的压力可以形成一种社会“惯性”，妨碍中心被激活。由于这位世界 500 强企业的经理消息灵通，知道这项新兴技术还没有被广泛采用，且有许多人在等着看他的决定，所以他数量庞大的社会关系可能让他无法迅速被激活。因此，虽然世界 500 强企业的经理可能是最先发现新兴技术的人，但也许是最后一批采用它的人。[25]

与之相比，创业公司的经理采用新兴技术的阈值可能与世界 500 强企业的经理相同，但他的联系人数量较少，所以他不那么容易陷入现有行业规范的惯性中。创业公司的经理受到的负面压力较小，因而更容易被说服，采用新兴技术。[26]

由此我们发现，在新兴技术的传播过程中，高度联通的中心所处位置最佳，他能轻易发现新兴技术，但也可能成为快速传播的最大障碍。解决这一问题的唯一办法就是，加强宽桥的作用，宽桥由联系人较少的个体组成，通过周边的网络通道传播新兴技术。[27] 虽然这些一一相连的低度个体能有效加快传播速度，但他们对随机分配十分敏感。弱连接能轻易破坏这些强化用的宽通道，而这些通道对新兴技术的成功传播十分必要。因此，复杂性对有中心的网络带来的一大影响是：虽然网络的度分布越不均匀，越能让个体快速接触信息，但也让网络对弱连接带来的破坏更为敏感。

高密度的社会网络

有关复杂传播的发现指出，重新分配网络关系会减小桥的宽度。也许将宽桥置之不理可以解决这一问题。假如我们不通过改变现有的桥来创造长连接，而仅仅是在现有社会网络中加入新关系呢？这样一来，简单传播就可以利用新加入的长连接跨越网络传播，而复杂传播仍然可以通过基础网格中未受影响的宽桥传播。那我们所有的问题不就都解决了吗？

这种想法不错，也确实能在某些场合发挥作用，但也引发了一些新的问题，让我们重新回到了起点。问题的关键在于我们如何看待阈值。如果采用绝对阈值，那在网络中加入长连接绝对有助于传播。实际上，理想的方法是将网络中所有可能的关系线都连起来，让所有人都彼此相连。在每个人都彼此认识的网络中，传播变得十分容易。即便每个人的阈值都是 2，但只要网络中任意 2 人采用了新事物，所有人就都同时知道了新事物，并立即采用新事物。即便阈值提高到 3 或 4，情况也会如此。传播问题就此解决。只可惜，现实中不存在这种完美的网络。

首先，这种解决办法最明显的问题在于，人们花在网络关系上的时间十分有限。如果人们的联系人网络中弱连接数量不断增加，那他们就不太可能在弱连接上花与强连接同等的时间。举个极端的例子，在一个数亿人的群体中，即便每个人都与彼此相连，人们也还是只会和与他们直接接触的小部分人联系，只有这些人才能影响到他们。[28]

其次，如果我们不用绝对阈值，改用分式阈值，则会发现更为基本的问题。对都市传说等用绝对阈值衡量的传播来说，一个人的联系人越多，他就越容易发现强化用的已激活传染源。但前提是，人们不在乎未采用者的存在。问题是，在实际情况中，人们通常都会受到负面压力的影响。例如，如果采用新事物可能有碍规范或有损名誉，那栖身于一大群未采用者中的几个采用者恐怕很难说服其他人也采用新事物。

为检验提高网络密度对传播用分式阈值衡量的复杂传播带来的影响，我进行了一组新的反事实实验，其中使用了空间网络，允许提高网络密度。实验没有重新分配网络中已有的关系，而是维持基础网格不变，在其中加入弱连接。每次模拟之初，使用的都是由 4 万名行动者组成的空间网络，其中每个人都有 8 个联系人。传播为复杂度最低的复杂传播，即阈值为 25% 的传播，要求 8 个联系人中有 2 人先采用才可传播。

传播在空间网络中传播顺利。但在网络中加入长连接后，传播速度开始变慢。与对中心的实验相同，人们的关系数量越多，让他们采用新事物需要的强化力量就越强。同时，人们邻里中弱连接数量的增加，会增强暴露在他们面前的负面压力带来的影响。由此传播将迎来如下结果：空间网络中的宽桥不再能提供足够的强化作用，无法克服由不断增加的弱连接带来的负面影响。随着邻里规模的扩大，传播将停止。

不同身份地位对传播的影响

社会关系还有另一个我们尚未考虑的重要特征，那就是人们不尽相同的身份地位。除去一些明显的例外，网络传播的理论模型通常都不考虑地位因素。[29] 原因之一是我们通常简单地将地位看作与易感性相反的特征，将低阈值个体描述为与高地位者有关系的人。但这样的描述没有涉及地位的关键特点，那就是个人可能影响他或她认识的所有人，而这些受到影响的人可能不会轻易受其他人影响。

为了解地位的不同对复杂传播过程可能带来的影响，我将通过浅显易懂的方式将地位融入传播模型。我会在群体中选择一些比其他人更具影响力的人。这些被选中的人是高地位的“意见领袖”，能立刻影响所有与之关联的人。[30]

例如，时尚达人埃莉·麦克弗森（Elle MacPherson）能直接影响她的所有联系人。重要的是，虽然埃莉的多数联系人不如她有影响力，但这些人也不会轻易被埃莉以外的人影响。为在模型中保持平衡，群体中除埃莉以外的所有人的影响力都降低了，也就是说，低地位个体的影响力降低了，用来抵消高地位个体提高了的影响力。因此，虽然埃莉可以直接影响她的联系人，但要让她受影响，可能就需要她的许多联系人共同努力。

我首先想到，随机挑选一些个体成为意见领袖，然后在网络中加入几个已激活的种子，看看会发生什么。我尝试将意见领袖和普通人都设为种子，看他们是否会对传播带来不同影响。但无论在哪种情况下，地位都没造成什么影响。实验结果和前文观察到的相差无几。

为大幅提高意见领袖带来重大影响的概率，我夸大了整个群体的地位差距，使网络中的每个邻里都至少有 1 个意见领袖。如此一来，在一个有 4 万名行动者的群体中，若每个人有 8 个联系人，那就会有 5 000 个意见领袖。这会对传播过程带来何种影响？

结果表明，宽桥在传播过程中起到的作用更明显了。即便我们仅在群体中加入适度的长连接，也会使传播完全停止。为何如此？假设一个意见领袖影响了她所有的联系人，让他们采用了一个时尚新品，但问题在于之后的情况。这个意见领袖的联系人继续将这一时尚新品传播给他人的概率有多大？由图 2-11 可看出，在一个随机型网络中，低地位的个体没有共同的朋友，所以无法齐心协力将时尚新品传播给他人，传播由此停止。

由于意见领袖的联系人地位较低，所以要想延续传播过程，就需要他们多人一起努力。即便在群聚型网络中，传播也较难完成。虽然仅一个意见领袖就能说服任何个体采用时尚新品，但当低地位联系人说服他人时，就需要多个联系人协作才能完成。

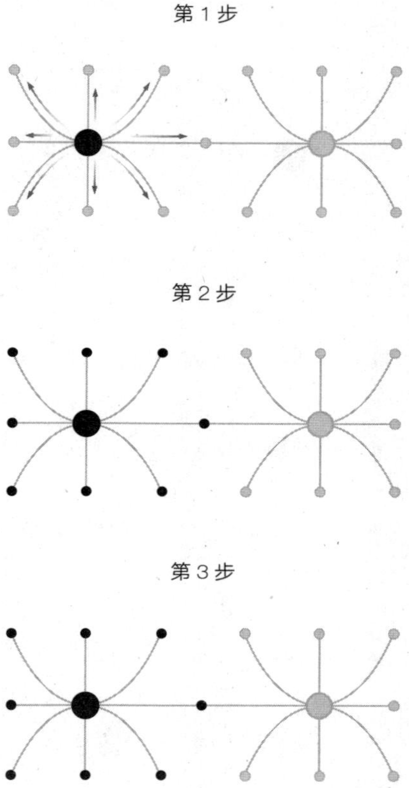

图 2-11　随机型网络中的高地位节点①

由图 2-12 可以看出，要想通过意见领袖的直接邻里传播创新行为，就非常需要宽桥的帮助。**宽桥让低地位个体得以彼此强化，将创新行为传播至网络中更远的地方。网络中不同个体的地位越悬殊，宽桥的作用就越重要。只有宽桥才能让普通节点齐心协力，将意见领袖带来的影响传播至社会网络的其他地方。**

① 图中大圆点表示高地位节点，小圆点表示低地位节点。——编者注

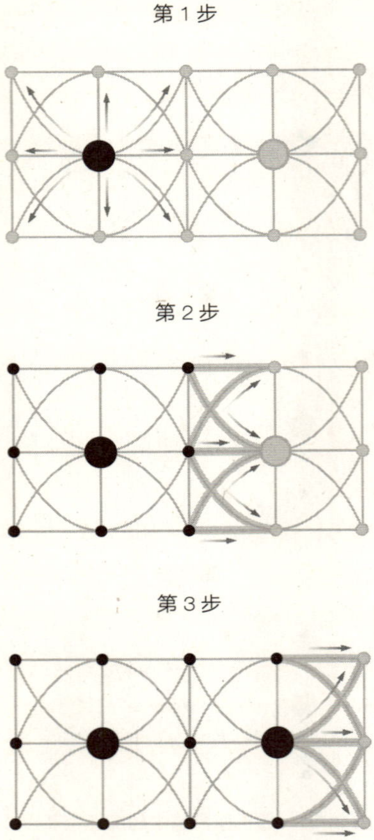

图 2-12 群聚型网络中的高地位节点

人们易受影响的程度对传播的影响

除了人们的影响力，另一个尤为重要的影响因素在于人们易受影响的程度。目前为止我们一直假设群体中每个人的采用阈值完全一致。但在实际情况中，每个人的阈值不尽相同，可能遵循某种正态分布，其中有些个体极易受影响，有些个体则极为顽固，而大多数个体对新行为的抵抗程度处于中等水平。[31]

为了解这种阈值分布对复杂传播可能带来哪些影响，我研究了可能存在的变化空间。我利用高斯分布的标准偏差均值发现，传播的基本过程受阈值分布的平均值控制。[32]

也就是说，如果阈值分布的平均值很低，即平均每个人的阈值为 1，那适度的随机化可能有助于加速传播。例如，传播一个免费有趣的新应用软件便属于此类情况。为了下载软件，多数人仅需了解这一软件的信息。虽然有些人可能需要社会强化，采用较晚，但这些人不足以影响整个传播过程。这类传播一般可以通过长连接在人与人之间高效传播。适度随机化后的传播过程也一样，偶然由高度抵抗的个体带来的阻碍能被多个联系人的社会强化化解。然而，这种由长连接带来的高效传播在完全随机的拓扑结构中可能不会出现，在这种结构中，顽固个体可能阻碍传播过程。在进一步的实验中，我研究了抵抗程度较高的个体间的阈值分布，结果显示阈值分布的平均值提高至 2 时，长连接就不再那么有用了。总之，如果阈值分布的平均值提高至一定水平，让每个人在采纳新事物前，都要接触 2 个或更多已激活的传染源，那随机化程度的提高可能会导致传播失败。阈值分布的平均值越高，传播过程就越依赖于网络中的宽桥。

这引出了一个新的问题：如果个体的阈值随时间变化，那传播过程会如何呢？一直抵抗新行为的人可能在某一瞬间卸下了防备或改变了主意，仅凭一次接触就决定采用新行为。与之相对，人们早期对新技术的热情也可能消退，导致他们放弃曾经采用的行为。[33] 这些考量不仅对行为的维持问题十分重要，对传播过程在群体中可以达到的范围也有影响。

我又进行了一批计算实验，用基于概率的阈值模型研究了个人易感性随时间变化的过程。在这一模型中，个人采用新行为的决定是根据其每次对新行为的看法而随机生成的。我惊讶地发现，实验结果和前文用固定阈值得到的结果基本一致。整体传播过程受概率分布的平均值控制。

如果概率分布的预设为行动者通过一次接触就能被激活，那么随机化就会加速传播。与之相反，如果预设为人们需要 2 个或更多联系人的强化才能被激活，那这一新行为就会以复杂传播的方式传播，随机化可能阻碍传播。即便行动者的易感性暂时降低，因弱连接被激活，即由单次接触“开启”了，之后他也会在阈值恢复到期望值时“关闭”。除非此人处在群聚型网络中，能从联系人中的采用者那里得到社会强化，否则任何暂时由长连接带来的传播，都会在阈值恢复正常时迅速消失。综上所述，概率分布的平均值越高，长连接就越可能阻碍传播。[34]

强连接与弱连接

现实世界最明显的特点也许就是关系的强弱了。关于这一问题，我们假设，不考虑长度的话，所有关系的强度都相同。疾病的传播就能证明该假设合理。在性接触网络中，感染者通过强弱连接都能将病菌轻松传播出去。[35] 与之相似，从招聘信息到自然灾害新闻，多数信息都能通过弱连接高效传播。

复杂传播则不同。关系越弱，联系人的影响力就越小。正因如此，格兰诺维特把连接远距离泛泛之交的相对弱连接与连接密友的相对强连接做了区分。[36] 为了解关系的强弱对传播过程带来的影响，我沿用了格兰诺维特提出的理论，将网络中的所有关系以强、弱区分。群聚型邻里即强连接，长距离连接即弱连接。

为在模型中量化这些关系，我们为强弱连接分配了相对权重，代表它们用来触发个体阈值的影响力。为保稳妥，我们将群聚型（强）关系的相对权重设为 1，随机（弱）关系的相对权重设为 0.5。在进行简单传播时，个体的阈值为 1，若要让个体采用新事物，仅需 1 个强连接即可达成，但通过弱连接的话就需要 2 个。

与格兰诺维特的强弱连接理论相同，小世界网络模型也突显了宽桥对传播的重要性。对集体行动的招募来说，仅需 1 位密友的社会强化就能被说服加入集体行动的人，可能需要与 2 位点头之交接触才会加入行动。也就是说，弱连接只有在它们能提供社会强化时，才能有效传播招募信息，此时假设“加入集体行动”为简单传播。若阈值提高，社会强化则更为重要。如果我们进行的是复杂程度最低的复杂传播，即阈值为 2 时，那一个人就需要来自 2 位密友的社会强化才会被说服加入集体行动；否则，就需要与 4 位点头之交接触。

宽桥在关系层面也属于强连接。对复杂传播而言，这一特点使宽桥不仅在结构层面十分必要，在关系层面也十分高效。它们仅需最少的社会强化，就可进行。若重新分配社会网络，增加弱连接数量，则不仅会减少邻里间重合的关系线，还会因为每条关系线影响力的降低，增加用于达成必要的社会强化的关系数量。基于这两点原因，在网络中加入弱连接会阻碍复杂传播。

总之，无论长连接是后期加入的还是用来替代原有关系线的，无论人们做的决定是偶然的还是必然的，无论一条关系线在“关系”层面是否属于强连接，在网络中增加长连接的数量都会阻碍复杂传播。群聚型网络对传播的结构性优势，不仅在于为新行为带来了更多社会强化，而且避免了让新行为过早暴露、受到未采用者的负面影响等可能减慢传播速度因素的出现。

在实际情况中，这意味着什么呢？第 3 章研究的便是真实存在的行为是如何在人类群体中传播的。为此，我通过线上社会网络对行为类传播的相关问题展开了实验。

HOW BEHAVIOR SPREADS

第 3 章

只有不断强化，行为才能传播开来

几十年前，格兰诺维特提出有必要对集体行为的阈值模型进行实证研究。虽然格兰诺维特坦言，收集必要的数据相当困难，但他给出了一些或许可行的办法。[1] 但直到最近，人们才通过一系列方法论研究发现，网络传播本身可能不过是海市蜃楼。有关社会网络中行为传播过程的前因后果，即谁影响谁、以何顺序传播、以何原因传播，都几乎不可能用传统的观察方法推导出来。在许多情境中，我们连传播过程是否存在都无法判定。[2] 如果我们连证明传播存在都如此困难，那么确定社会网络结构是如何改变传播过程的就更遥不可及了。

然而，这正是我们要尝试完成的任务。我做了一个实验，利用互联网社群研究传播过程。在线上，我们不仅能观察传播过程的前因后果，还能确认网络结构的改变如何直接影响新行为被采用的概率。

好友的强化越多，越有可能促进行为改变

为何对传播的实证研究如此之难？因为要完成一次令人满意的复杂传播理论测试，必须满足以下 4 个条件：庞大的群体（作为研究对象）、完整的采用数据、完整的网络数据，以及可复制性。

第一，庞大的群体。对许多社会制度而言，群体规模的大小十分重要。规

模越大，不一定越好，但一定会带来变化。小群体与大群体中的集体行为传播过程往往并不相同，在某些情况下甚至截然相反。[3]好消息是，如果群体规模大到一定程度，超过某一可识别的临界点，则对这一群体的研究结果便适用于规模超过临界点的所有群体，包括规模无穷大的群体。简言之，群体规模小不可能是世界小。小世界网络模型的范围条件是网络必须足够稀疏，也就是说，其群体规模必须大幅超越平均邻里规模。[4]因此，为研究小世界中的网络传播过程，群体规模必须达到一定程度。

第二，完整的采用数据。一旦满足了群体规模的条件，我们就要知道行为在网络中传播时真实的“采用”顺序。也就是说，我们要知道是何人受何人的影响、以何顺序完成的传播。不仅如此，还有必要确定，每个人在决定采用新行为时，是否都是受社会影响而非其他可能未被观察到的因素影响，如经济变化、信息暴露、外源性影响等。举例来说，假如群体中有一部分人因为当地制造业工作机会的增加，经济状况突然变好，那几个相互联系的人就可能各自在几日内采用同一新事物，而他们所在的网络中并未出现传播现象。

第三，完整的网络数据。与追踪网络中的采用链同样重要的是，观察所有暴露于传播之下却未被传播的人。换句话说，我们还需要追踪所有没能传播出去的路径。为此，我们就要了解群体的整个社会网络。否则，就可能出现很多人正在被传播，但暴露于传播之下的大部分人其实并未被传播的情况。[5]

此外，我们要确保将网络结构与其他任何可能影响传播、容易混淆的相关变量区分开来，例如人际影响（关系的强度）、社会相似性（同质性）、互动频率、共同的信息暴露，或其他可能解释说明某事物为何通过网络关系传播的因素。举例来说，如果说群聚型网络中的人之间比随机型网络中的人之间存在更强的情感羁绊，那这两种网络中传播过程的差异可能是基于关系的强度，而非桥的宽度。

第四，可复制性。假如我们满足了前 3 个条件，比方说，找到了一个容纳 10 万人的群体，其中人们相互连接形成了社会网络，我们观察到某传播通过网络在人与人之间传播，那观察到的传播算几次呢？答案是：1 次。传播的观察结果不以个人为单位，而以群体为单位。一次观察结果不能说明群体的网络结构是否对传播结果有影响。我们必须再在几个拥有相同网络结构的独立群体中，观察到几次成功传播的结果。与此同时，我们还要在其他几个网络结构不同的独立群体中，观察到相同的传播过程未能取得同样成功的传播结果。换句话说，无论成功与失败，观察结果都要具有可复制性。我们只有在多个独立群体中多次发现以上观察结果，才能断定网络结构对社会传播存在因果效应。

我们从一开始便清楚地知道，不存在简便易行的实验方法。这 4 个条件每个都很难达成，要同时满足这 4 个条件更是难上加难。好在，过去的几十年中，人们为探索新的社会行为研究方法做出了许多努力。小组实验显示，人们有能力探索社会互动是如何导致社会影响和行为变化的可复制模式产生的。[6] 与之相对，数据科学的新方法使探索群体行为中的大规模变化是如何发生的成为可能。如果我们能汲取这些方法的优点，就可能找到一种将它们结合起来的途径，帮助我们在关于传播的研究中更上一层楼。

理想的方法莫过于保持小组实验的可控性和理论准确度，将它与群体规模、观察准确度及数据科学中的“自然环境”相结合。如果这一方法可以实现，那它就是一个能满足社会传播实验所有条件的方法。为确定这是否可行，我在互联网上进行了一场社会实验。

有效的实验设计必须让被试拥有自然的实验体验。如果被试认为自己处在人造的实验环境中，那他们的行为就可能受到这种想法左右。此处的难点在于：要在被试不知情的情况下，控制他们的社会网络结构。日常生活中，我们所在的社会网络模式是不可见的，但它还是能影响我们的选择和行为。

我之所以利用互联网进行实验，是因为人们在网上已经与陌生人积极交流了。这有助于创造关系自然的交流网络。此外，我还想找到这样一个网站，其中的互动可以让人们做出重大的行为选择。这一选择必须能被直接测定，最好还是一种能排除外源性影响的行为，这样我们就能从每一个采用者追溯到前一个采用者发出的信号。

满足以上条件后，我们就可以一边操控网络结构，一边通过社会网络观察真实的行为传播过程。当然，即便实验成功了，我们也不能说实验背后的理论观点就是绝对正确的。但在科学上，对一个观点的证伪与证实同样重要，因此无论结果如何，只要能够测试这一传播理论，我们就是向前迈进了一大步。

关于实验的起点，我曾有过几点想法。其一，我们可以选择投资网站进行实验，研究人们选股票时如何相互影响。商业媒体网站则可以让我们观察人们在下载电影、给产品评分时如何相互影响。其二，我们还可以用购物网站研究人们购买产品时的社会影响作用，或用求职网站研究社会网络对人们修改简历、选择工作的影响。不过，经过几番选择后，健康与生活方式网站脱颖而出，成为最合适的实验环境，原因有以下几点。

第一，健康网站的访问者在与陌生人互动时表现出的真诚和责任感令我印象深刻。在《健康保险流通和责任法案》（*Health Insurance Portability and Accountability Act*）[①] 的保护下，人们在此类网站交换了大量私人医疗数据，包括服药详情、健康日记、核磁共振和 CT 检查结果、诊疗报告、转诊信息等。大多数信息都是由从未谋面的人们上传、分享、评论的。但这些互动能影响患者有关服药、参加医学实验和更换医生的决定。[7] 即便在内容最基础的健康网站上，涉及的不过只是锻炼、饮食、筛查方面的建议，访问者也都莫名其妙地

① 美国联邦法案规定对医疗保健和医疗保险行业持有的私人身份信息采取保护措施，避免发生相关欺诈和盗窃行为。——译者注

热衷于分享和相互学习这些建议。如果这份与陌生人交流的热情能在实验环境中重现，那就可以用来研究社会网络对行为变化的影响了。

第二，健康行为十分重要。虽然投资、应聘、产品的采用也很重要，但决定接受癌症筛查事关生命，更不要说能够拯救生命的疫苗接种行为和可能威胁生命的新药尝试行为了。

第三，健康行为和健康结果普遍存在，且往往具有社会性。股票市场中，只有特定人群会积极参与，而实际投资的人做决定时也可能不受社会影响。与之相对，各行各业的人都要做出影响自己和周围人的健康决定。从传染病的传播到慢性病的治疗，健康决定和健康结果影响着我们每一个人，且通常与我们面临的社会影响是分不开的。[8]

第四，简单传播与复杂传播的区别在健康相关的环境中尤为突出。致命的 HIV 感染能通过长连接在性接触网络中快速传播，救命的 PrEP 药物的相关信息亦是如此。然而，健康信息与健康行为的传播之间存在重要差异。长连接网络能够快速传播新型传染病和新信息，却可能无法传播新的行为规范。我们可能需要完全不同的宽桥网络将未知的预防性治疗方法转化为可被接受的行为。

基于以上原因，健康网站或许是适合进行行为传播实验研究的平台。我会寻找人们已经在线上参与的行为，选择其中一种作为本次重点研究的对象。我为汲取灵感浏览了各种时下流行的商业网站，发现它们往往有一个共同特征，即让其成员加入健康社群，在那里他们能与彼此分享建议。虽然这些社群都是人为创建的，且通常匿名，但这些网站上的社会互动出奇地自然。“人为却自然”便是这次实验设计的准则。

接下来的问题是如何建立一个人们愿意加入的线上社群。

HOW BEHAVIOR SPREADS

行为流行实验室

就建立线上社群，我选择了与哈佛大学医学院的格雷厄姆·科尔迪茨（Graham Colditz）合作。他一直在通过哈佛癌症预防中心运营癌症筛查网站，十分成功。每月有数以万计的独立访客自愿进入“您的疾病风险”（Your Disease Risk）网站，完成能为各种癌症提供风险评估的线上健康筛查。

我想在健康筛查的基础上，研究人们筛查之后自然而然会采取的行动。例如，多数患者在接受风险评估后，会收到一些建议，让他们尝试某种活动、学习某种知识、选择某种生活方式。但他们极少按建议行事。本次研究旨在了解，为人们提供正确的社会网络是否对传播筛查后建议的行为有促进作用。

我建立的线上健康社群名为“健康生活方式网络”（Healthy Lifestyle Network）。部分被试是通过“您的疾病风险”网站评估页最后的链接招募来的。其他被试则由男性健康（Men's Health）、女性健康（Women's Health）等商业网站上的健康评估或广告招募而来。被试不会获得报酬，但有机会加入一个健康社群，他们能从该社群的其他被试那里了解新的健康资源。

招募广告强调，该社群将为访问者提供社交机会，帮助他们跟进感兴趣和担心的健康问题。这种招募策略是本次实验设计的重要特征，因为它让访问者相信他们将在网站上与陌生人认识、互动。更重要的是，它让这些互动成为访问者采用新行为的契机。因此，虽然这一社会环境是人造的，但经过设计，成了访问者与可能影响他们行为的陌生人互动的自然环境。

我们有必要从抽样的角度思考一下这意味着什么。被试仅限说英语、会用电脑并关心自己健康的人，此外还有许许多多无法参加这项研究却也十分重要的人。这项研究旨在探明，本就关心健康、易被相关网站吸引的人是否仍会因为社会网络结构而改变他们的行为。考虑到我们的招募策略，本实验的“零假设”[①]为：任何愿意花时间注册“健康生活方式网络”的人都有兴趣使用他们获得的健康资源。本实验旨在表明，即便在本就对健康感兴趣且易被吸引的群体中，用来传播有益资源的社会网络结构也会显著影响人们是否实际使用这些资源的决定。

为使这次实验尽量贴近现实，我们必须注意不能让被试注意到网络的存在。因为在现实生活中，人们不知道其社会网络的大规模拓扑结构是怎样的。虽然有关自我中心网络的报告经常极度不可靠，但人们通常还是认识与他们直接互动的人的，也对与其联系人互动的人有一定了解。但除此之外，人们对社会网络的大规模结构知之甚少，也不在乎。对所有人来说，重要的是与我们有直接联系的社交世界。本实验的设计就是要保留人们对社会网络的“局部”视角。方法是让被试对他们的直接联系人产生极大的兴趣，但不让他们对更大范围内社会网络的规模或结构有一点了解。复杂传播理论假定：虽然社会网络的大规模结构不会被人们直接察觉，但仍是人们是否改变行为的一个直接原因。

接下来，我们要找到一种让被试自然而然加入实验的方式，这种方式让他们能够：

- 在线上社群创建身份。
- 被随机分配到同伴社会网络中。
- 参与传播过程。

① 进行实验时预先建立的假设。——译者注

在线上社群创建身份

被试加入研究的入口是一个网页。网页用幽默易懂的语言对“健康生活方式网络”进行了概述，并用3个宜家风格的图标为被试展示了接下来会发生的事：被试将选择用户名和头像，与社会网络中的同伴匹配，并有机会分享和接收有关新健康资源的建议。

被试点击“开始”链接时，会被要求提供邮箱地址、勾选知情同意书。知情同意书向被试保证，网站不会泄露任何私人信息或身份信息，所有线上互动都将匿名。被试填完此页面后，就正式加入研究，可以创建在社群中代表自己的用户名和头像。最后，为使被试的档案趋于完整，他们还被要求选择一组健康目标和健康兴趣，用于辨别社群中哪些成员对他们最有益。如图3-1所示，被试完成以上步骤后就进入实验，被随机分配到两个社会网络中的一个。

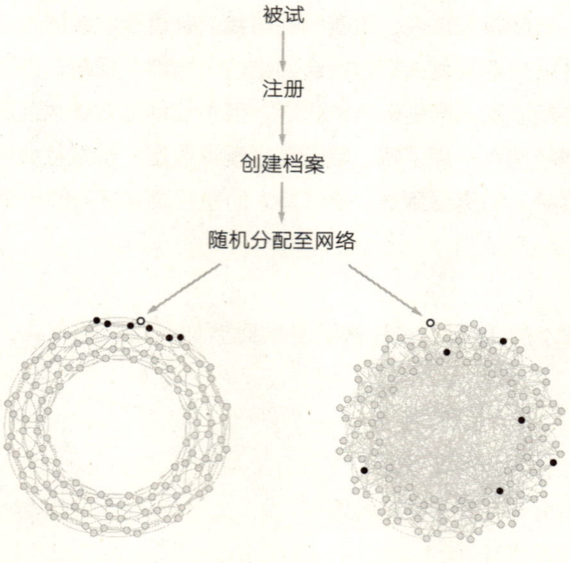

图3-1 被试的注册流程和随机分配

被随机分配到同伴社会网络中

每轮实验都包含两个群体，一个为群聚型网络，一个为随机型网络。两个网络人数一致，其中每个人拥有的联系人数量也一致。群聚型网络的设计和空间网络相似，其中的邻里由带有宽桥的群聚型关系组成，各个邻里将整个群体连接在一起。随机型网络则是将群聚型网络中的关系重新分配后的形态，每个被试在群体中的暴露程度都达到最高。正如我们在第 1 章和第 2 章探讨的，重新分配的过程保证了随机型网络中的每个节点所拥有的联系人数量与群聚型网络中的完全一致，也就是说二者的度分布完全一致，但与此同时，重新分配降低了网络的群聚性，消除了邻里内及邻里间冗余的关系。[9]

两个网络是在研究开始前就创建好的。当被试加入研究时，他们会被随机分配到其中一个网络拓扑中，如图 3-1 所示。被试先随机加入两个网络中的一个，然后随机占据该网络中的一个空白节点。被试在网络中的直接联系人即他们在“健康生活方式网络”中的“健康好友”。从被试自我中心网络的角度来看，两种网络条件没什么区别，被试知道的仅仅是自己在和一组健康好友接触。但当我们鸟瞰时，就会发现每个群体的大规模拓扑结构不尽相同。重要的是，被试无法通过建立新关系、放弃已有的关系等方式改变他们所在的社会拓扑。实验中，被试所在的网络始终不变。

图 3-1 展示的是核心个体（白色圆圈）被随机分配至任一实验环境的过程。网络中的黑色节点代表任一核心个体的联系人，即健康好友。在群聚型网络中，这些联系人彼此还有共同的联系人，因而建起了通往附近邻里的宽桥。与之相对，在随机型网络中，联系人之间没有冗余的关系，这使网络的暴露程度达到最高，网络中与核心个体仅两步之遥的人数也更多。灰色节点代表的是未与核心节点相连的个体。

每轮实验中都有新加入的被试被随机分配到某一实验环境中，直到两个网络完全填满。等两个网络都填满，就万事俱备只欠东风了。

最后一步是向所有新注册的被试展示他们的“好友页”。好友页上有每个被试及其健康好友的用户名、头像和健康兴趣。在两种网络中，健康好友都是通过相似的兴趣匹配而来的。每次实验中，由于两个网络的邻里规模大小都相同，所以被试好友页的结构都一样，显示的联系人数量也都相同。

如图 3-2 所示，最终有 1 528 名被试加入了“健康生活方式网络”研究。实验共进行了 6 轮，每轮都包含 1 个群聚型空间网络和 1 个与之对应的随机型网络。每轮实验中，两个网络都具有相同的大小、度分布和密度。在实验 A 中，两个网络各有 98 人，每个人各有 6 个联系人。在实验 B、C、D 中，每个网络各有 128 人，每个人各有 6 个联系人。在实验 E 和 F 中，每个网络各有 144 人，每个人各有 8 个联系人。被试经过如此分配之后，共被分成了 12 个实验群体：6 个在群聚型空间网络中，6 个在随机型网络中。

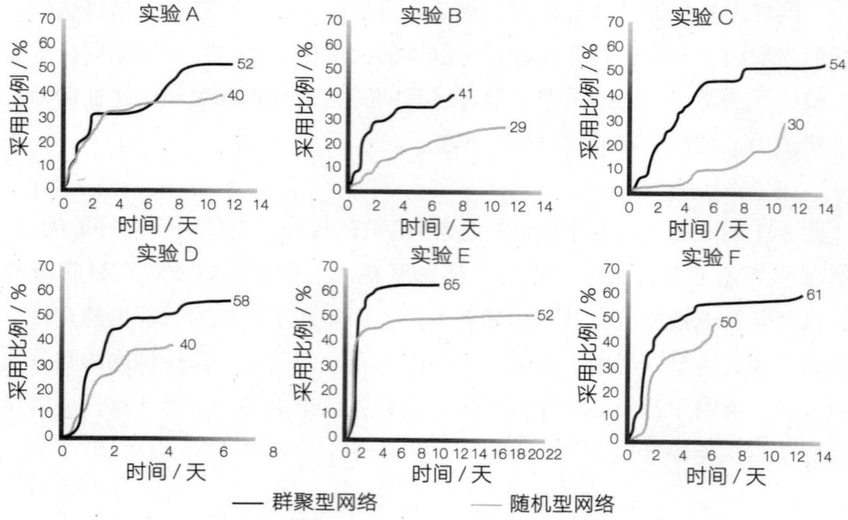

图 3-2 6 轮实验的传播时间序列

参与传播过程

传播由网络中随机的“种子节点”发起，该节点向其在网络中的联系人发送信息，鼓励他们加入某健康论坛，即采用一种与健康相关的行为。每则信息都以邮件形式发送，邮件地址显示了采用者的用户信息，邮件内容则包含了健康论坛的注册网址。一旦某人采用了新行为，也就是注册了健康论坛，那他就会自动向健康好友发送信息，邀请他们采用新行为。之后，如果收到信息的人中有人采用了新行为，那他也会向自己的健康好友发送信息，以此类推，在网络中形成传播过程。

信息系统能准确记录采用的顺序，提供新行为在每个群体中传播的先后次序。被试只有在有一名他的联系人加入论坛时，才会收到信息。联系人中的采用者越多，被试收到的强化信号就越强烈。他有多少健康好友，就会收到最多多少封邮件。

被试点击邀请邮件中的链接后，就会进入健康论坛的注册页面。为获取访问权限，即正式采用新行为，被试需要完成一张注册表，而这是实验设计的重要一环。

注册表相当简单，被试只需输入关于健康兴趣、健身背景和生活方式的信息，就算注册成功。但这张表格的长度和难度为测定传播过程的复杂性提供了一个有用的控制参数。如果没有注册表，则仅点击邮件链接就满足加入健康论坛的条件。这就会让“采用”在本质上成为轻松的行为，类似简单传播。[10] 相反，如果注册表太长，或所需信息为被试的社保账号等高度私密的信息，那说服被试注册健康论坛所需的社会强化程度就会提高，传播过程将更加复杂。

做这项实验，重要的是让被试遇到足够的阻力，不能通过点击链接等简单方式轻而易举地采用新行为，但与此同时注册过程也要足够简化，让我们能观察到真正的传播过程，不需要花上数月时间对注册页面进行调整。一个简单的解决办法就是使用问题足够多的注册表，让被试必须向下滚动页面才能完成注册。这项研究为新行为设置的采用门槛相当低，因此可对复杂传染理论进行保守的测试。即便如此我还是惊讶地发现，虽然注册健康论坛的“成本”极低，但还是对被试的采用行为造成了相当大的阻力。许多被试在第一次收到健康好友的邀请邮件时，点击链接后都没有进行注册。只有在他们另外收到其他健康好友的邀请邮件后，才会注册。

被试采用新行为后，会在健康论坛上体验到什么呢？在论坛中，采用者可以访问和查看数百种与生活方式、健身、营养、戒烟、减肥相关的健康资源。被试可以评价、共享这些资源，还可以查看他们已采用新行为的健康好友对资源的评论。这些功能对健康论坛的所有采用者全面开放。

论坛中的一切活动都无法对传播实验产生实际影响。一旦被试注册了论坛，他们的活动就无法触发任何额外的收发邮件的行为了。换句话说，被试决定采用“加入健康论坛”这一新行为后，就不能反悔了，他们的采用决定是一步到位、不可更改的。如前文所述，这种实验设计让采用者只能向未被激活的健康好友发送一条信息，之后他们便没有其他互动了。

健康论坛本身作为一个独立的网站运行。为了物尽其用，只要采用者想用，他们就能继续使用论坛，也可以随意返回网页，重新登录论坛。在实验结束的几个月后，论坛仍在作为采用者的免费网络资源运营着。他们每次重新登录，都能看到健康好友当前的活动信息，以及更新后的健康资源评分和信息。

不过，这个健康论坛最根本的特征是，它是为实验专门创建的网站。“健康生活方式网络”研究之外的人不可能发现它或加入它。加入论坛唯一的方式就是收到健康好友的邀请。因此，每有一个被试采用新行为，我们都能追踪到促使他们做出决定的前一个采用者。[11]

每轮实验中，每次传播过程开始的时间点都是每个网络中种子节点被激活、最先发出信号的时刻。所有实验对传播过程的研究时间均为 3 周。

群聚型网络更有利于行为的传播

实验结果很有启发性。每轮实验中，新行为都可通过群聚型网络轻松传播。传播过程先从局部区域开始，蔓延至附近的邻里，最后传遍整个群体。图 3-2 展示了研究中全部 12 个网络完整的传播时间序列。每张线图对应一轮实验，其中深色线代表群聚型网络，浅色线代表随机型网络。

由于我们是分别对每个网络进行观察的，所以很容易进行统计。传播结束时，每个网络都会生成一个数据点，代表最终的采用人数。为了解网络结构对传播的成功是否有重大影响，我们可以收集群聚型网络中的全部 6 个代表最终采用人数的数据点，与随机型网络中与之对应的 6 个数据点进行比较。最直截了当的检验方法，就是观察群聚型网络的数据点是否始终大于随机型网络的数据点，以此进行非参数评价。不过，就算没有这种统计学检验，结论也是显而易见的。

每轮实验的结果都相差无几，即群聚型网络显著扩大了传播过程涉及的范围。为理解这种扩大作用有多明显，我们可以看一看每轮实验中所有网络的平均结果。

结果显示，平均每个群聚型网络中有 53.77% 的人成为采用者，平均每个随机型网络中只有 38.26% 的人成为采用者，也就是说，总体而言群聚型网络的平均采用率比随机型网络高 40%（$p<0.01$）。

进一步来说，我们不仅可以分析传播过程最终达到的范围，还能分析传播的速度。为此，我们可以重复非参数统计过程，但这一次，我们通过测算传播期间平均每秒激活的节点数量，来比较每个网络的总传播速度。

即便我们不做正式分析，用图 3-2 中曲线的斜率也能说明问题。每轮实验中，群聚型网络都显著提高了传播的速度。实际上，在全部 6 轮实验中，群聚型网络的平均传播速度比随机型网络的平均传播速度快了 4 倍以上（$p<0.01$）。

我们可由此得出结论，**与随机型网络相比，健康论坛在群聚型网络中的传播范围更广、速度更快。**不仅如此，由于研究中从每个网络得到的观察结果都是独立且严谨的，所以我们还能得出一个因果关系结论，即群聚型网络对行为的传播有明显的改善作用。[12] 要了解这是如何实现的，我们就需要研究每个网络中的传播进程。

图 3-3 依次展示了两种网络中的实际传播过程。每个方块由左至右展示了在群聚型网络及与之对应的随机型网络中，健康论坛传播经过的时间序列。在这两个序列中，最左侧的方块均代表传播过程的开始，其中仅有 1 个种子节点，呈黑色，群体中的其他人则呈白色。每行 5 个方块代表每个网络中传播的时间进程。当新的采用者出现时，代表他的节点就会变黑，为突出显示由采用者传播时激活的暴露路径，其周围的关系线也会变黑。

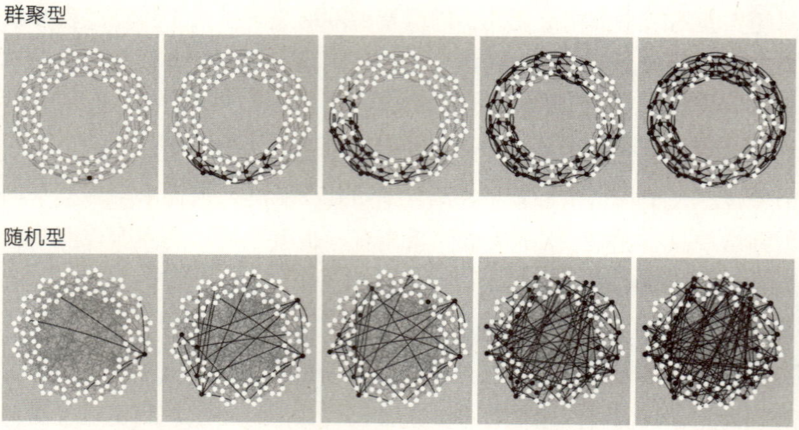

图 3-3 线上社会网络中行为的传播

在随机型网络中，我们最先注意到的传播特征是信号到达群体中其余部分的速度之快，其中信号以激活的关系线表示。传播只经过短短几步，就让健康论坛暴露在了几乎所有人的面前。从图 3-3 中的黑线可看出，信息传播的速度快得惊人，这正是弱连接和小世界的典型特征。冗余关系越少，信息的暴露范围就越广。然而，虽然有关健康论坛的信息在随机型网络中得到了迅速传播，但采用率却增长缓慢。

相比之下，在群聚型网络中，信息先在局部区域传播。这种网络中的信号不会在同一时间散布至群体各部分，而会绕一圈回到它们起源的群聚型邻里中。这种关系冗余现象使信息在空间上呈集中分布态势，在一开始造成的暴露程度较低，但由此而来的采用率十分可观。

新行为一旦充满某一邻里，就会开始向附近的邻里流动，最终传播至整个群体。在接下来的几周里，每个传播过程都与瑞典地理学家托斯滕·哈格斯特朗（Torsten Hagerstrand）、瑞典皇家理工学院教授彼得·海德斯托姆、美国康奈尔大学教授戴维·斯特朗（David Strang）和美国斯坦福大学教授萨拉·索尔（Sarah A. Soule）记录的空间传播模式十分相似。[13] 正如罗杰·古尔德在其有关巴黎公社的研究中所观察到的：

> 邻里间通过重叠的招募信息相互影响的过程，只能从含有重叠部分的整个网络的角度来分析。每个邻里的抵抗程度不同，他们在影响其他邻里的同时，也会受其他邻里影响。其中有直接影响，即来自有直接关系的邻里的影响，也有间接影响，即其他邻里受到的影响本身也来自另外的邻里，这些另外的邻里受到的影响则来自更远的邻里，以此类推。换句话说，影响过程不仅发生在彼此独立的邻里之间，还存在于有直接联系、距离不同的邻里连锁中。因此，不同邻里抵抗程度的相互影响，不仅与邻里的人数密切相关，还与重叠招募的结构密切相关。[14]

19 世纪巴黎社会运动的发展过程与线上健康社群中的行为传播过程十分相似，这说明空间传播过程具有不容忽视的普遍基础。我曾在第 2 章提到，空间传播网络之所以高效，很大程度上可能要归功于其社会互动的结构。抛开关系因素不谈，这些实验结果表明，将人们置于群聚型组织模式中，可以大幅加速行为传播的过程，无论这一群聚型组织是城市社区，还是线上社群。

为了解这些网络传播过程中人的作用，我们可以从个人层面对被试的行为展开分析，以此验证复杂传播理论是否有利于我们理解线上网络中的传播方式，也就是验证人们对社会强化的需求能否解释线上网络中的传播方式。

至少有两种社会机制可以解释为何“加入健康论坛”属于复杂传播。第一为可信度机制。虽然加入线上健康论坛是十分简单的行为，但也需要人们付出时间和精力。用户必须注册网站、浏览各个页面、查看有用的内容。虽然被试收到的第一条信息会让他们注意到健康论坛的存在，但要让他们决定采用该网站，还需要一定程度的社会证明，让他们这些潜在的采用者相信加入网站不是浪费时间。对被试来说，联系人中采用者越多，健康论坛就越可信，越可能帮助他们找到新的健康资源。第二为战略互补机制。加入健康论坛的人越多，该网站获得的用户评价和推荐数量就越多，用户期望从已经加入论坛的健康好友那里得到的好处就越多。基于这两种机制，被试收到多个联系人的邀请后，其为采用新行为付出“成本”的可能性将提高。

为确定“加入健康论坛”确实属于复杂传播，我测算了被试在收到不同数量的健康好友的邀请后，其被激活的可能性。我将人们收到 1 个信号后采用新行为的可能性，与他们收到 2 个、3 个、4 个强化信号后采用新行为的可能性进行了比较。

社会强化对采用新行为的影响十分明显。被试在收到第 2 个信号后，比其仅收到 1 个信号时加入论坛的概率提高了 67%（$p<0.001$）。我们对被试收到

2 个和 3 个信号后的采用率做了同样的对比，发现收到 3 个信号后的采用率比仅收到 2 个信号后的采用率提高了 32%（$p<0.05$）。[15] 因此，“加入健康论坛”确实属于复杂传播。

被试收到 4 封邀请邮件后的采用率也高于收到 3 封后的采用率，但由于样本量较小，这种影响的意义有限。我从分析中得出，强化信号的增加既不会导致饱和效应，也不会降低采用的可能性。信号数量的增加可对个人的采用率带来持续的积极影响。

这也解释了为何群聚型网络中的传播更成功。[16] 群聚型网络将来自采用者的信号集中为局部区域的强化信息序列，为健康论坛的可信度及其日益增长的互补价值提供了证明。这一过程将表面上冗余的社会关系转化为行为传播的有效路径。

新行为的维持需要密友的持续行动

接下来，我们可以思考一下，这些传播过程对个人采用某一行为后的投入精力有何影响。[17] 在第 1 章，我对一步到位的和需要长期维持的行为进行了比较。包皮环切术和麻腮风疫苗的接种属于一步到位的行为，对安全套的使用、对糖尿病的治疗则属于需要维持的行为。同理，购买某一种电脑是一步到位的行为，坚持使用某一种操作系统则是需要维持的行为。

在健康行为领域，我们有必要了解一下，有关采用率的实验结果是否有助于我们理解网络结构对行为维持的影响。传播实验结束后，我让被试继续使用健康论坛。采用者可以在第一次加入论坛的几个月后，再次登录。网站会自动生成每个采用者的回访记录，这为我们了解社会强化过程是否对行为的维持有长期影响提供了一个很好的方法。

为衡量社会强化对被试加入健康论坛带来的影响，我根据采用者从健康好友那里收到邀请邮件的数量，对采用者进行了分组，之后比较了每组采用者回访健康论坛的次数。记住，被试一旦加入健康论坛，就不会再从健康好友那里收到信息了。因此，这项测试可以用来验证，触发采用的强化信号是否对长期参与也有影响。

每组的全部采用者收到的信号数量绝对一致：第 1 组的采用者都仅收到 1 个信号，第 2 组的采用者都收到且仅收到 2 个信号，第 3 组的采用者都收到且仅收到 3 个信号，以此类推。我主要在“早期采用者”也就是收到 1 个信号的采用者（第 1 组）与收到多个信号的采用者（第 2 组至第 5 组）之间进行比较。

对第 1 组的成员来说，1 个已激活的联系人就足够触发他们加入论坛。在这一组中，仅有 12% 的采用者曾回访健康论坛，其中 10% 回访过 1 次，2% 回访过 2 次。这些早期采用者的回访数量都没有超过 2 次。早期采用者为采用者回访健康论坛的概率提供了一条基线。之后我们可用该基线与其他组进行比较，观察社会强化是否对被试的回访率有影响。

相较于早期采用者 12% 的回访率，收到 2 个信号才加入论坛的被试中，有 34% 回访过论坛至少 1 次，其中 9% 回访 2 次、1% 回访 3 次、1% 回访 4 次（$p<0.001$）。社会强化带来的影响不仅显著，且随着社会强化程度的加强而加深。收到过 3 个信号的采用者回访率为 40%，其中 9% 回访 2 次、10% 回访 3 次、1% 回访 4 次（$p<0.001$）。被试受到的强化次数越多，其与论坛的互动就越频繁。收到过 4 个信号的被试回访率为 41%（$p<0.001$），而收到过 5 个信号的被试回访率为 45%（$p<0.01$）。[18]

从有关投入精力的这些发现来看，我们有必要将相关性与因果关系区分开来。有关传播的实验结果显示，社会网络与行为传播之间存在因果效应；有关投入精力的实验结果则显示，采用者接收的强化信号的多少和其对新行为的投入程度具有相关性。对于这一相关性，有许多可能的解释，例如越晚采用新行为的人，可能越忠于他们采用的行为。但也可能恰恰相反，也许早期采用者更忠于新行为，但来自多个联系人的强化信号带来了额外的激励，让较晚采用的人希望充分利用新行为。对相关性的另一种解释是，被试对健康论坛投入更多精力，是因为他们的联系人中采用者较多，带来的互补价值较高。换句话说，一个人收到的强化信号越多，就越有理由为观察其他人对网站的付出而长期使用论坛。

虽然这些观点还未得到证实，但社会强化和论坛参与之间的强相关性表明，网络结构与人们对行为投入的精力之间存在关联。[19] 在线下环境中，群聚型网络可能有助于行为的维持，因为采用者的密友或与采用者长期接触的对象等强连接具备的“关系”强度能让采用者变得更加投入。但研究显示，群聚型网络的“结构”因素也可能让采用者长期投入新行为。**群聚型网络提供的强化信号，增强了新行为的可信度和互补性。对采用者而言，坚持其他人也在参与的行为或许可以让他们获得额外的价值。**

对每组回访的整体分析也表明，最难被说服加入论坛的被试才是加入后投入精力最多的那批人。收到 2 次邀请后采用的被试回访的可能性，比仅收到 1 次邀请就采用的被试回访的可能性高 135%。不仅如此，与收到 1 次邀请的采用者相比，收到 3 次邀请后采用的被试回访的可能性高 185%，收到 4 次邀请后采用的被试回访的可能性高 190%（$p<0.001$）。由此可得，可信度机制、战略互补机制等使行为复杂化的因素，也可能增强行为被采用后的“黏性”。

这一结论还可能表明，最抵抗采用新行为的行动者，一旦被触发了阈值，就可能成为对新行为最忠诚的人。换句话说，假如某人采用新技术是因为他相信这项技术所具有的互补价值，那么他一旦接收到足够的强化信号并采用了新技术，这项技术也可能同时具有了足够的互补价值，使采用者难以割舍。某人采用新行为前的抵抗因素也可能就是他采用后维持新行为的原因。因此，在许多情况下，复杂性不一定会限制传播的过程，但为了让行为变化持续下去，复杂性确实是一道需要克服的难关。

这项有关传播的实验研究展示了一种新的研究方法，即利用线上环境来研究群体结构对人们行为的影响。这样一来，我们就能进一步探究许多新问题及过去未经检验的问题了，这着实令人兴奋，我将在第三部分和结语中进一步讨论这一方法。虽然该方法的理论意义十分可观，但并不完美。例如，这次实验研究在泛用性方面就存在几点缺陷。其中在设计方面的一大缺陷在于，现实世界的情况与这项研究不同，要让人们采用新的健康行为通常极其困难。为了采用疫苗接种、节食、日常锻炼、接受筛查等健康行为，人们可能要以时间、贫困或身体疼痛作为代价。相比之下，注册健康论坛需付出的努力较少。那么，在线上环境中得出的结果如何转化为对线下健康行为的影响呢？由于人们在决定接种疫苗或改变生活方式时面临的成本和困难更大，所以在这些情况下需要的社会强化更强。可以说，这项研究的结果相对保守。在现实情况下，人们对社会强化的需求更大，说明与在这项实验中观察到的传播过程相比，在现实世界中健康行为的传播更依赖于那些能提供社会强化的网络。

这项实验的另一大缺陷是，被试与其健康好友没有任何直接交流，被试也不了解这些好友的身份信息。这让实验排除了关系强度等易造成混淆的变量，摆脱了网络拓扑对传播过程带来的影响。但这样也导致一个问题，即当加入影响人际关系的其他因素后，网络拓扑会带来何种程度的影响。例如，过去就有传播研究表明，同质性和强大的人际影响等因素可能有利于行为的传播。

正如我在第 1 章和第 2 章讨论的那样，这些社会网络特征可能与群聚型社会关系的形成高度相关。[20] 因此，如果存在关系强度或同质性带来的互动影响，则群聚型网络可能会对传播带来更大的影响。我认为，这些强化因素可能有助于增强我们已经观察到的群聚型网络对复杂传播带来的促进作用。

这些发现为我们打开了一条新思路：对传播新事物而言，关系是否冗余可能比其影响范围更重要。我们已经观察到，**人们受到来自多个传染源的社会强化后，更有可能改变行为。**这种在个人层面的观察可以转化为网络层面的现象：**要让大规模传播的范围更广、速度更快，就要靠宽桥而非长距离连接。**本次实验最出人意料的发现也许在于，**群聚型网络不仅有助于传播难以传播的新行为，而且有助于维持人们采用新行为的状态。**[21] 为了解这些实验结果的适用范围，我将在第二部分探讨这些结果在与行为传播相关的应用环境中的实际用途。

HOW BEHAVIOR SPREADS

第二部分

宽桥社群，让新行为与新思想加速传播

所有政治活动都从地方开始。

——蒂普·奥尼尔（Tip O'Neill）
美国著名政治家，美国前众议院议长

我要表达的观点是建立在一种能够高效传播信息和疾病的长连接与高效传播行为的宽桥之间的平衡上的。这一平衡的微妙之处在于，能高效传播行为规范的网络在传播疾病时效率更高。不过，我已在前面几章中强调，我们应将传播分为两类，一类是信息和疾病，另一类则是行为。

两者之间的根本区别，不是病毒式传播和行为传播之间的区别，而是能通过长连接轻松传播的大量疾病、信息甚至行为传播，与需要多个传染源加以强化才能传播的社会“传染病”之间的区别。这一区别让我们怀疑，疾病的传播模型是否真的可以普遍应用于行为的传播过程中。但传播间还有一些微妙的差别。很明显，某些情况下行为确实可以像简单传播一样传播，而另一些情况下疾病甚至可以像复杂传播一样传播。[1]

日常生活中不乏仅凭一次接触就能传播的简单行为。例如，在单车道上，每个司机的速度都由队列最前面的车决定。病毒视频也是如此，我们在观看并转发熟人发来的视频前，不需要任何社会强化。我们能轻易想到许多属于简单传播的微不足道的行为。但不难发现，每个例子中的行为只要不再那么微不足道，比方说让采用者多冒一些风险，那这一行为就会迅速变为复杂传播。

例如，即便单车道上领头的司机开得飞快，后面的司机也不太可能认为自己也应该开得飞快。同理，如果我们打开病毒视频的链接，进入的是带有可疑安全协议的网站，那就可能在看视频之前或同意安装新的视频软件之前犹豫不决。我们在继续行动前，必须确认链接是安全的。换句话说，虽然世界上有数不尽的琐碎行为属于简单传播，但即便是一般重要的行为也属于典型的复杂传播。

复杂性带来的影响可涉及各式各样的人类活动和非人类活动，其中集体行为的传播有赖于稳定的社会强化渠道。我们已经在细菌群落、蚂蚁大军、蜂群的行为中发现了复杂性带来的变化。在蜂群的例子中，我们甚至发现蜜蜂在群体行为中的集体智力接近最佳水平。[2] 在所有这些场景中，社会传播的复杂性在能够提供稳定的冗余社会关系的网络结构中才能得到体现。

为确定第一部分的实验结果的适用范围，我将在以下几章中展示如何利用这些结果加速实际生活中的传播过程。第 4 章阐述在大量实证背景下，如何有效利用对复杂传播的研究。第 5 章讨论当创新者遭遇相互冲突的公共卫生干预措施或行业竞争等牢不可破的抵抗时，这些结果将带来何种影响。第 6 章讨论这些结果对组织机构的影响，这些组织的管理者必须利用好他们的组织网络，才能传播富有创新精神的行为。

HOW BEHAVIOR SPREADS

第 4 章

社会关系越紧密，行动越容易发生

过去几年中，有关复杂传播的研究利用各种方法探索了大量实证领域，从研究马拉维（Malawi）农业技术传播的田间实验，到对线上政治捐款推广的大规模观察研究，不一而足。[1] 近几年研究关注的重点都在于，探索线上网络中使传播复杂化的具体因素。

例如，近几年对利用 Twitter 传播的研究发现，Twitter 中的“话题标签”属于简单传播还是复杂传播，取决于相关推文的主题。比方说，使用指代“Twitter 上的顶级保守党”（Top Conservatives on Twitter）的 #TCOT 和指代“医疗改革”（Health Care Reform）的 #HCR 等政治话题标签，“比使用非正式的惯用语风险更高……因为这些话题标签的政治内涵可能会置你于自己社交圈子的对立面”。这些话题标签的复杂性极高，大多数人在采用一个新的政治话题标签前，需要接触的采用者人数多达 5 个或 6 个，只有“反复暴露才能使采用的边际效应（marginal effect）达到高点”。[2]

与之相比，惯用语等争议较少的话题标签就属于简单传播。“# 活着不能没有的东西”“# 没人不讨厌的东西”“# 适合周一听的音乐”等惯用语话题标签在人与人之间的传播，仅需一次接触即可完成。类似的现象也发生在 Facebook 和 Skype 等社交媒体中，这表明传播本身复杂与否，并不取决于传播发生的特定位置，而取决于正在传播的社会“传染病”所属的类型。若采用某一行为需要考虑风险、互补性或规范的认可，那这一行为的传播通常就需要社会强化才能完成。

自然，存在政治争议的话题标签之所以能在 Twitter 上成功传播，部分原因在于 Twitter 社群的结构。Twitter 上能高效传播这些社会“传染病”的区域都由群聚且重叠的关系组成。人们已针对 Twitter 上的政治激进主义进行过相关研究，如对社会运动相关的话题标签如何传播的研究等。这些研究发现，在紧密相连的 Twitter 网络中，经常会出现多个联系人都来强化信息的情况，有争议的话题标签在这种社群中的传播效果最好。这些研究还有一个共同的发现，那就是关系四通八达的中心个体，传播惯用语话题标签的效率一般都很高，但在传播激进派政治话题标签时，中心个体的作用不如在周边紧密相连的个体。有趣的是，这些在外围相互关联的社群，不仅能加快激进主义信息的传播速度，还能增加抗议活动的参与人数。[3]

构建紧密的社会关系

复杂性对利用社交媒体进行政治传播和动员的影响，不难让人联想到一些在对社会运动的研究中已得到公认的传统观点。特别是，写政治话题的推文所具备的风险性与复杂性的关系，会让人联想到道格·麦克亚当对“高风险”和“低风险”集体行动的差异的研究。[4]

许多众所周知的集体行动都是高风险的，但并非所有集体行动都如此危险。从支持环境可持续发展的和平集会，到为争取公民权利而与警察和同胞发生的暴力冲突，社会运动研究均有涉猎。社会网络在动员各类社会运动时所起的作用，可能取决于特定事件的风险高低或者说成本高低。[5]

对简单传播和复杂传播的研究结果表明，与通过宽桥传播相比，低风险或低成本的集体行动通过长而窄的关系传播效率更高。因为妨碍人们参与低风险或低成本集体行动的因素，是获取信息的通道，而非对参与的抵抗。即便我们与已经参与行动的个体仅有极少的接触，我们也会获得参与行动的社会激励。虽然活动家的主张可能会有许多人支持，但他们经常要面对活动信息得不到传播的难题。网络中被激活的弱连接越多，与活动产生社会关系并因此参与的人就越多。

麦克亚当的想法则更进一步，他认为弱连接通过对不关心集体行动主张的人提供社会激励，可能有助于低风险或低成本集体行动的动员。假如我们要在本地海滩举行一场反战音乐会，音乐会很方便人们参与，且没有风险，但有些人可能单纯对音乐会不感兴趣。虽然这些人参与活动的阈值可能很低，但他们还是不太可能参与。如有朋友招呼他们同去，那就能给他们提供一种社会激励。正如麦克亚当在 1986 年所说："鉴于（活动）相关的成本和风险相对较低，即便某人对活动的主题相当无感，他也有可能成为新的参与者。我认为，这种情况可能在低风险活动的动员中十分常见。人们在对社会（价值）和个人成本进行粗略比较后，会变得愿意参与安全、相对而言零成本的活动。"[6]

每个采用者网络中的弱连接越多，就越容易向新人传递社会激励。所以，世界越小，口口相传的活动就能越高效地动员那些原本没有理由参与活动的新人加入。因此，对低风险或低成本集体行动而言，有关网络传播的传统观点是适用的。对网络暴露的加强是动员新人加入的关键。

然而，对高风险或高成本集体行动而言，情况恰恰相反。例如，《国际先驱论坛报》（*International Herald Tribune*）中一篇关于韩国激进活动团体的报道曾写道："激进思想暗中通过'学习圈'传播，这些学生可能是高中同学、老乡、教堂教友。这些学习圈……就是示威游行和其他抗议活动的基本组织单位。"[7] 动员工作涉及的风险越高，越可能在紧密连接的网络中建立信任关系、提供参与行动所需的社会强化，进而动员成功。与之相对，社会网络中的弱连接越多，信息就越容易被泄露，人们也越不容易被组织起来。[8] 这种情况下，网络中的弱连接会增加与讨论行动有关的风险，从而使高风险集体行动的动员速度减慢。

我们还可从被抵抗的组织或政府的（敌对）角度观察社会网络在组织高风险集体行动中的作用。20 世纪犹太裔美国政治理论家汉娜·阿伦特（Hannah Arendt）属于最早一批将社会控制的逻辑与社会网络的战略观联系在一起的学者。在《极权主义的起源》（*The Origins of Totalitarianism*）一书中，她发现极权政权统治下的公民可以在宽松的弱连接组织网络中生活和互动。强连接网络则遭到了政权的极力抵制，因为强连接网络中人们在值得信任、关系紧密的组织中互动。政权有意制造的猜忌氛围打破了网络的凝聚力，让支持高风险集体行动的网络基础结构无力发展。[9]

从极权政权坚定的战略角度来看，这种基于网络的社会控制方法逻辑清晰且令人不安。复杂传播是对政权的威胁，但简单传播有其利用价值。国家宣传的扩散和多元无知[①]带来的慰藉都能很容易地通过弱连接网络传播。因此，薄弱的社会基础结构会刺激人们服从居于主导地位的政权的统治，同时有效阻止鼓动人们传播不同意见所需要的社会强化的出现。

我们从社会运动动员的复杂性吸取的主要教训是：**对某种集体行动十分有利的社会网络，可能为其他集体行动带来巨大的障碍。**正如麦克亚当所写："如果我们要认识动员过程的复杂性，那就不能假定一切形式的行动主义都遵循唯一的传播过程。我们至少要明确所研究的行动主义附带的成本和风险，因为这些成本和风险可能影响导致人们参与行动的因素的精确组合。"因高风险和低风险集体行动而产生的网络影响，广泛适用于在传统的友谊网络、线上网络和社交媒体网络中动员集体行动的策略。[10]无论是在线上还是在线下，动员集体

---

① 社会心理学概念，指大部分人虽然在私底下反对某一行为，却因为他们错误地认为其他人都认同这一行为，所以也遵从这一行为的情况。——译者注

行动的网络是否最佳，都取决于这一集体行动的复杂程度。

成本与合理性，决定用户是否愿意尝试新事物

这些网络影响也适用于旨在传播新媒体技术的动员工作。许多技术价格低廉或免费，不涉及高昂的互补成本或机会成本，因而属于低成本、低风险传播。可以预见，这些技术能通过长连接高效传播。但如果这些技术的价格提高，或像多数社交媒体技术一样，虽然免费，但除非身边的朋友和联系人都在使用，否则互补成本极高，那么个人单方面的行动就会增加浪费时间和精力的风险，或抬高招致社会排斥的机会成本。Facebook、Twitter、Skype 等具有互补价值的社交媒体技术就是著名的例子，这些技术始终属于复杂传播，通过能提供社会强化的群聚型对等网络传播最为高效。[11]

HOW BEHAVIOR SPREADS
行为流行实验室

在大型多人游戏《第二人生》等更复杂的社交媒介中，虚拟世界的社会传播过程由复杂关系促成，这些关系通常包括社会互动的细微特征，如名誉影响、谈判交易历史、社会排斥等。然而，在这种虚拟世界中传播的结构逻辑往往与 Facebook、Twitter 等其他线上环境中的一样。

在《第二人生》中，玩家间分享的新事物包括“史密斯飞船手势”（Aerosmith gesture）等新颖的手势，这些新事物在外围的群聚型网络中的传播，比通过高度集中的中心传播更为高效。[12] 这一发现让人想起了 Twitter 上政治话题标签的传播过程，这些标签通过群聚型外围关系传播也比通过中心传播更为高效。这两个例子中传播的复杂性背后具有相似的机制，但并不完全相同。在 Twitter 网络中，复杂性

是由发布有政治争议的信息附带的社会风险带来的；在《第二人生》中，新事物传播的复杂性是由手势的规范性引发的。手势需要多人的协作，只有在许多玩家都使用相同的手势时，这些手势才有实用价值。上述现象符合第 2 章有关度异质性的发现，即《第二人生》中的新手势之所以较难通过中心激活，是因为这些中心对采用手势的阈值是分式阈值，而非绝对阈值。高度联通的个体只有在大量同伴采用了新事物后，才会采用新事物。

在虚拟社会背景下，对社会环境的设计可以用来界定该环境中是否可能出现传播。通过设计，某些环境或许能排除复杂传播的可能性。例如，社会新闻汇总网站掘客（Digg）非常重视用户之间分享的新内容，因此用户就不太可能分享其他用户发布过的内容，更不会分享已由多个用户发布的内容。[13]

与之相反，社交媒体网站的设计则能促进社会传播。许多社交媒体平台为用户提供了现成的交流工具，如“分享”“转发”按钮等，这些工具能加速这些网络中的简单传播。但是，如果这些数字化产物需要用户付出时间和精力才能采用，那传播过程就会更加复杂了。例如，近期有 300 万 Facebook 用户将“平等标志”放入用户资料照片中，这一过程属于文化新事物的传播，用户在收到社会强化后才会传播这一新事物，因而这一事物属于复杂传播。[14]

在这个例子中，传播的复杂性受两个因素——成本和合理性的影响。第一，采用这一新事物需要用户手动修改他们的资料照片。虽然这一行为仅涉及一点专业技术和个人精力，但要比点击“分享”按钮的要求高。第二，由于这一传播表明了一些用户对同性婚姻的支持，所以其本身带有政治争议。和 Twitter 上的政治话题标签一样，采用这一新事物需要人们“展示不受欢迎的观点……这会提高在用户所在 Facebook 社群中引发冲突和争论的风险”。[15] 因此，新事物的合理性影响了用户是否愿意采用的判断。根据这些发现，研究人员将“平等标志”的传播归为线上社会运动，因为这一过程涉及许多形式的政治活动中常见的社会排斥和同伴制裁的风险。[16]由对合理性的需求可以看出，来自用户网络中不同成员的社会强化对触发“平等标志”的采用最为有效。来自不同类型联系人的强化信号表明，较多用户普遍接受这一新事物，因而降低了采用新事物带来的社会风险。

打破行为惯性，反馈很重要

我们发现，在健康行为的传播中，社会强化也能起到加速的作用。例如，在跑步运动员之间，新运动习惯的传播在运动员与多名已经采用这种习惯的人接触时最为高效。[17]与健康有关的传播的复杂性涉及多种情况：既可以是运动等有益行为的传播，也可以是吸烟等有害行为的传播。弗莱明翰心脏研究（Framingham Heart Study）对吸烟行为的分析表明，吸烟者选择戒烟还是继续吸烟，取决于他们的社会联系人强化了何种行为。这在某种程度上是由于吸烟一般归为社交行为，因而受到社会规范变化的影响。[18]

一项对吸烟行为复杂性的分析，利用美国青少年到成人的健康纵向研究（National Longitudinal Study of Adolescent to Adult Health，Add Health）数据，调查了那些可能在戒烟后复吸的吸烟者的戒烟过程。戒烟的传播与社会网络中“戒烟者”的强化群体高度相关。群体中支持和反对吸烟的规范提高了个体对同伴强化的依赖程度，因为个体容易受到来自吸烟者的相反社会影响，这些吸烟者通过他们自身的规范性压力①对群体行为施加影响。线上网络中传播过程的复杂性与之类似。调查发现，在为试图戒烟的吸烟者开设的社交媒体平台 QuitNet 上，得到多名戒烟用户强化的吸烟者更可能戒烟。[19]

---

① 如果个体不遵从群体的规范，群体则可能排斥该个体，由此带来的压力即规范性压力。——译者注

值得注意的是，近年来一系列研究表明复杂性和健康之间的关系不止于此。这些研究意外发现，群聚型网络可使传染病更易在群体中传播。[20] 虽然群聚型网络一般不利于传播麻疹等简单传播，但反疫苗观念或者“反疫苗者”的规范属于复杂传播，能在由宽桥组成的网络中高效传播。群聚型网络使人们对反疫苗者的规范产生了相互强化作用，从而形成了稳定的易感群体。反疫苗者社群的易感性转而使整个群体都容易受到传染病流行暴发带来的影响。也就是说，出人意料的是，群聚型网络比随机型网络更适合传播疾病。在健康方面还有一个新的研究方向值得关注，那就是研究健康行为、健康观念和传染病在更为广阔、多层次的简单传播及复杂传播网络中如何相互影响。[21]

因此，我们可根据复杂性带来的这些影响为未来研究提出几个新的方向。部分影响令人担忧，其他的则可乐观看待。所有这些影响都可让我们进一步探索传播的复杂性对社会传播过程带来的影响。第 5 章将这些观点应用于传播遭遇抵抗的情形中，展示如何利用前几章得出的结论制定网络策略，克服传播新事物时遭遇的阻力。

HOW BEHAVIOR SPREADS

第 5 章

如何克服阻力，让新事物成功传播

即便是有益的行为也可能遭到强烈的抵制。我们必须承认，这种现象往往有理可依。一个人在决定接受实验性医疗手段或采用不寻常的饮食习惯之前，自然希望多得到几个人的社会认可。实际上，人们在做此类选择时表现出的小心谨慎，不仅合理而且可取。人们不太愿意接受有违现有社会规范的新思想，这为科学工作、公共卫生运动、新事物的传播带来了极大的挑战。许多情况下，我们可以采取一定策略来规避传播面临的这些社会障碍。有关复杂传播的研究结果或许就能派上用场。

假如有一种公共卫生干预措施，让群体中的小部分人减肥成功、获得激励，那这一小部分人是由何而来的呢？我们可以主动选择这部分人，让他们的行为变化带动其他人跟着减肥吗？如果现有规范反对这种新的减肥行为呢？我将在这一章展示，如何将前几章得出的结论应用于以上情况。我们通过特定的网络策略选择小部分“种子”个体，或许就能大幅增加最终采用干预措施的人数。

同样，假设一个企业家想传播的新事物与现有技术相冲突，那这一新事物就会和公共卫生干预措施一样，即便对人们有益，也会遭到宿敌的强烈压制。我在这一章展示了如何利用社会网络结构成功传播作为“挑战方”的新技术。

说到如何在以上情况下改善传播，我有两点实用性建议：

- 群聚型播种能够加速传播有争议的公共卫生干预措施。
- 群聚型网络能够促成“孵化型邻里”，让“挑战方”技术胜过现有的竞争对手。

无论采取哪种建议，我们都要牢记：增加早期采用者在网络中的关系可能适得其反，导致传播失败。早期采用者在网络中的暴露程度越低，人们因积习而抵抗的新行为才越能得到传播。

群聚型组织能够有效启动传播

与第 3 章的线上实验不同，许多公共卫生政策的传播环境中已经存在建立好的社会网络，并不易被直接改变。因此，对许多干预措施的传播而言，最棘手的问题是：如何在既定群体中“播种”才最有效？我们可以通过计算实验，模拟播种策略的选择如何影响干预措施在公共卫生网络中的传播。

这些模拟实验的网络数据来自两组知名研究，其一为 Add 健康研究，其二为弗莱明翰心脏研究。[1] 实验方法是先由负责制定干预措施的人“治疗”一些人，再通过这些人将持续的行为改变传播出去。从这种干预的角度来看，实验目标是通过在群体中的小部分人中播种，刺激大部分人做出改变。下文所述的实验结果由计算实验得出，实验在图 5-1 所示的 3 种实际存在的公共卫生网络中进行。

前两个网络来自 Add 健康研究数据集，网络 A 有 1 082 人，网络 B 有 1 525 人[2]，网络 C 则来自弗莱明翰心脏研究的数据，有 2 033 人。[3] 我们在每个网络中都加入了干预措施并进行测试，观察如何将使用安全套、定期锻炼等具有挑战性的新健康行为引入社会网络，能令其转化为持续的行为变化。我们之所以选择这些特定的公共卫生网络，是因为它们可供操作且具有一定规模。

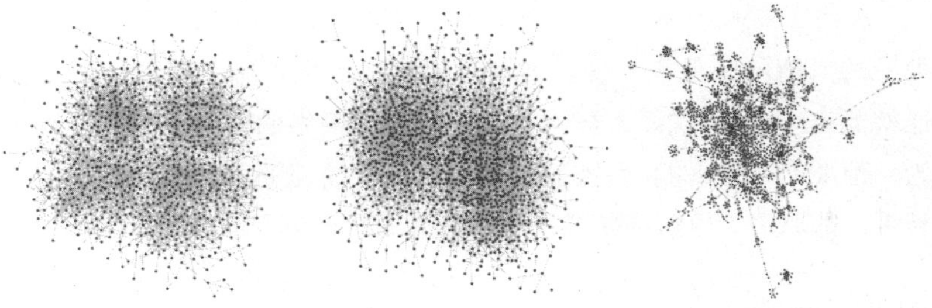

A. Add 健康　　B. Add 健康　　C. 弗莱明翰
1 082 人　　1 525 人　　2 033 人

图 5-1　实证的公共卫生网络

每次模拟中，我们都会选择少量种子进行“治疗”。与第 1 章、第 2 章的计算实验类似，这些种子是由通过外部因素激活的节点形成的，能够将行为传播给邻近的联系人。但与之前的计算实验不同的是，本次实验的重点不仅在于人们是否采用新行为，还在于是否长期采用。使用安全套和定期锻炼都不是一步到位的行为，都需要维持。在许多公共卫生干预措施的传播过程中，个人如果没有获得足够的社会强化来维持新行为，那就随时可能选择放弃。

实验从激活种子开始，先让他们得到“治疗”。群体中的其他行动者根据自己的激活阈值是否被已激活的联系人触发，来决定是否采用新行为。在前两个 Add 健康网络中，要使行动者采用行为，至少要先激活他 40% 的联系人。在弗莱明翰网络进行的最后一个实验中，我们测试了高采用阈值带来的影响，发现要使行动者采用行为，至少要先激活他 60% 的联系人。[4]

模拟中，行动者对干预措施有抵抗情绪。未采用者会对采用者施压，让他们放弃干预措施。这种压力也会影响被“治疗”的种子节点。即便是在我们播种新行为并经过 5 轮网络传播后，如果种子的联系人带来的负面压力太大，那种子本身也可能放弃行为。也就是说，在每次模拟的第 6 轮传播中，种子还和其他人一样易受社会影响。[5]

种子的阈值与其他人一样。在前两个网络的模拟中，要使种子维持新行为，他就要有 40% 的联系人被激活；在第 3 个网络的模拟中，要使种子维持新行为，他要有 60% 的联系人被激活。在每次模拟期间，每个人决定维持新行为与否，都取决于他们的联系人中已激活的比例是否够高。

随机播种，引爆“病毒式传播”

我们尝试的第一个播种策略是，将种子在网络中的暴露程度最大化，以期达到“病毒式传播”的效果。这一策略中，我们在每个网络中随机选择了一小部分节点，作为“已治疗”的干预措施的种子节点。在 Add 健康网络 A 和 B 中，我们随机选择了 10% 的人作为种子并让其采用干预措施；在较大规模的弗莱明翰网络 C 中，有 15% 的人被选为种子。图 5-2 即随机播种的示意图。每个网络中，白色种子周围都有数个未接受治疗的灰色联系人，使干预措施在网络中的暴露程度达到最高。

图 5-2　随机播种

图 5-3 显示了前 5 轮传播后，各网络的采用程度。该图展示了当所有种子仍处于激活状态时，干预措施在 3 个网络中的传播范围。白色节点为已激活的种子节点，黑色节点为新激活的采用者，灰色节点为尚未激活的个体。

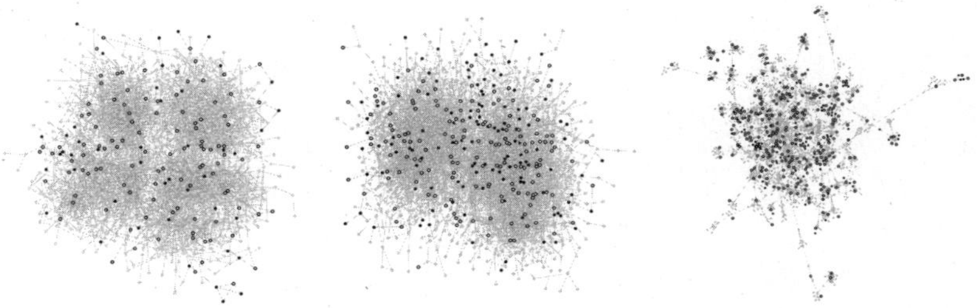

图 5-3　随机播种产生的传播

在传播过程的早期，干预措施的传播取得了一定成效。起初，这一传播过程看上去似乎可以继续下去，但对种子的治疗效果一旦消失，传播过程就会缩短。从第 6 轮传播开始，种子要维持新行为，就需要社会支持。此时，许多种子开始放弃干预措施，采用人数逐渐下降。一旦种子放弃了新行为，他们的联系人也会跟着放弃，这些联系人的联系人也会放弃，以此类推。每个网络中都出现了放弃的连锁反应，几乎所有在传播初期被激活的采用者，随后都恢复了旧行为。

图 5-4 展示的是传播过程的最终结果。在第 1 个 Add 健康网络中，最终采用率下降至 2.7%，远低于其最初 10% 的种子占比。在第 2 个 Add 健康网络中，最终采用率也低于最初的种子占比，为 6.6%。在弗莱明翰网络中，采用率从最初的 15% 骤降到了 2.3%。

随机播种的方法有几个缺点。第一，一开始，被治疗的个体在其邻里中是仅有的采用者，只有他们才能说服其联系人改变行为。由于种子是少数派，所以他们在每个邻里中都要与多数派相抗衡。每次模拟中种子的联系人都会被“社会惯性”所牵制，因此拒绝采用新行为。

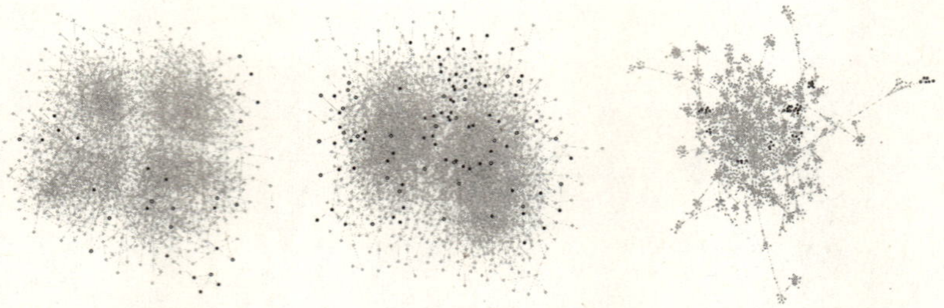

图 5-4 随机播种的最终采用情况

第二，由于每个邻里的惯性会让群体朝不采用的方向前进，所以仅有个别种子的联系人会采用新行为，而大多数联系人不会采用，这个缺点的影响更大。因此，一旦治疗效果消失，种子开始需要社会支持才能维持新行为，则他们同样会被影响了邻里中其他人的惯性所困，结果导致其中大部分人放弃新行为。

虽然随机播种的方法让干预措施在群体中的暴露程度达到最高，但这也使种子孤立无援。结果，种子遭受来自联系人的强大负面影响，极可能恢复旧行为。

群聚型播种，大幅提升整体传播效果

看过疾病传播模型后，我们会凭直觉认为暴露越多，传播就越成功，进而想到随机播种的策略。但有关复杂传播的研究结果表明，限制种子的暴露程度、以邻里为基础的播种策略或许更有效。[6] 我为测试这一新策略，进行了另一组实验。这一次，我不再从整个群体中随机选择个体作为种子，而是选择群体中的几个邻里作为种子，先用干预措施“治疗”这些邻里中的全体成员。

图 5-5 是对群聚型播种方法的说明。为确保这组实验的结果可与前一组实验相比较，我选择邻里时特意让群聚型播种实验和随机播种实验中被激活种子的总数保持一致。两组实验唯一的区别是，在前一组实验中，种子是随机选择的，他们可能与整个群体中的任何人发生接触，而这一次，种子都群聚在局部的邻里中。图 5-6 展示了每次模拟中，完成前 5 轮传播后干预措施的传播结果。

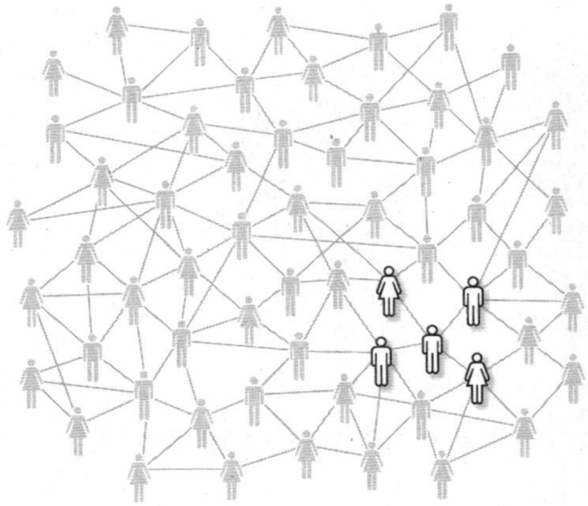

图 5-5 群聚型播种

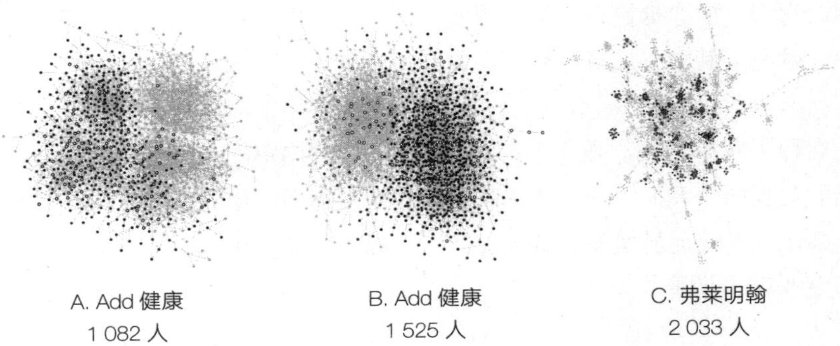

图 5-6 群聚型播种产生的传播

群聚型播种的方法使行为的整体传播效果得到大幅提升。每次模拟中，来自种子的强化压力都使采用者大量涌现，传遍每个网络。虽然传播前景大好，但我们还是要谨慎观察一下在第 6 轮传播中，干预措施带来的效果消失后会出现什么现象。人们会像在前一组实验中那样放弃新行为吗？结果如图 5-7 所示。当治疗效果消失时，采用者的数量几乎没有改变。干预措施在每个网络中都能做到自我维持，将自身“锁定”在网络中，成为状态稳定的社会规范。

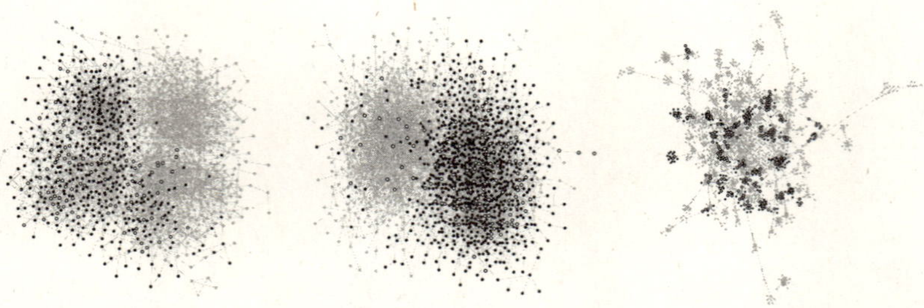

图 5-7　群聚型播种的最终采用情况

群聚型播种策略之所以能成功，是因为种子之间彼此给予了强化支持，使行为得以维持。在每个种子邻里中，已激活个体的密度之高使社会惯性偏向于采用新行为，而非抵抗新行为。即便治疗效果消失，治疗行为已锁定在种子邻里中，避免了其中有成员恢复旧行为的可能。

在种子邻里之外，强化支持也发挥了类似的作用。[7] 多个种子可以一起动员他们共同的联系人。一旦这些联系人采用新行为，他们就可以与种子合作或彼此合作，继续动员其他联系人。这一过程形成的强化支持网络，远远超过种子邻里本身的范围。

这组实验经过了几百次尝试。与最初的采用者占比相比，群聚型播种最终使每个网络的采用者占比都得到了大幅增长。平均而言，采用者人数在第 1 个 Add 健康网络中增长 180%，在第 2 个 Add 健康网络中增长 90%，在弗莱明翰网络中增长 440%。[8]

由以上计算实验可得出，如果群体倾向于抵抗新事物，那把种子聚在一起或许就可以成功启动传播过程。随着新事物的传播，多个种子与他们共同联系人之间的强化支持，使行为每传播到网络中的一个新区域，都能完成局部的锁定。干预措施在局部的地位越牢固，其在群体中出现的范围就越广，也越可能传播成功。[9]

更重要的是，传播开始后，群聚型播种策略十分有利于行为的维持。这一策略将社会惯性从传播的障碍转变为让行为变化稳稳锁定在网络中的资源。虽然与简单传播中的病毒式传播相比，这一策略为新事物带来的传播速度较慢，但当新行为遭到积习抵抗、难以维持时，这一策略能有效启动传播过程。

保护新事物，不让其过早暴露于大众面前

除了播种策略，社会网络的结构也对新行为能否成功挑战社会积习至关重要。即便是出类拔萃的新事物，也可能无法在每个人都已用惯其竞品的群体中站稳脚跟。这种情况下，网络群聚可能就是新事物传播成败的关键所在。

HOW BEHAVIOR SPREADS
行为流行实验室

假设我们要传播一个新的社交媒体平台，其价值主要取决于我们周围有多少人正在使用它。我们可以从协作的角度看待这一问题，行动者可以选择 A、B 两个平台中的一个，他们做何选择在很大程度上取决于平台的互补价值。

我们假设A是更好的平台，界面更优化、更易用，但群体中的每个人都已经在用B平台。由于B是当下被普遍采用的平台，所以它才是理想之选。假设群体中有个别具有冒险精神的人，他们偶尔做一些小小的“实验”，尝试新的社交媒体平台。虽然尝试新平台很简单，但付出的成本可能很高，因为花在学习使用新平台上的时间，也可以用来参与旧平台。因此，虽然这些实验让人们有机会发现更好的平台，但也提高了他们遭到社会排斥的风险，因为等他们回过神来，可能已经跟不上同伴在B平台发布和回复帖子的速度了。在每个人都使用B平台的世界中，一个出于好奇稍微尝试了A平台的个体，很快就会发现自己无法与无一例外全都用B平台的朋友们协同合作。由于使用A平台得不到任何社会激励，这一个体会很快放弃实验，回归使用B平台的常态。

有时也可能发生两个联系人偶然协作而这两人都在尝试新平台的情况。这些个体便能彼此强化对A平台的选择。通过这次偶然的协作，两人可能都发现自己喜欢使用A平台，进而同意尝试将这一新事物推广给他人。和播种研究一样，假设这些创新者想传播A平台，那他们的传播计划面临的最大挑战就是，他们想传播A平台的社会网络同时也是B平台牢不可破的据点。

虽然这一问题与播种实验中遇到的问题类似，但二者有一个重大区别。这一次，每个人都可以自由接触A平台和B平台，可以随时尝试任一选项。两个平台从一开始就都免费可用且众所周知。可以说，播种实验告诉我们如何利用外源性播种策略启动传播过程，而这次的例子将展示如何利用社会网络结构从内部启动传播过程。

我们先从随机型网络开始讲起。首先要注意，在随机型网络中，创新者有机会让绝大多数人接触新事物。如果两个联系人都尝试将 A 平台推广给其他联系人，那随机型网络将使他们能接触到的新“目标”数量最大化。如果新事物是简单传播，那就可以通过这一网络快速传播。但如果存在人们惯用的竞品，那对新事物的普遍抵抗将使传播过程复杂化，对新事物的高程度暴露会从有利因素变为不利因素。

在随机型网络中，两个创新者一般不会有共同的朋友。因此，当他们分别与其他朋友互动时，无法通过相互协作对新事物产生强化作用。这会为他们的传播计划带来两个问题。第一，他们很难传播新事物。由于 B 平台是当下的主流平台，所以创新者的联系人会受到其他联系人对 B 平台的强化。没有创新者的协同努力，这些联系人很可能无视创新者对 A 平台的推广。第二，随机型网络降低了创新者全都坚持使用 A 平台的可能性。因为创新者将受到来自所有其他联系人的负面影响，让他们二人都回归使用 B 平台的常态。创新者们在 A 平台的成功协作只是暂时的，他们很快会因社会影响迫使自己回归主流平台。[10]

然而，在由高度群聚的邻里组成的社会网络中，社会变革出现的可能性则会大幅提升。在群聚型网络中，两个在 A 平台协同合作的创新者很可能有共同好友。因此，他们可以在共同联系人中对 A 平台进行强化。如果这些共同联系人中有人转而使用新平台，那这些新的采用者还可以反过来为最初的创新者提供强化，让他们继续使用 A 平台。

进一步而言，创新者的共同好友也可能有其他共同联系人。因此，这些新的采用者可以彼此协作或与创新者协作，说服其他共同好友转而使用 A 平台。由此，创新者和他们的联系人可以针对 A 平台形成一个局部的社会强化团体。这一邻里便可作为新事物发展的孵化器。

群聚型网络的关键优势在于，“二元”协作或者说两人协作的过程，是嵌在更稳定的“三元”结构或者说 3 人结构当中的。因此，在新平台协作的两个创新者可以很快通过与共同联系人的互动，来巩固邻里对新事物的支持。由此，尽管群体中普遍存在人们已用惯的竞品，但作为“挑战者”的新技术还是能占有最初的一席之地。从这最初的一席之地开始，传输社会强化的宽桥便能将新事物从一个邻里传播到另一个邻里。一旦传播过程运转起来，群聚型网络的支持就能避免人们回归使用 B 平台的旧状态。

正如西梅尔所言：“二元组合依靠的是组成它的两个元素，缺一不可。要令其生存，必须二者都生存，要令其灭亡，只需其一灭亡。因此，二元组合实现不了完全独立的超个人的生存。但三元组合中即便有一人退出，它也能以小组形式存活。”[11] 换句话说，群聚型网络保证了传播过程的稳定性。如果一组联系人都在使用 A 平台，那即便其中有一个联系人“背叛”，重新用回了 B 平台，其他人也会继续强化组内成员对 A 平台的使用。即便组内有任一个体放弃了新事物，新事物也能在小组层面保持“黏性”。

对传播而言，这意味着群聚型邻里能保护复杂的协作过程，使其不会像由长连接达成的协定一样，容易遭到意外事故或背叛现象的破坏。长连接本质上是二元关系，因此可能被单一个体破坏。而宽桥是“超个人的”的行为变化渠道，虽然个体有其不可预见性，但宽桥依然可作为传播和维持新事物的稳定结构。

因此，**群聚型邻里作为社会孵化器，能够保护新事物不至于过早被群体中的其他成员带来的负面影响所埋没。**与我们几十年来对简单传播的研究发现不同，孵化型邻里之所以能加速有争议的新事物的传播，正是因为这种邻里限制了早期采用者在网络中其余部分的暴露。[12]

在不友善的环境中传播有争议的新事物，就像在全是背叛者的群体中传播合作精神。假如利他主义者在社会网络中群聚在一起，他们彼此之间的共同利益可使他们胜过周围的背叛者，最终将深陷背叛的群体转变为具有合作精神的社会团体。同样的逻辑也适用于有争议的新事物。[13] 网络群聚使社会创新者聚在一起，强化彼此的行为，同时保护他们免受群体中其他人员的负面影响。但若网络中的长连接太多，这一过程就会遭到破坏。邻里的群聚性越低，社会创新者的暴露程度就越高，也越容易受到周围的负面影响，越难协同合作挑战存在已久的社会规范。

若社会拓扑从由长连接组成的网络变为由紧密相连的宽桥连锁组成的网络，那么社会变革的潜能就会发生改变。社会创新者仅占群体中的一小部分，他们过去寡不敌众，可能被淘汰、利用、排斥，而网络结构的改变让他们得以融入孵化型邻里。群聚型关系带来的强化支持能让创新者免受积习抵抗带来的影响。通过限制早期采用者在群体中其他部分的暴露，群聚型社会拓扑使社会创新者形成群聚效应，其规模达到了自我维持所需的最小规模，因此这些创新者可进一步引发社会运动，改变群体的固有规范。[14]

由此我们得出，人们对行为变化的抵抗是可以预见的，但这不代表传播一定会失败。相反，这一预见让我们发现了可以改善群体中行为传播的策略。第 6 章将讲述如何运用这一结论解决组织中的变化问题。组织中的管理者必须为促进新思想和复杂知识的传播，对如何构建组织网络做出决定。

HOW BEHAVIOR SPREADS

第 6 章

宽桥，快速促进社群内部的行为传播

对组织表现影响最大的网络理论或许要数美国社会学家罗纳德·伯特（Ronald S. Burt）提出的结构洞理论。[1] 伯特将结构洞定义为两个不同社会群体之间的空隙，这些空隙阻碍了有益信息的传播。图 6-1 为结构洞的一个例子。A、B、C 这 3 个组织都有丰富的内部结构，但彼此之间没有联系。B、C 组织的成员不知道 A 组织成员了解的信息、观点、新的机遇。

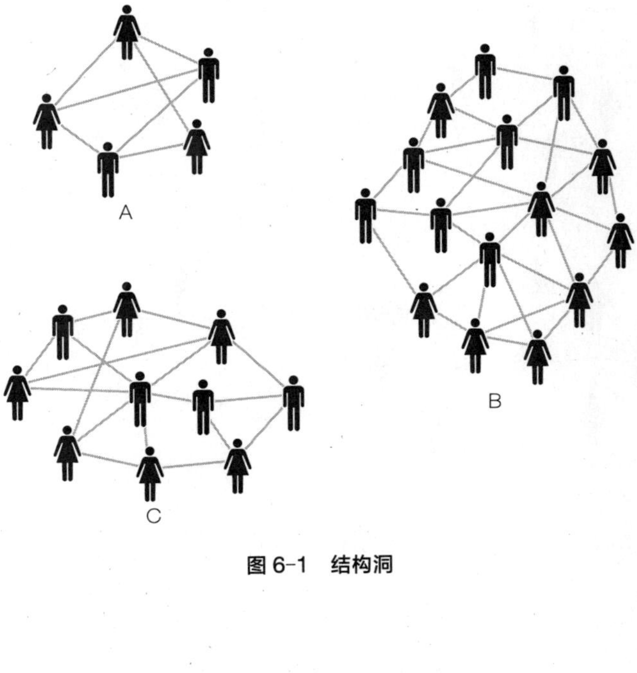

图 6-1　结构洞

行为流行关键词
HOW BEHAVIOR SPREADS

结构洞理论：1992 年，罗纳德·伯特在《结构洞：竞争的社会结构》（*Structural Holes: The Social Structure of Competition*）一书中提出了“结构洞”理论。“结构洞”就是指社会网络中的空隙，即社会网络中某个或某些个体和有些个体发生直接联系，但与其他个体不发生直接联系，即无直接关系或关系间断，从网络整体看好像网络结构中出现了洞穴。

人们已发表了几千篇有关结构洞的论文，其影响范围之广不限于新事物的传播、哲学思想流派的发展等。[2] 这些论文的重点在于：个体管理者、企业家、创新者在结构洞上“架桥”后可以获得何种优势。例如，在图 6-2 中，罗伯特与伊丽莎白和埃米莉都建立了弱连接，这些关系架起的桥梁关闭了结构洞，使新信息能够在各组间传播。

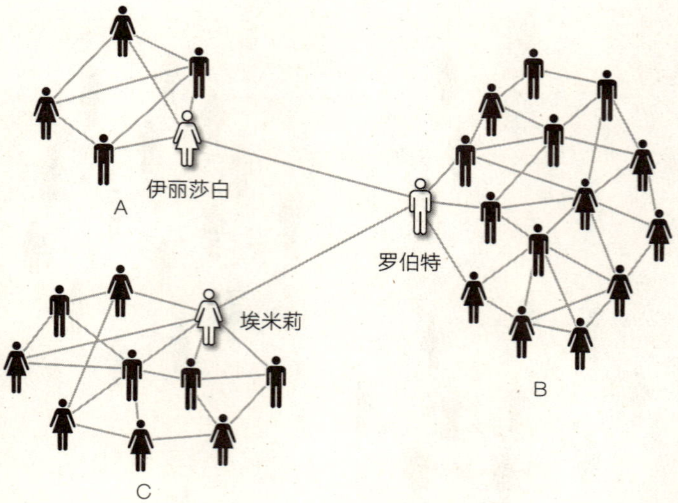

图 6-2　在结构洞上架桥的信息经纪人

正如伯特所言：

> 罗伯特与其他组织的桥梁连接使其在获取信息方面具有一定优势。由于他间接接触到的人更多，所以他能获取的信息量更大。不仅如此，因为他的联系人分别来自 3 个组织，所以他获得的大量信息中较少有冗余信息。此外，罗伯特处在社会组织的交叉口，能较早了解 3 个组织的活动。他对应的就是早期传播文献中提到的“意见领袖”，是负责传播新观点、新行为的个体。罗伯特多样化的人脉还能使他获得更多新机会。由此形成一个反馈回路，其中的益处能带来更多益处，即罗伯特早期获得多种信息的渠道使其他人更愿意将他选为自己网络中的联系人。[3]

在结构洞上架桥的个体（经纪人）能得到大量战略利益。之后，这些经纪人的个人利益将转换为组织的集体价值。没有经纪人，信息就得不到传播，组织也就没有合作、交流、创新的机会。因此，我们认为结构洞上的桥梁对促进组织中新事物的传播、创造组织间文化交流和知识传播的新机会至关重要。[4]

但有关复杂传播的研究结果表明，我们非常有必要谨慎看待伯特所说的经纪人为传播带来的组织价值涉及的领域范围。虽然伯特的结构洞理论与传播没有明确的关系，但仍属于信息传递理论，因此对观点、知识、规范在组织网络中的传播有一定启示。我想指出的是，虽然结构洞之上的窄桥有利于信息的传播，但可能无法传播需要社会强化的创新实践和职场新规。

我在第 5 章重点讨论了人们对新行为的抵抗导致的传播过程的复杂性。我要讨论的复杂性不再源自人们的抵抗，而源自一个必要条件，即同事为采用创新实践或职场新规必须彼此协作。

例如，许多研究都关注到了“全面质量管理”（Total Quality Management，

TQM）这一职场新事物，它是一种强调组织流程中每一阶段客户满意度的管理模式，该模式为改进组织的商业实践，整合了所有成员的反馈。人们设计这一管理新事物的初衷是希望其适用于任何行业，从超导体制造商到房地产代理公司均可应用，并且人们还希望它广泛传播于各类市场。

虽然许多公司都采用了 TQM，但数量仍十分有限。许多公司虽然通过外部联系接触到了 TQM，但并未采用。为解释这一现象，许多有关组织间的外部接触与经纪业务关系如何影响创新实践的传播和采用的研究，都强调了组织间的强联系对新事物传播的重要性。加州大学伯克利分校管理学教授莫滕·汉森（Morten Hansen）观察发现："单元间的弱连接有助于项目团队在其他子单元中寻找有用的知识，但也会阻碍复杂知识的有效传播。"与之相似，麻省理工学院管理学教授德博拉·安科纳（Deborah Ancona）和南澳大利亚大学教育研究项目主任戴维·考德威尔（David Caldwell）发现，频繁的"横向沟通"预示着职场新实践将被组织采用。"我们回顾所有案例，发现成功的团队都与外部人员有过深度沟通。"[5] 换句话说，**有效的组织交流的关键在于宽桥，而非弱连接。**

对结构洞研究而言，以上观察说明经纪人个体的利益与组织的利益之间可能存在对立关系。因为信息经纪人掌握着 2 个组织之间的信息传播，所以她会同时利用 2 个组织为自己攫取资源。如果有同事想在组织间建立其他连接，那经纪人将出于自身利益阻碍这些关系的建立。当经纪人是信息传播的唯一通道时，她个人获得的利益才最大。组织与外部沟通的渠道越多，经纪人拥有的结构优势就越小。

图 6-3 展示的是 A、B 组织间有其他关系建起了宽桥的情况。由于罗伯特是唯一与 3 个组织都有联系的连接人，所以他仍然处于优势地位。但由于 B 组织的其他成员可以与 A 组织的成员交流信息、形成合作关系，所以罗伯特的战略优势遭到了削弱。从罗伯特的角度看，图 6-2 的状态要优于图 6-3 的

状态。但对组织间的传播而言，什么样的状态才最好呢？

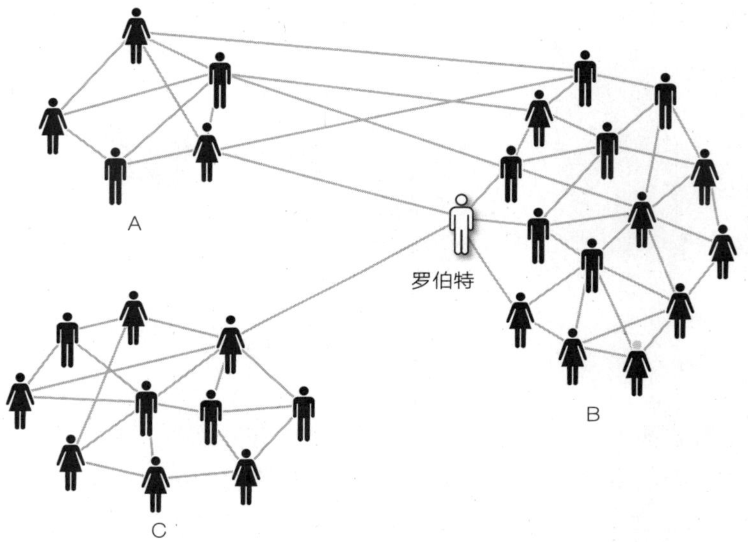

图 6-3　群体间的冗余关系

为探究这一问题，我根据不同级别的经纪业务构建了一个组织网络模型，研究何种条件对复杂新事物的传播最有利。[6] 图 6-4 为结构洞数量不一的 3 个网络。A 网络中没有结构洞，是一个随机拓扑，其中每个节点接触整个网络的渠道数量都是相同的。由于没有需要架桥的组织，所以出现经纪业务的可能性降到了最低。与之相对，C 网络则是一个充满经纪业务机会的网络，其中有大量结构洞和少量经纪人架桥于洞上。每个经纪人都处在一个得天独厚的位置，他们在组织间传递信息的同时，也收获了结构优势带来的回报。

在这两种极端情况之间，还有第 3 种可能。在 B 网络中，每个人都隶属于多个组织。他们每人都有一个主要的隶属组织，在这一组织中建立的内部关系最为丰富，但同时他们也都与其他组织相连，共享相互重叠的关系。[7] 这些重叠的关系创建了组织间的宽桥。在这类组织网络中，个体获得经纪业务优势的可能性极小。但要让新实践在组织中成功传播，仍然需要使其在几个不同的群聚型群体中扩散。

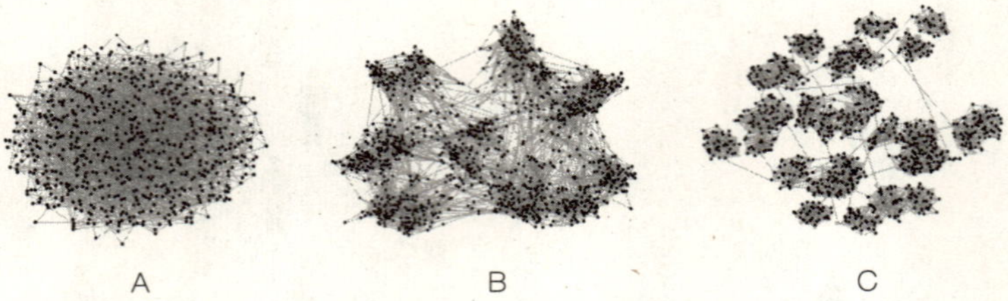

图 6-4　不同经纪业务级别的网络

为了解这些组织网络对新商业实践的传播有何效果，我利用“复杂程度最低”的复杂新事物在每种网络中都进行了计算实验。这种新事物的阈值为 2，也就是说，要说服某人采用这种新事物，就需要他先从 2 位同事那里得到确认。[8]

与复杂新事物不同，要想让某个团队成员采用简洁易懂的计算机绘图软件等简单新事物，可能不需要来自任何人的协作支持。大家若想使用软件，只需下载即可。因此，要想传播此类简单新事物，只需单个同事将相关信息暴露给他人。与之相反，采用者需与小部分同事协作，才能证明复杂程度最低的复杂新事物有其用武之地。

例如，项目管理软件就属于复杂新事物。虽然此类软件易于学习，但需要工作团队中的两三名成员相互协作，才能确定登录软件和更新项目进度的时间。协作失败可能导致数据丢失或日程冲突。因此，团队成员必须共同努力才能使用软件。要使团队中的某人使用这一软件，就要先让团队中其他几名成员都采用软件才行。

有些项目管理软件需要人们花费大量时间学习，并且要求大型团队中的所有成员相互协作，才能确定大家使用软件时编辑、保存、删除文件等操作的优先顺序，这种软件便属于更为复杂的新事物。要使某人决定采用这一软件，就需要团队中的所有其他成员都同意在工作例行程序中加入该软件，并建立使用该软件的共用规范。新事物对社会协作的需求越高，其复杂程度就越高。鉴于组织传播的复杂程度不一，我们可以先从组织程度最低的开始，即观察最低复杂度对传播组织类新事物有何影响。

实验开始时，我先在每个网络的单一邻里中播种新事物，这些种子大约占每个网络 1% 的人口，之后我观察了新事物与人们接下来的行为的融合程度。出乎意料的是，结果显示网络结构对传播的影响呈倒 U 形分布。经纪业务潜能差距最大的 2 个网络的最终结果相同：在低经纪成本的 A 网络和高经纪成本的 C 网络中，新事物都没能与行为成功融合。

在低经纪成本网络（A 网络）中，实验结果与第 5 章提到的随机播种实验结果相似。但在本次实验中，我们不是在整个网络中随机播种，而是将所有种子都放在了同一个邻里中。然而，由于网络是随机的，所有种子都没有共同的联系人，所以他们无法为联系人提供确认支持，也就无法协作说服联系人采用新事物。图 6-5 放大显示了低经纪成本网络中的种子邻里。其中白色节点为种子，黑色节点是尚未采用新事物的联系人。每个种子都向联系人发出了信号，但缺少同伴支持。因此，新事物的传播率无法突破播种时就达到的 1%。

图 6-6 展示的是另一种极端情况，即在高经纪成本网络（C 网络）中的种子邻里。其中白色的种子都集中在同一个群聚型群体中。群体中仅有少量剩余的黑色成员与种子相连。另一个群聚型群体的成员则通过经纪业务关系与种子邻里相连，这一群体的成员也尚未被激活，呈黑色。该网络中，新事物在最初的种子群体中很快就完成了传播，但传播过程止步于此。由于两个群体之间的桥为长连接，宽度太小，所以无法提供传播新事物所需的强化支

持。结果，新事物仅传播给了最初的种子群体中的成员——占整个网络人口的 5%。

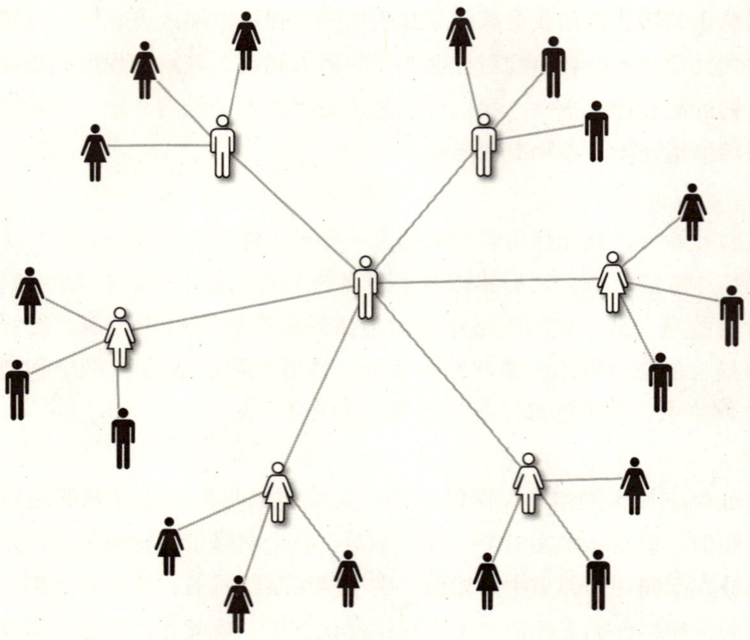

图 6-5 低经纪成本网络中的种子邻里

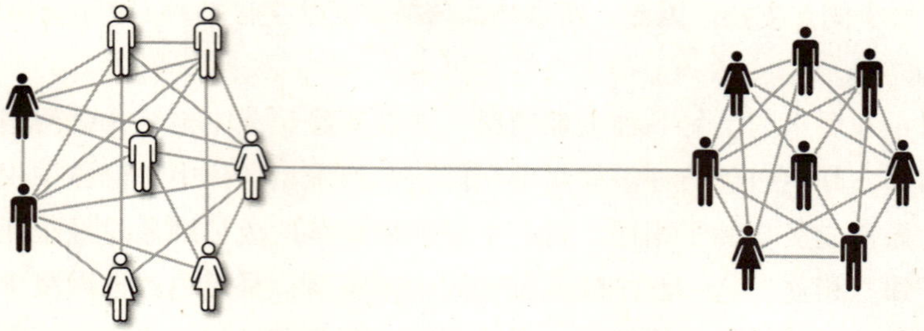

图 6-6 高经纪成本网络中的种子邻里

相比之下，在两个极端情况中间的“金凤花状”网络（B 网络）中，新事物的传播率达到了 95%。如图 6-7 所示，在该网络的种子邻里中，以白色表示的种子节点都在同一个群聚型群体中。和 C 网络一样，这些种子对群体中余下的少数未被激活的黑色个体提供了强化支持。但在图 6-7 中，种子群体中的成员还与另一个全员都尚未被激活的群体中的成员有相互重叠的关系，使二者之间建起了宽桥。

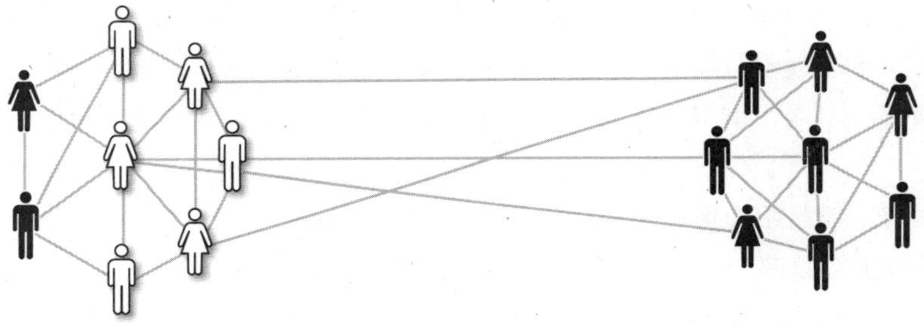

图 6-7　宽桥网络中的种子邻里

当新事物在 B 网络中开始传播时，种子邻里的群聚性使种子之间的协作能快速展开，从而推动新事物的传播。之后，群体间的宽桥又将新事物带到了邻近的小组中。这些横向关系确保新事物能传播到每个小组，同时小组还能收到来自几个同伴采用者的强化信号，如此便让新事物从一个小组传播到了另一个小组，横跨整个网络。与 C 网络中经纪人本身在网络中占据大量战略优势的情况相比，B 网络中经纪人的个人利益被小组间的冗余关系削减了。但这些宽桥网络对提高全网络的新事物采用率来说功不可没。

要推动组织中复杂新事物的传播，与经纪业务关系相比，宽桥有三大优势。**首先，经纪业务关系通常是弱连接，这是其主要弱点。**在结构洞上架桥的单一个体不一定值得信任，相反，**宽桥的第一大优势即桥两侧的个体有多个共同联系人。**正如伯特所述：“（罗伯特的）联系人之间的洞意味着罗伯特可以在沟通交流的同时，向每个联系人展示不同的观点和身份。西梅尔和默顿从社会学角度介绍了从结构洞攫取‘控制效益’的这些人，称他们为‘渔翁得利者’，即‘受益的第三方’。”跨越结构洞的经纪人可利用两方来取得个人优势，因为双方都知道经纪人是这两个不相连的组织之间唯一的联系人。对简单的信息传播而言，这可能不会造成什么后果，但对新商业实践或高成本新事物的传播而言，信息传递者本人的诚信和可信度或许与信息本身一样重要。[9]

如图 6-7 所示，宽桥优势显现出来。因此，双方存在名誉影响的可能性限制了宽桥成员的行动。[10]架桥个体的粗心大意或剥削倾向较易被察觉，因而较少出现。因此，组织间的宽桥提高了来自组织其他部分的信息的可信度。

其次，与经纪业务关系相比，宽桥的第二大优势在于，最开始在组织间传播新事物的成员不一定和其他组织面临相同的问题。换句话说，某一组织的新事物不一定对另一个组织的成员有用。尽管经纪人是出于好意，但创新组织的利益和目的可能与被传播组织的大不相同，导致后者无法接受新事物。[11]组织间的宽桥则可以改变这种状况。

如果被传播组织的多个成员都与创新组织的成员有联系，则新事物的可信度就会提高。比如，如果被传播组织的成员与已经采用新型项目管理软件的同事有多重联系，那前者就有机会观察创新组织的成员共同努力使用新软件有多简单、新软件如何提高了他们的工作效率。这些强化暴露提高了被传播组织愿意协作采用新软件的可能性。[12]不仅如此，复杂实践的传播可能还有赖于被传播组织的成员共同努力将新事物融入工作的能力。如果被传播组织的成员之间有共同的架桥联系人，那他们就能确认彼此对新事物价值的看法。因此，如果团队中所有人都和创新组织有联系，则他们就会受到社会激励，愿意共同努力将新实践融入组织的日常工作。

最后，与经纪业务关系相比，宽桥更利于组织传播的第三大优势在于，宽

桥建立了组织间的交流渠道，使组织不易受到人员缩减的影响。两组织间的单个经纪人形成的桥十分脆弱。单个经纪人的结构位置之所以能令其获得一定权力，部分原因是经纪人离开后，组织将面临相当的损失。关系冗余可消除经纪人的这一优势。即便成员来去频繁也依然可持续存在的组织环境中，都有宽桥的存在。

与组织中的经纪业务关系相比宽桥所具备的这三大优势，相较组织间的经纪业务网络而言也同样存在。组织间的桥越宽，这些关系就越可靠持久，对双方商业文化、行为规范、创新实践的采用产生的影响就越大。[13]

相比之下，经纪业务关系的排他性使其非常受经纪人个人的欢迎，却对组织间的传播十分致命。公司间的关系越少，公司得到的激励就越少，与其他公司共享组织结构、行为规范、评估标准的可能性就越小。与之相比，宽桥增强了机构同构性，提高了不同组织具有相似价值观和内部结构的可能性。[14]然而，单一的经纪业务关系对同行机构的内部管理实践几乎没有影响。因此，组织间的桥越窄，在二者间传播创新实践就越困难。

复杂性对组织传播带来的这些影响既适用于商业，也适用于学术。公司遇到的困难，也是跨学科经纪人历来在知识迁移方面遇到的困难。不同学科有关作者信用、贡献期望、出版渠道的学科规范大相径庭。对社会学家来说，第一作者是其做出贡献的重要标志；对经济学家则不然。对物理学家来说，最后一位作者通常才是贡献最大的人；对人类学家则不然。对医生来说，一篇论文可能由几十名研究人员共同署名；但对哲学家来说，只有真正撰写论文的人才是作者。政治科学家只能用期刊出版物和书籍来证明其学术价值，但计算机科学家的任职评审结果可能全由会议论文决定。

这些差异一直严重阻碍着跨学科观点的传播。仅有少数人愿意在学术同人不认可的渠道发表文章，或在其撰写的论文上留下几十人的署名。这些行为的

“成本”不容忽视。因此，从 20 世纪 50 年代到 70 年代，学术网络的结构多与图 6-4 中的 C 网络相似。许多知名学者扮演了学科经纪人的角色，他们个人得到了回报，但跨学科研究总体而言鲜有进展。

直到分支学科出现，在不同专业间建立了相互重叠的关系，学术网络的大体模式才得到重构，由此加快了新科学观点的传播和发展速度。在哲学和神经科学等此前看似毫无关联的领域之间建起的宽桥，刺激了新科学观点的传播、新学位课程的形成，以及在新研究领域富有成效的探索。神经科学、哲学、语言学、心理学这些历来交集不多的学科之间日渐加宽的桥带来了诸多变化，这些变化帮助开拓了认知科学的新领域。近来，网络科学方面也出现了在社会学、物理学、生物学、计算机科学之间诞生的新领域。最近，计算机社会科学和数据科学等新兴领域甚至融合了计算机科学、信息科学、通信学、政治学、经济学、社会学和人类学等多个学科。如今的学科互动网络更接近图 6-4 中的 B 网络。学科结构仍然存在，但多数专业都有一些教职人员同时也在其他专业工作，这些人共享多个相互重叠的从属关系。

伯特对结构洞的研究带来的启示主要在于：**如果之前没有信息传播渠道，那么经纪业务关系对创建新的信息传播渠道十分重要。**[15] 渠道建立后，经纪人的利益与组织利益一致。但对复杂性的研究发现：经纪人个人获得的结构优势，可能是以阻碍公司、行业、学科间创新实践的传播为代价的。复杂知识的成功迁移通常都需要宽桥来传递跨越组织边界的影响力和专业知识。

为远距离同事创造相遇机会

此时一定有人会问：如何在组织中为传播建立宽桥呢？这似乎是一项艰巨的任务。首先，人们已经与同事和朋友建立了社会关系。其次，每个人都愿意维持他们现有的影响与交流渠道。通过操控社会关系来创建更好的组织网络真的现实吗？我将在第三部分探讨通过建立线上社会网络来实现此目的的策略。

这些策略可有效缩短虚拟环境中的传播过程，但我们还想知道其在人们面对面的环境中是否依然可行。接下来，我将展示管理者如何利用前文的观点来控制在以上情境中自然生成的社会网络结构。

我们的中心思想与社会学本身一样古老，即社会关系都不是凭空出现的。相反，它们源自我们在邻里、学校、职场中的社会联系人。用最简单的话来说，要让人们建立关系，就必须存在能让他们相遇的社会情境。[16] 例如，在微软不同部门工作的软件程序员和平面设计师可能从没见过面，但如果他们都加入两部门的联合工作组，那就拥有了一个可以互动的情境。通过在这一情境中互动，他们可能发现自己喜欢与对方共事，由此在微软的社会网络中形成新的关系。这一连接可能成为设计师和程序员未来协调跨部门活动的渠道。与之相似，麻省理工学院的两名来自不同专业、不同年级的学生，虽然可能从未在课堂或宿舍走廊里见过面，但如果他们都报名参加室内足球联赛并最终成为队友，那这一体育联赛或许就会成为他们建立友谊的情境。在同一支球队踢球后，这两名学生可能不只成为朋友，还会发现彼此的研究方向可以互补，由此发起一个新项目，融合一方在机械工程方面的研究和另一方在神经科学方面的研究。

这些情境都十分常见。我们凭直觉便能理解通过社会情境形成的工作关系、友谊关系和熟人关系。我想探讨的是，管理者如何在战略上利用这些社会情境在组织中构建社会网络，或从更广泛的角度讲，在任何社群中构建社会网络。[17] 通过调整人们在校内球队、工作组，甚至走廊等地方见面的概率，管理者可以为满足特定组织目的，重构组织内的社会关系模式。我们已经了解了社会网络结构如何影响新观点、新行为在组织中的传播。接下来，我将展示管理者如何利用作为社会网络基础的组织内社会情境，设计能提高组织创新和适应能力的组织网络。[18]

这一想法的实践价值极高，因为虽然在人们面对面的情况下我们很难操控社会网络，但社会情境与之不同，可以轻易调整，形成组织内影响、交流的渠道。因此，如果我们改变组织内社会情境的多样性或组成成分，那在可接受的时间范围内，群体中的社会关联模式就有望从内部变为新的构造。例如，调整雷德蒙德微软研究院（Redmond Microsoft Research）工作组的数量、改变美国洛斯阿拉莫斯实验室（Los Alamos National Laboratories）中研究室走廊的分配、在麻省理工学院的本科生群体中引入新的极限飞盘校内联赛后，部分既有关系将中断，部分新关系将加入，最终改变组织间桥的宽度和长度。对社会情境的数量和规模做出特定改变后的直接结果就是，组织接受信息传播和文化传播的能力将改变，组织适应、创造新事物的能力也随之改变。

为控制网络形成的过程，我们需要观察人们已有社会网络的“内部工作原理”。那些网络最初是如何形成的？人们身份的哪些特征决定了他们建立联系的方式？

例如，某些组织中，一个人的职务可能就是其身份的明确特征，决定其形成社会关系的方式。在这类组织中，维修人员可能几乎只与彼此交流，从没机会与高管交流。例如，尽管门卫约瑟夫与首席运营官卡洛斯在同一栋大厦上班，却可能从未谋面。对该组织中的每个成员来说，他们和约瑟夫与卡洛斯一样，其在公司中的角色决定了他们可能进行的社会活动。

约瑟夫和卡洛斯不会知道，从鸟瞰角度看，这些个体的互动模式形成了整个组织发展初期的网络拓扑。如图 6-4 所示，这一发展初期且不可见的拓扑可以影响组织中信息、观点、行为的传播速度。要创造能优化组织网络、形成有创新性和适应性组织文化的社会情境，关键在于理解人们的组织身份。

扁平化，提升组织多元社交商

为了解组织身份的作用，我们假设有一个大型组织，其中有研究、生产、设计、销售等多个内部部门。凭直觉而言，这种组织中应该有各种社会情境能使成员相遇、建立关系。首先，地理位置是一个重要因素。便利性是形成沟通网络的重要因素，而在同一栋楼里或在同一条走廊旁工作的人更可能认识彼此、聊起工作。[19]在部分组织中，此类影响十分普遍，即便在同一栋楼里，也会根据楼层的不同，显示出明显的社会分层模式。例如，财务部的某人可能从未出现在某一楼层之外；相反，不属于财务部的某人可能从未出现在那一层，而他一旦出现，就可能会被视为不受欢迎的异类。如果组织中的地理位置与身份地位有如此紧密的联系，那该组织中，个人工作时的社会身份与其在组织内的职务应该也密切相关。我们理所当然地认为，这类组织的社会网络会体现这一特征。

除地理位置因素之外，组织成员还经常会被指派加入工作组或项目团队。就像人们在走廊闲聊一样，此类情况也能让人们经常处于同一社会空间，比如在开每周一次或每两周一次的例会时，成员就会聚在一起。但和走廊闲聊不同的是，团队成员可能来自组织内距离较远的地点，换句话说，团队可以直接被设计为鼓励远距离同事建立关系的类型。虽然这些同事可能从没在办公室附近的走廊中见过面，但他们仍然可以作为同一个工作组的成员相互了解。

另一个常见的社会互动情境是用餐情境。人们都要吃饭，他们吃饭的地点便能透露许多组织信息、用餐人的身份，以及在用餐人之间传播的观点和行为。许多大型组织中都有几种不同的午餐选择，其区别可能在服务质量，也可能在食物种类。有些组织会对餐厅分级，其中一个餐厅只允许高层进入，而其他餐厅则向所有人开放，只不过高层极少屈尊到其他餐厅进餐，例如中央情报局便是如此。另外还有一些如 Facebook 和谷歌一类的组织，特意向所有人开放进餐空间，因而和谁一起用餐主要由个人偏好决定。此类组织的成员会发现，他们与哪些同事一起进餐主要基于彼此的饮食兴趣，而非他们的职务。

这类社会情境的一个典型例子是麻省理工学院的午餐文化：天气尚可的

话，麻省理工学院的多数餐间对话都发生在肯德尔广场（Kendall Square）沿街的流动餐车周围。这群研究生、博士生、教职员工之间的互动更多取决于他们喜欢哪家的餐车，而非他们所属的专业和职级。在这些随机的互动中，人们的对话可能带来新的友谊、指导关系和研究合作。

无论组织是根据行政地位还是饮食偏好或其他因素来构建的午餐惯例，这些简单的日常惯例都作为无形的结构，搭建起了信息交流和思想交流的人际网络，由此形成了组织内的社会关系网。

稍加思考，我们就能想到，数个社会情境在社会互动的形成中扮演着与午餐时间类似的角色。一场寻常的酒会便是如此。比如，在哈佛大学高耸的威廉·詹姆斯社会科学楼（William James Hall）每月都会举办一场雪利酒会，社会学、心理学、社会研究领域的教职人员、新生、博士后、访问学者都可以在这一非正式社会情境中会面。

类似的非正式社会情境还有由研究组织举办的特邀演讲者研讨会。通过这类活动，组织内的个体能发现彼此共同的兴趣，建立新的社会关系。例如，微软研究院会定期举办研讨会，邀请来自社会学、计算机科学等众多学科的学者到微软园区演讲。这些活动对全园区开放，虽然演讲者的观点可能与每个听众的工作并不直接相关，但这类研讨会就是人们可以进行社会互动的情境。有煽动性的演讲者可以催生组织中不同部门员工的对话，他们可能由此发现彼此都感兴趣的新话题，展开新合作。

我们还能想到许多其他社会情境，但现在让我们退一步看看全局。鉴于社会互动的情境种类之多，从工作组到酒会无不涉及，我们可以想象一下从鸟瞰角度看看组织。纵观人们可能展开互动的所有社会情境，我们可以总结出组织中每位成员可能进入的情境的特征。门卫约瑟夫会参加酒会吗？会加入工作组吗？首席运营官卡洛斯呢？即便在大型组织中，我们也能轻易厘清每个人更可能进入何种社会情境。

这样一来，我们就会发现组织中的每个人都“属于”一组特定的社会情境。如果我们从情境从属的角度对每个人进行分类，例如将他们分为可能出现在走廊的人、可能加入工作组的人、可能按时吃午餐的人等，那就可以根据不同情境下相互重叠的成员从属关系，大致描绘出整个组织的社会关系网。如此一来，我们已经可以看出这些从属身份对即将出现的社会网络可能有何种影响，以及之后对组织中信息和行为的传播又有何影响。

HOW BEHAVIOR SPREADS

行为流行实验室

首席运营官卡洛斯身在马里兰州贝塞斯达（Bethesda）45 层高的办公室中。他与小部分管理人员和高级助理共同负责组织运作，同时他还是能源与效率工作组的成员。他会参加每周一次的鸡尾酒会，每天在供高管使用的餐厅吃午餐，还在公司内部联赛打篮球。有了这些信息，我们就能厘清卡洛斯工作时可能会出现在哪些社会情境中，由此判断他平时和哪些人互动。对组织中的每个人，我们都能建立一份对应的社会情境档案，其中写明他们的办公室离哪条走廊最近、他们加入了哪些工作组、在哪吃午餐、加入了哪些组织内的团队等。这份档案阐明的就是每个人的组织身份。

我们在收集社会网络数据时，往往难以保证信息高度准确，但要准确收集这些档案数据则比较容易。个人组织身份的大多数特征都是已知的。每个人常去的走廊、加入的工作组、所属的团队等信息都留存在组织记录中。喜欢的午餐地点等其他特征则可通过调查轻松获知。

有了这些档案，事情就变得有趣起来。如果我们将组织中每位成员的档案都整合到一起，结合来看，就能绘制出一张人际交往模式图。换言之，这些档案揭示了组织中的网络关系网。由此，**我们就可以开始探究如何通过改变人们的从属情境来大范围重新设计组织的社会网络结构。通过这些反事实探索，我们可以发现改变组织社会情境的最佳方法，以此提高组织的创新能力。**[20]

下面，我将展示具体做法。我特别展示了如何通过改变组织身份的具体特征，来主动影响社会网络的形成。虽然我们有多种方式可选，组织也一直在这样尝试，但要注意的是，在组织网络形成的过程中，有一个主要的决定性因素不容忽视。这一决定性因素就是组织身份的集中或分散程度。[21]

70% 与 30%，组织新规传播开来的秘密

HOW BEHAVIOR SPREADS

行为流行实验室

有这样一家制药公司，其研究部门的所有成员都在同一栋大楼上班，其中负责药物配送、癌症治疗、药学细胞生物学、胚胎克隆、药物化学等的所有子部门都位于不同楼层。在由每层楼的办公室走廊形成的社会情境中，人们几乎仅与同属一个子部门的同事互动。结果，这一环境中形成的关系就趋于同质。例如，负责药物配送的人在走廊里可能只与其他负责药物配送的人互动。这点很好理解。此处我们感兴趣的点在于，透过走廊我们能发现什么。

从这些人的午餐习惯来看，如果某条走廊的人都习惯一起用餐，那他们在用餐期间发生的社会互动也仅限于在同一子部门内展开。再从他们的工作组来看，如果每个子部门的成员都习惯待在相同的工作组里，处理只有他们那条走廊上的人才能理解的问题，那这些工作组

的成员就还是他们在走廊里、餐桌旁遇见的那一批人。我们很快就会发现，如果观察胚胎克隆部门或其他子部门中任一成员的档案，那他们档案体现出的组织身份将与同个子部门中的每个人都相同，也就是说，他们所属的整组社会情境都相同。[22] 这一社会网络带来的影响，就是每个子部门的成员都几乎只与同属一个子部门的人互动。

这个简单的例子突出展示了收集身份档案的主要价值。有了这些档案，我们立即就能总结出某一组织的社会网络整体结构有哪些特征。试想一下，假如我知道某人属于某一社会情境，那就可以准确预测出他所属的其他社会情境吗？举例而言，假如我知道某人常去某条走廊，那就可以预测他用午餐的地点吗？假如我知道某人的用餐地点，那就可以预测他所在的工作组吗？个人档案中特征的关联性越强，我们就越容易猜到此人所在的地理位置及要接触的人，而这一切只需我们知道他组织身份的一个特征。

当组织身份高度集中时，我们要预测人们所属的社会情境和要见的人就十分容易了。人际交往模式图为我们展示了每个人午餐时可能与谁互动、在工作组中可能与谁互动、在走廊里可能看到谁。由此，我们可直接推测出组织中每个人应该拥有的自我中心网络。如果每个子部门中的成员所属的社会情境，与同个子部门中其他成员都相同，则该组织网络的结构就类似于高度群聚、高度排他的小团体。

相反，还有一种组织，其中的个人档案是高度分散的。在这类组织中，了解某人档案的一部分并不能让我们了解他的其他身份。我们知道某人出现在某条走廊，不代表就知道他所在的工作组；知道某人在哪用餐，不代表就知道他在组织中所属的部门。某人属于一种社会情境，与其是否也属于另一种情境毫无关联。当组织身份高度分散时，人们在整个组织空间中的位置是不可预测的。每种社会情境都为人们创造了机会，让他们能够与来自组织各个走廊和子部门的同事相遇。[23]

这两个极端——高度集中和高度分散的组织身份对组织文化有显著影响。身份高度集中的组织往往等级较为分明，对组织间的互动要么接受、要么不接受，界限明确。[24] 在这类组织中，个人的组织身份可能取决于其在组织中职务的某一特征，比如 C 级高管，而这一身份也许就决定了在所有其他情境中，他与同事互动是否合适。例如，在一个身份高度集中的组织中，卡洛斯一类的高管可能就不适合与约瑟夫这种保安人员打篮球。

相比之下，**分散的组织身份多见于扁平化组织。这类组织中，个体可穿梭在不同情境中，与组织中各个部分的人建立关系。**任何部门之间都可能形成社会关系，任何职务的人也都可以加入同一支球队，这种行为甚至会得到组织的鼓励。这类组织有意加入没有门的开放式办公空间等社会情境，以打破传统职场中的社会分层和网络隔离。

组织身份对网络的作用很好理解。分散的组织身份十分有利于连接原本独立的关系，在组织中形成随机且十分多样的社会关系。与之相比，高度集中的身份限制了组织中的互动，形成了高度群聚的小团体。

为了更方便理解，我直接将这些发展初期的组织网络特征映射到图 6-4 所示的经纪业务网络上。其实，只需简单的计算模型，我们就能通过改变行动者组织身份的分散程度，准确再现图 6-4 中 A、B、C 网络的结构。[25]

在我使用的模型中，A 网络中的个体被赋予了高度分散的组织身份，我们不可能预测其中成员的组织档案。由于这种环境下的个体可接触组织中任何地方的任何人，所以即便我们知道某人常去哪条走廊、在哪个工作组，也无从得知他所属的其他情境。该网络本质上为随机型网络。可想而知，在 A 网络传播信息非常容易。而这种组织结构的缺点在于，成员要改变组织规范时，组织中个体的身份不够集中，无法相互协作达成目的。

在另一种极端情况下，图 6-4 中 C 网络的个体被赋予了高度集中的组织身份。在我使用的模型中，只要知道某人所属的一个情境，就能预测其所属的约 90% 的社会情境。如图 6-4 所示，C 网络中将出现大量相对密集的组织，各组织仅由少数经纪业务关系相连。此类组织结构的一大优势在于，每个组织中的个体可轻易地彼此协作。但由于各组织仅以弱连接相连，组织间的协作十分困难。结果，组织行为可能高度分散。组织内部对局部规范的高度强化，使新观点、新事物在组织间的传播变得十分困难。

这两种极端情况之间还有一种折中方案，那就是通过改变社会情境的结构，使组织身份的比例趋于平衡，即约 70% 的组织身份为集中型，30% 的组织身份为分散型。图 6-4 中的 B 网络即以这种比例构成，该网络中的组织之间由宽桥相连，拥有相互重叠的关系。这类组织中，有 70% 的时间我们可以预测个体的所属情境，但还有 30% 的时间人们在参加社会活动、加入工作组、在无法以其交往模式预测的地点办公。如图 6-4 的 B 网络所示，以这种比例构建的网络中，多数人的关系都处在一个集中的同事群体中，要实现组织内协作较为简单。同时，个体与其他组织适量的强化关系也促进了组织间的协作。这些相互重叠的所属关系在组织间建起了宽桥，使某一组织中出现的新观点、创新实践能够成功传播到其他组织。

那么，如何利用上述有关组织身份、网络结构的观点提高组织协作、创新、适应的能力？[26] 想用社会网络改进组织表现的管理者可从中获得 4 点启示：

- 评估社会网络。
- 改变社会网络。
- 引发群聚效应。
- 形成具有适应能力的组织。

评估社会网络

评估社会网络往往相当困难。如果我们问问人们都和谁有联系就能了解社会网络，那事情就会好办得多，但多数时候人们都记不清某一天和谁说过话，更不要提某一年了。[27] 与之相比，人们切实地知道自己的办公室在哪、加入了哪些工作组、最爱在哪吃午餐。换言之，收集人们身份的数据比收集其网络的数据要简单得多。我们从中可以认识到，了解人们的组织身份能让我们更好地了解他们所在社会网络的整体结构。这种方法可能十分有效，因为它将数十年来对组织的人口统计学及社会学研究，与现代网络科学方法联系了起来。经过近半个世纪的研究，传统的社会学方法得到了改进，使人们对组织内个体特征和从属关系的分布有了深入了解。我们可以利用这些方法进一步了解组织的社会网络结构及其变化过程。[28]

改变社会网络

我们一旦完成对组织网络的评估，就能控制组织网络。[29] 要达到这一目的，一种简单的方法是利用工作组。组织内工作组的数量和组成通常由管理者决定。根据组织规模的不同，任何时候其内部都可能有几十个或几百个活跃的工作组，每个工作组都为同事提供了与彼此建立联系的机会。组织中工作组数量、规模、多样性的改变，会导致社会空间轮廓的改变。新社会互动机会的诞生，将在原本可能素未谋面的人之间建立新的连接。不仅如此，我们还可能控制关系强度。例如，如果两人同属于多个社会情境，他们之间的关系就会变得相对较强。要想重新构建组织的社会结构，方法有很多。调整工作组、走廊附近、内部球队的人员分配，都能影响人们组织身份的形成，由此影响他们的社会互动模式。

如下文所述，为促进创新实践的传播，我们可以从战略上利用这些方法构建组织的社会网络。

引发群聚效应

我们得到了最重要的一点启示，即管理者可以通过设计组织网络，形成能加速变化过程的结构基础。假设出现了一个让组织降低碳排放量的社会变革倡议，某一工程研究组中几个有环保意识的成员想带头推广相关政策，减少组织日常业务中不可再生纸制品的使用。组织中的这种“绿化”政策通常难以实施，因为它会干扰人们的日常生活。为落实这一政策，组织可能要改变与现有供应商的关系，改变已经批准的预算。要求人们接受绿化方案，不仅会带来不便，而且可能带来许多额外的工作。因此，在组织中发起变革的难点，可能不在于说服人们相信这一变革将带来的好处，而在于让所有人认可完成变革后带来的额外工作。

可想而知，这一绿化方案起初仅有少数人支持，比方说，可能有几个研究组成员要求同事在每周的项目例会上使用电子文件，而非纸质文档。这种改变相对微小，但如果这一倡议在大型组织中流行起来，那就能显著降低该组织整体的碳排放量。那么，组织身份的结构是如何促成或阻碍这一倡议的传播的呢？

在一个身份高度分散的组织中，人们很快就会发现绿化倡议的存在。但正如我们看到的，告诉人们某一倡议存在与让他们采用这一倡议是两码事。为使倡议起效，我们可能需要解决许多流程问题。在成功实施倡议之前，我们可能先要解决几个协作方面的问题，例如制定分发文件的规范、商定统一的文件格式、商定浏览用的工具和软件等。为使这类倡议起效，同事们必须共同努力，发挥群聚效应，确定相关流程，最后得出实施倡议的办法。这一过程需要人们的大量协作。在图 6-4 的 A 网络中，同事之间没有强化关系，因此他们无法协作，这一倡议的实施也就无从开始。[30]

与之相比，如图 6-4 中的 C 网络那样身份高度集中的组织则面临相反的问题，但也同样致命。在某一个结构紧密的小团体中，同事们可能可以相互协作，完成无纸化会议。但该团体与其他组之间没有强化关系，无纸化流程也就无法从这里推广到组织中的其他组。

解决这两类问题的方法便是，建立身份平衡的组织。在图 6-4 的 B 网络中，最初的几名工程师彼此之间有足够的强化关系，能协作设计出周会所需的新流程。之后，该倡议可通过不同团体间的宽桥轻松传播至组织中的其他部分。

我们不妨想象一下，如果设计和营销团队中几名成员所在的工作组，正是工程团队倡导绿化方案的组，那么传播就会开始。设计、营销、工程团队之间相互重叠的关系为传播无纸化会议流程带来两大优势。第一，设计和营销部门的成员可以观察工程部门的会议流程有多么高效、多么节约成本。第二，工程、设计、营销团队之间相互重叠的关系作为社会学习的渠道，让营销人员和设计师在看到工程会议的方案后，可以彼此协作，调整这一新的会议流程，并用在设计和营销部门自己的项目会议中，由此形成组织中的其他部门向牵头组进行社会学习的过程。

自此，社会学习的过程在组与组之间进行，实现了自我强化。每新出现一个采用新流程的组，用于社会学习的重叠渠道就会在组织中的其他部分多延伸一些。绿化倡议被采用得越广泛，新流程就越可能在别的组得到强化。随着倡议的推广，组织中越来越多的部门都会调整他们的周会流程，以适应不断发展的办公室无纸化会议规范。

形成具有适应能力的组织

有关利用组织身份管理社会网络的最后一点启示是，管理者可以从结构层面思考如何提升组织的适应能力。高度分散的组织或许会错失创新的机会，因为这些组织无法获得必要的用于维持组织行为变化的社会强化支持。相反，高度集中的组织可以在适应新观点的过程中获得局部成功，但由于不同组遵从不同的惯例，组织文化高度分化，所以新观点难以广泛融入组织。相比之下，平衡的组织身份形成的组织网络，可作为测试新观点的过滤器。任一观点若要在这类组织中得到推动，就必须赢得几个相互重叠的组的支持。如果有新事物实现了局部融入，那网络中的宽桥就可以促进这一新事物在社群其余部分的传播。时间久了，**组之间的宽桥就会形成稳定的人际通道，用于观点交流、社会学习、相互合作。虽然组内成员可能改变，但这些长期存在的通道可以建立组之间的社会协作规范，使组织始终拥有改变的能力。**[31]

了解了如何利用社会身份设计出促进传播的网络后，我们需要思考这一设计方法的通用意义。我在第三部分，探讨了社会关系的关系特征是如何与网络结构共同影响行为传播的。我特别阐释了如何通过社会身份和关系情境确定人们激活网络关系的方式，这对行为变化方案的实现又意味着什么。第 7 章和第 8 章的目的在于，让那些想在实际的线上环境中促进新行为传播的应用研究人员、从业人员、企业家，真正了解如何利用有关复杂传播的研究结果。为此，这两章与前几章不同，是从通过搭建线上社群传播新行为的实操角度出发的。行为越是创新、越是难以完成，所需要的社会强化程度就越高。接下来，我们要讨论如何设计新型线上社会资本，使行为的传播效率达到最高。

HOW BEHAVIOR SPREADS

第三部分

选择与影响，从0到1构建宽桥社群

互联网不会自动抵消传统社会资本衰退带来的影响，但它有这种潜质。实际上，如果没有互联网，很难想象我们会如何解决当代的公民难题。

——罗伯特·帕特南

当代美国著名政治学家，《独自打保龄》（*Bowling Alone*）作者

HOW BEHAVIOR SPREADS

第三部分导读

有关复杂传播的研究结果带来的最深远的影响，在于未来的文化变革。世界越变越小，社会网络中弱连接与强连接的比值将越来越大。个人可能察觉不到自己的联系人构成发生的变化，但这种变化对社会而言意义重大。世界越小，人们通过社会网络收到的信号就越可能是简单传播，也就是传播迅速、易于理解的信息碎片。简单传播易引起人们的注意和传播；随着社会关系不断变长和变窄，简单传播在社会互动中占据主流的可能性越来越高。[1]

人们每小时、每天、每周能接收的信息数量是有限的，也就是说人们需要对关注什么做出选择。[2] 随着弱连接比例的提升，简单传播出现在社会内容数据流中的比例也会提升。不仅如此，世界越变越小，复杂传播会越来越难。因此，社会网络结构越来越有利于简单传播，复杂行为和观点等复杂传播则将越来越少见。

随着复杂传播在社会意识流中的减少，社会可能患上某种文化遗忘症。由于社会内容的简单化，人们对互动的预期可能改变。人们可能不再接触需要合作的惯例、共享的文化规范、复杂的观点等需要社会强化才能维持的事物。这些文化交流的产物越少见，它们就越难被传承给下一代。人们的日常交流回忆、经常使用的手势、热心公益的行为都可能被转换为某种通过弱连接传播的文化项目。

社会研究可能在无意间成为文化遗忘症的帮凶。随着世界的变小和简单传播出现频率的增加，对大规模通信网络和社交媒体传播的观察性研究更可能发现，长连接的存在有利于传播。收集具有小世界结构的网络数据的过程越简单，这类观察结果就越普遍，人们就越会就弱连接对传播的价值达成共识。

这些数据不会显示没有通过这些网络传播的过程。由于文化习俗的传播有赖于社会强化的支持，所以这些数据中显示的需要花时间理解并遵守的规则、规范、价值观的传播内容较少。研究弱连接通信网络的情况越普遍，实证领域的复杂传播就越少见。

从个人角度看，文化景观中这些微小的变化不太可能引起注意。随着社会网络上传播的内容越来越简洁、数量越来越多，暴露给人们的新资料越来越令人心烦意乱，那些尚未传播的思想可能就此被埋没。数量庞大的简单传播可以轻易侵占曾经为复杂传播留出的社会空间。在联系日益紧密的弱连接社会中，成员可能既不会经历复杂传播的减少，也不会出现社交的明显缺失。相反，他们看到的传播、遵从的标准化惯例，都会慢慢在无形之中衰变为能够通过弱连接网络轻易传播的行为模式，也就是简单易懂、为人熟悉的行为。[3]

这一文化变化的过程看似自然，但也有其后果。虽然简单传播可能明显更好进行，但它们通常不太利于改变行为和传播能够改善公共福利的新观点。[4]

* * *

关于美国的创新，拉尔夫·沃尔多·爱默生（Ralph Waldo Emerson）曾提出一个鼓舞人心的观点："如果有人要卖好谷子、好木头、好板材、好猪羊，或是能做出世上最好的椅子、刀具、坩埚、教堂风琴，或是别的什么，那即便他住在深山老林，你也能找到一条人来人往的宽阔道路通往他家。"[5]说得更通俗一些就是："如果你的捕鼠器做得比谁都好，那世界将为你家开辟出一条通路。"这句话有多鼓舞人心，就有多不真实。

爱默生对美国企业家精神这一盲目乐观的幻想已被多次证伪。对糟糕的技术，市场经常报以莫大的成功。我们该选择标准传统键盘（QWERTY）还是德沃夏克键盘（Dvorak），选择家用录像系统（VHS）还是贝塔（Beta）录像机，选择重水核反应堆还是轻水核反应堆？市场在选择更优解前给出过许多错误答案。这是因为与其说产品的胜负取决于产品本身，不如说取决于能让产品快速传播的网络效应，产品传播得越广就越流行，也就越能将竞品逼向末路。[6]

在思想观念、政治观点、消费产品的不同领域，成功的驱动因素往往相差无几。所有这些领域中都存在生存竞争。从广义上讲，在这些不断进化的系统中，新事物提高了成功的可能性，因而受到鼓励。但产业竞争与政治竞争甚至基因竞争一样，其繁荣发展不依靠纯粹的新事物，而只依靠有利于生存、发展、复制的新事物。[7] 这些新事物或为精心策划的结果，或为偶然所得。无论从何而来，新事物都在不断涌现，不断向现有竞品施压，使其为保立足之地而不断创新。

这一激烈竞争的原理被称为"红皇后效应"（Red Queen Effect），它对未来几十年网络传播过程的发展有明确影响。该词出自英国数学家、童话作家刘易斯·卡罗尔（Lewis Carroll）的《爱丽丝梦游仙境》（*Through the Looking Glass*），最初由进化生物学家利·范瓦伦（Leigh Van Valen）用来解释为何物种灭绝在历史记载和化石记录中格外普遍。[8] 在《爱丽丝梦游仙境》中，红皇后为了留在原地必须不断奔跑。正如她所言："你看现在，你拼尽全力奔跑，也就只能留在原地。要是想去其他地方，就至少要跑出两倍的速度！"[9]

进化系统也遵循同样的道理。物种与其竞争者适合生存的程度相当。如果出现更适合生存的突变体，那上一代被认为适合生存的个体可能很快就会被淘汰，最终消失。为保持竞争力，基因路线必须不断创新，永远领先于下一次重大的适应性变化。每个人为了留在原地，都要不断奔跑。

在传播即成功的网络世界中，创新的压力有增无减。要想生存，人们就要找到更有效的策略来传播产品、思想和影响。最简单的方法就是简化传播。随之而来的则是一场不可避免的军备竞赛，每个人都在竞相传播自己的信息，努力找到更高效的方法使信息传遍群体。但这场军备竞赛可能不过是逐底竞争。

世界越来越小，竞争日渐激烈，大环境倾向于选择复杂程度较低的事物。想售卖新产品和新观点的营销人员所遭遇的挑战，均可归为一个目的：简化传播。同样的结论也适用于民主进程。在长距离连接越来越多的世界中，行动者为了争取声望和权势，都在打造最适于通过弱连接快速传播的信息。这一选择过程终将使战略空间中的复杂传播彻底消失，结果就是迎来完全由简单传播组成的政治界和学术界。最终由消费者或选民传播形成的模因①生态和行为生态，将不可避免地沦为内容越发密集的信息流，这些内容既易于理解又为人熟知。[10]

好在日渐缩小的世界所带来的这些影响并非不可避免，复杂传播也不会因此对理解社会变革不再重要。虽然简单传播能在小世界中轻松进行，但它对难以完成的、成本高昂的或不为人熟知的行为所带来的影响微乎其微。简单传播比复杂传播更为人熟知、成本更低，因而能吸引我们的注意，但它往往无益于改善我们的生活。

那么，如果人们需要改变行为，却缺乏相应的社会支持，该怎么做呢？为了解决这一问题，越来越多的人将目光投向了互联网。线上社会生活已然成形，人们逐渐习惯了积极寻找能够支持他们完成行为改变的新型社会网络。[11] 线上健身小组、同行咨询小组，甚至投资论坛都形成了具有凝聚力的支持网络，这些网络作为社会基础设施，与不断通过长连接传递而来的信号相互制衡。虽然这些社群只占线上活动的一小部分，但它们呈现出的趋势前景无量，

---

① 指通过非遗传方式传递的文化因素或行为系统，多数情况下通过模仿传递。——译者注

带来的机会弥足珍贵。

线上社会资源日渐多样化，搜寻这些资源的人也随之增加。社群内容丰富多彩，世界各地选择融入社群的用户数量也日渐庞大。这些社群可为人们求职、加入积极分子小组、发现新的健康资源提供线上社会支持。[12] 加入线上网络的人越多，人们就越可能在线上发现能为复杂行为提供社会强化的同伴。新的社会资本基础设施由此建成。

因此，即便加强线上的社交联通性，复杂传播也不会从文化景观中消失。应该说，这些复杂传播就不太可能通过由越来越长和越来越窄的沟通渠道组成的网络进行。尽管随着全球通信能力的增强，通信渠道变长、变窄等拓扑变化似乎不可避免，但人们会出于本能寻找甚至创建群聚型网络，这些网络可以提供使行为真正发生变化的社会强化，而它们存在于令人难以置信的地方——互联网无尽的虚拟空间。[13]

接下来的两章我将对社会网络开展实践操作。第 7 章和第 8 章将严肃地从社会规划人员的角度出发，其工作是在线上社群成员之间建立社会资本，以传播新行为。我们已知最具挑战性的行为需要的社会强化程度也最高，那么接下来要讨论的便是：如何创建能高效传播这些行为的线上社群。

HOW BEHAVIOR SPREADS

第 7 章

同质性社会网络更容易促进行为的改变

我们转换一下视角，将关注的重点从理解传播的原理转换为实操时在特定环境中改善传播进程的方法。我们能不能给予人们社会资本，以此鼓励他们改变行为呢？比方说，假如你想为了促进健康行为的传播创建一个线上社会网络，你会怎么做？你会如何建立这个网站？如何将人们联系起来建立具有影响力的关系？如何控制哪种行为会流行？

罗伯特·帕特南认为："虚拟世界的匿名特征和流动性使其利于形成'来得快去得也快''飞驰而过'的关系……不利于创建社会资本。"他还说："如果人们可以轻易进入和退出，那就不会出现负责、信任和互利互惠的现象。"[1] 我的观点与之相反，我认为虚拟世界的匿名特征和流动性让组织为可能在传统的面对面环境中遭到社会孤立、排斥、夺权的个体提供了新型社会资本。我的指导方针是：社会资本越稀有就越有价值。正如我将在下文描述的那样，如果线上环境能为其成员创建不可多得的新型社会资本，那么线上网络不仅会经久不衰，还会极具影响力。

一名社会规划人员将能运用我在这本书里提出的观点展示如何创建这些新型社会资本。具体来说，我将重点介绍如何为传播与健康有关的行为建立网站。需要明确的是，健康环境不是可以应用这些观点的唯一情境。但与健康相关的例子十分有用，因为人们或许很快会在该领域大量应用这些观点。

如今，数以千计的匿名网络社群和线上讨论组为全球几百万访问者提供了用于做出医疗决策的社会资源。对于想要促进健康相关行为传播的医疗保健组织而言，这些线上健康资源既带来了机遇，也带来了挑战。机遇在于线上互动能够有效影响人们的行为。[2] 当然了，这同时也是问题所在。线上社群让人们能接触到无限种意见，对成员所受到的影响、被传播的行为几乎没有限制。我们无法知晓这些环境中会出现何种行为或观念，又会导致何种个体或集体的结果。在诸多可能性中，我们很可能只看得到风险。

不过，我的方法不是抗拒潮流，而是赶上潮流。健康相关的新兴社会资源越来越多，拥有这些资源的组织或许可以创建并管理对于难以接触到这些资源的群体十分有利的社会环境，为他们提供医疗保健，同时改善群体中患者护理的总体质量。通过结构规整的患者网络，提供资源的一方不仅可以达成数据记录的基本目的[3]，还可利用线上环境促进集体学习、提供情感支持、传播能够改善生活方式的行为。接下来，我将讲述具体应该如何操作。

最可信的“陌生人”

我们目前了解到，具备社会强化宽桥的网络可以加速复杂传播。那么，我们需要知道的只有这些吗？将人们置于群聚型网络，传播就会自动开始吗？虽然这一观点占据了相当大的篇幅，但我要讲的还不止这些。

为了在现实世界中创建促进传播的网络，我们需要越过网络拓扑，考虑影响社会影响力的社会网络的其他特征。特别是在线上的匿名环境中，除非强化信号来自相关成员，否则很可能不会显著改善传播环境。此处就需要同质性发挥作用了。复杂传播通常要求社会联系人彼此相似。

简单传播并没有这种要求。在疾病传播中，人们在不经意间就会和地铁、飞机上遇到的陌生人产生交叉感染。网络关系不过是一种传播途径。比赛得分、航班延误等信息的传播也是如此。信息可以由陌生人传递给你，又由你传递给其他陌生人，这一切仅需要表层的接触。

但对大多数复杂传播而言，情况并非如此。假如你是一名患有类风湿性关节炎或哮喘等自身免疫性疾病的患者，那你在考虑要不要尝试一种新型但尚处于实验阶段的慢性病疗法时，可能就会接触几个曾用这一疗法治疗过其他疾病的人。尽管这些人可能十分友好，但如果他们的病情与你不同，那就算他们接受过该疗法，也不会对你是否接受该疗法带来影响。就这方面而言，他们的行为与你的医疗决策无关。

假设有一些和你病情相似的患者接受了这一疗法，那么你从这些患者处得到的强化越多，就越可能开始考虑自己也接受这一疗法。但在多数医疗情况中，特别是当疗法产生副作用时，这些患者的推荐很可能不足以让你实际采用这一疗法。相反，你会发现自己还在努力寻找和自己病情更加相近的人，而这部分人才是你在选择疗法时更加关注的对象。

由此，这一选择的过程变得越发有趣。如果你开始认真考虑接受这一疗法，那就会开始寻找和你病情特点都相同的患者，看看他们中是否有人采用了这一疗法。这种情况下，社会设计便能发挥其作用。如果你所在的网络结构创建的社会强化种类是正确的，能让你在其中接触到相关患者的正确组别，那你可能就会决定采用一种原本不会尝试的疗法。通过设计对等网络，为人们提供相关的社会强化，我们就能使新行为在线上群体中传播开来，让原本不可能采用新行为的人接触到它。

这一过程从理论上看似乎很好理解，但在现实世界中还有一个小难题亟待解决。那就是，并非所有形式的相似性都会带来相关性。你的配偶与某些决定相关，但与其他决定无关。[4] 你的父母与某些决定相关，但与其他决定无关，还有你的大学室友、那些与你同住一个街区的人也一样。联系人是否相关，很大程度上取决于社会情境。

在健身环境中，什么样的人会成为人们吸取建议和接受影响的相关来源，可能由他的健康特征决定。但在学术环境中，什么样的人会成为社会影响的相关来源，则更可能由他的智力特征和教育特征决定。换句话说，**即便人们处在具备大量强化支持的群聚型线上网络中，如果周围都是不相关的社会联系人，那人们也不太可能出现行为变化。**这个道理看似简单明了，但现实中的问题在于，这些线上陌生人之所以能成为社会影响的相关来源，很大程度上是因为线上环境的特征凸显了他们的一部分个人特征。

那我们如何提前知道哪些特征与社会影响相关呢？即便在健康领域等特定情境下，也有数百种可能的特征可供选择。问题在于，如何在这几百种人们可能共有的特征中，确定哪些才能用来建立有影响力的关系。

我们可以看看现实中社会影响是如何在一个成功的线上健康社群中出现的。

HOW BEHAVIOR SPREADS 行为流行实验室

网站“患者如我”（Patients Like Me，PLM）创建于 2006 年，如今已成为容纳患有 3 500 余种疾病的近 20 万名患者的社交医疗社群。PLM 重点关注罕见病的长期护理，尤其是肌萎缩侧索硬化（amyotrophic lateral sclerosis，ALS）[①] 的护理。该平台的成员均匿名，但他们可以通过在彼此的档案页发表评论来相互交流，社群的所有成员都能看到这些评论。档案页中显示的患者信息或松散或有条

① 又称卢伽雷病（Lou Gehrig's Disease）。

理，包括他们的病史、治疗史、症状、健康相关事件、私人日记、所服药物等。

在开始与他人互动时，成员一般都会联系与自己有相似病情和治疗史的其他成员。这些互动虽然是匿名的，但影响了成员开始和停止使用新药、采用新医疗设备、加入实验性疗法的医学实验等行为。[5]最常见的互动形式为用户间的相互提问。例如，考虑采用新疗法的成员会问另一位成员：

> 我注意到你正在使用姜根，还认为姜根减缓了病程。我对这点很感兴趣。能告诉我姜根具体是怎么对你发挥作用的吗？

另一位成员的询问则更为详细：

> 我发现你正在使用糖类营养素，具体用的是哪款产品呢？用了多长时间，有没有发现什么疗效？我听许多人说过糖类营养素好用，但还没听说过哪个 ALS 患者在用。这类营养素对哪种特定症状有疗效？请告诉我你服用这些营养素后有什么发现。

另一个案例中，一位成员联系了一名病友，与他分享了看过医生后萌生的担忧。他想让这名病友分享其使用新设备的体验，因为这可能改变他是否使用这一设备的决定：

> 珍，我和你一样都是 PLM 的新人。我注意到你已经插管 8 个月了。我现在吃东西费劲，神经科医生建议我用鼻饲管。但我和消化科医生聊过之后，不太想用这个。希望你

给我讲讲使用鼻饲管的体验和它的优缺点，那会对我很有帮助。

一位平台老手参照了另一位患者的治疗和病情记录，然后询问双水平气道正压通气呼吸机（BIPAP 呼吸机）的有效性：

你好（D），我是 PLM 的（亚当）。我的 ALS 症状和你一样，出现了呼吸方面的问题。我看到你在 4 月 6 日用上 BIPAP 呼吸机以后，功能评分量表成绩变好了。这款呼吸机真有那么大作用吗？（亚当）

有些成员不是来寻求建议的，而是自愿提出建议的。例如，一位患者发现另一名成员在档案页中讨论了症状带来的困难，他便花时间向这名成员提供了对自己有用的治疗经验：

我看你提到了情绪不稳定。我之前情绪也很不稳定，但我现在服用了右美沙芬和奎尼丁的复方药，控制得很好。

另一个案例中，一位成员看到另一位成员在与某一症状做斗争，就告诉了他一种对他可能有帮助的疗法，这种疗法正在进行新的随机对照试验：

乔安妮，我看到你的腿出现了症状。你知道凯斯西储大学（Case Western Reserve University）和约翰斯·霍普金斯大学（Johns Hopkins University）新做的隔膜植入实验吗？这意味着你可能不用再为呼吸发愁了。（乔治）

PLM 成员之间的相互联系还有一个更单纯的目的，那就是与理解他们病情的人建立共情关系。患者列出相似的症状和病情细节后，可能会引发如下对话：

> 你好（迈克尔），我发现我们的情况很像。我今年 62 岁，11 月 6 日确诊出现腿部症状。我要用助行架才能走路。因为腿只能拖行，我的走路速度变慢了。最近我还摔了好几次。要是你想和我比较治疗进度，我很乐意奉陪。我一年前就注意到自己有这种症状了，但这个月才确诊。

凭直觉来看，让 PLM 成员彼此相关的是他们对特定 ALS 症状的体验。有时候，即便两人的种族、性别、收入、职业等任何人口统计指标和社会经济指标都不尽相同，他们也可能因患有相似的疾病而高度相关。在 PLM 创造的社交世界中，这些陌生人可以成为彼此重要的社会资本来源。[6]

与倡导健康的网站不同，患者在 PLM 中没有咨询医学专业人士或专家顾问，而是从其他患者那里取经。给出建议的成员不是医学专家，没有经过审查，甚至没有被定性评级。然而，PLM 中这些非正式的关系可能比更正式环境中的医患关系更具影响力。因此，与帕特南所说的线上匿名互动可能“磨灭个性”相反，PLM 的成员之所以如此有影响力，正是因为他们为彼此提供了一种罕见而有价值的社会资本，而这一资本在面对面的环境中无法获得。

对于患有罕见病和因病日渐虚弱的患者而言，与其他患者的接触并不经常发生。对他们来说，PLM 是他们能积极与他人互动的环境。与他们平日经历的大量社会互动和医患互动不同，在 PLM，他们能找到其他必须在日常生活中克服相似困难的患者，理解某种疗法何时有效、何时无效的人，遇到过相同困难并找到了护理用社会资源和医疗资源的人。换句话说，他们找到了可以交换信息并与之感同身受的人。由此可见，PLM 的成员对彼此而言十分珍贵，因为他们为彼此提供的相关社会联系人网络非常罕见。这一网络的罕见性很容易让访问者认识到他们为彼此提供的社会资本的价值。由此，**陌生人之间的线上匿名互动变为了稳定的社会影响渠道。**

选择与影响，社会网络的设计方法

社会规划人员的目标是从迄今为止所见的一切中吸取教训，以便设计出一种通用策略，用来构建能够使现实世界的健康行为发生改变的线上网络。显然，使 PLM 起效的特定特征在多数情况下都不可复制。但对于 PLM 的两个观察结果为如何操作提供了指导：

- **选择。**第一个观察结果为 PLM 访问者的互动对象都是他们认真挑选出来的。在容纳了 20 万名用户的茫茫人海中，他们选择只与其中一小部分访问者互动。
- **影响。**第二个观察结果为人们的选择往往会带来有影响力的关系。换句话说，影响人们选择网络关系的因素，也决定了他们的行为会被何人影响。[7]

这些实用的观察结果便是我们的起点。由此可见，如果我们能确定是哪些特征带来的吸引力，那就可能利用这些特征控制影响力。

但主要问题在于不易实施。如何才能确定人们的选择偏好？正如著名社会学家保罗·拉扎斯菲尔德（Paul Lazarsfeld）和罗伯特·默顿（Robert Merton）半个世纪前观察到的那样[8]，虽然选择模式能带来社会影响网络，但人们的选择偏好并不固定。人们的偏好因情况而异，因而很难确定人们究竟会在何种情境下选择何种特征。因此，为确定何种特征利于创建有影响力的网络而制定通用策略实属不易。好在除了面对面的环境之外，我们还有线上环境可以解决此类问题。

在线上，最简单的解决方法就是把重点放在对特定社会环境的设计上。[9] 为创建能有效传播健康行为的网站，我们有必要选择一个相对具体的健康情境，例如线上健身计划，然后观察人们是如何在那里形成社会关系的。如果出现了社交选择的通用模式，我们就可以尝试以人们选择的特征为基础，在特定环境的访问者之间构建关系。这种"选择与影响"的策略或许可作为一种网络设计方法，让匿名陌生人成为社会影响的相关来源。

只有偏好相同，决策才会一致

我与麻省理工学院的医学办公室运营的一个在线健身项目进行了合作，去验证该方法是否可行。[10] 这个项目本身就是社会设计方面的非凡壮举。在为期 3 个月的活动中，医学办公室从麻省理工学院及其世界各地的附属大学校园中招募了数千名参与者，这些人为达到每周的运动目标自愿记录日常的锻炼活动。无论这些参与者在某一周是成功还是失败，他们都会在下一周回归，再度记录起他们的日常活动。鉴于人们对此活动的参与程度之高，我想看看在参与者与他人建立关系方面是否存在通用模式。

确定选择偏好

为研究参与者的选择偏好，麻省理工学院健身项目的 432 名成员作为被试被招进了一个健康好友社群。为注册加入社群，被试填写了知情同意书，提交了包括年龄、体重指数、性别、种族、爱好的运动项目、饮食偏好、整体健康水平在内的详细档案。每名被试都会获得一个主页，其上有一个数据详尽的线上面板，实时显示被试的日常活动、运动强度、运动时间。这些被试还被分配了匿名的健康好友，他们与这些好友都是麻省理工学院健身项目的成员。在个人主页上，被试能看到每个健康好友的完整档案信息和运动记录。

与第 3 章的“健康生活方式网络”一样，这一健身社群的被试也都处在线上社会网络中。这项研究的基本设计与第 3 章相似。二者的网络拓扑都是在被试加入前就创建好的，每个被试都被随机分配至其中一个网络社群，占据单一节点。但研究中一共只有 6 个独立社群，每个网络的结构也都相同，都是群聚型空间网络，每个人各有 6 个联系人。每名成员在社会网络中的直接联系人就是他们的健康好友。本次研究的网络规模较第 3 章更小，每个网络各有 72 名被试。

此外，与第 3 章的研究不同，这次研究的目标是了解人们如何选择与活动中的哪些人进行联系。在第 3 章的研究中，人们的健康好友从始至终都是固定的，但这次研究的网络结构可能随着人们展开新的交往而改变。一旦人们开始改变他们的网络关系，比如增加新好友、删除旧好友，那网络结构就会“演化”为新的社会拓扑。

在为期 5 周的研究中，被试可以删除他们被分配的健康好友，再从网络社群的其他成员列表中选择新的健康好友。这里不存在社会排斥的可能，因为被试不能阻止网络中的其他成员与之联系。这种设计能让我们识别出纯粹的选择偏好，因为如果有成员想添加新的联系人，他要做的就只是选择他们。成员也可以删除他们之前想加的好友。这项研究对添加和移除关系的过程进行了完整记录，由此可识别出哪些特征最具吸引力、哪些特征最可能被舍弃。

在相同的 5 周时间里，社交选择的过程在 6 个独立网络社群中同时进行。也就是说，我们对相同的网络演化过程进行了 6 次独立观察。这种重复实验十分有用，因为它确保了研究中出现的任何模式都不是某一特定网络的演化过程显示出的特殊结果，而是在所有 6 个社会网络中可重现的同伴选择过程。

令人惊讶的是，6 个网络都展现出了相同的社交选择通用模式。每个网络中，被试选择健康好友的主要依据都是相似的年龄、体重指数，以及相同的性别。年龄较大的人更愿意与年龄较大的人联系，身材一般的人则愿意选择其他身材一般的人。其他诸如种族、爱好的运动项目、饮食偏好、运动强度、通常的运动时间、运动经验等相关特征，都不是影响关系选择的重要因素。社交选择的同质性仅在 3 个特征上有突出体现，即年龄、性别、体重指数。[11]

建立有影响力的社会网络

在确定了明确的社交选择模式后，我们的下一个目标是利用这些选择偏好设计有影响力的社会网络。在这种网络中构建的关系有望促进健康新事物在社群成员间的传播。为了解这一方法是否可行，我在同一个健身项目中又进行了一项传播研究。

这项传播研究的基本配置和注册过程与选择研究相似，它囊括了 10 个独立的网络社群，每个网络的群聚型空间网络结构和群体规模都和选择研究中的一样。但这一次，被试不能改变他们的网络关系，因此传播实验期间每个社群的网络结构都固定不变。[12]

被试被分配进网络后，我们在 10 个网络中随机选择了 5 个开展有关社会设计同质性的实验。[13] 虽然全部 10 个网络拓扑都保持不变，但在那 5 个“同质网络”中，被试在网络中的位置会不断变化，只有当每个人都与年龄、性别、体重指数最相近的 6 个健康好友达成最佳匹配时，所有人的位置才会确定。如图 7-1 所示，实验中的网络拓扑固定不变，不同颜色的节点代表具有不同特征的个体，左侧为这些个体被随机分配的结果，右侧为依据同质性排列的结果。

在 5 个非同质网络中，被试的好友是随机匹配的，他们的年龄、性别、体重指数各不相同。在这些网络中，身材一般的个体经常直接与身材较好的个体联系。结果，身材一般的个体便经常接触社群中较健康成员的兴趣和活动。相比之下，在同质网络中，被试与好友的年龄、体重指数都相仿。全部 10 个网络的拓扑结构都有利于传播，但其中仅有 5 个同质网络是为创建相关关系而设计的。

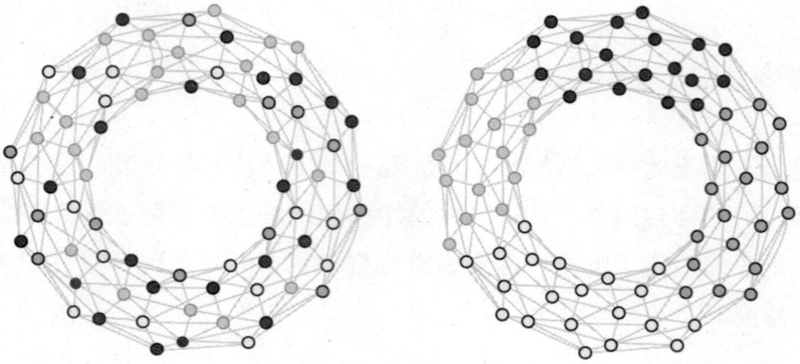

图 7-1　非同质社会网络与同质社会网络

这次实验研究的行为是采用名为“饮食日记”的节食减肥工具。“饮食日记”是一种线上饮食日志，能够利用交互式线上数据库即时显示超过 5 万种品牌和常见食品的热量及营养成分，方便被试在参与健身项目期间比较摄入的热量和营养与自身运动水平。与“健康生活方式网络”研究一样，这次的健康新事物也专为这项研究设计，因此我们能观察到这一新事物在成员网络中的实时传播过程。

从激活每个网络的种子节点开始，传播过程在 10 个网络中同时展开。种子节点将消息发布到健康好友的主页上。每个网络中，种子的好友都会通过消息得知，他们的联系人中有一人已经采用了“饮食日记”并邀请他们也采用这一工具。每出现一名采用这一新事物的新成员，就会有一条通知出现在他们健康好友的主页上，邀请这些好友也采用。在为期 7 周的实验中，传播过程在 10 个社群中同时进行，此时社会设计的效果已显而易见。

在经过同质设计的网络中，节食工具的采用率大幅提升，整体采用率提高了 200%。这种影响在所有社群中均有体现，5 个同质网络中任一网络的采用率都比非同质网络更高。同质性带来的影响在社群内健康程度最低的成员中最为突出。两种网络条件下，新事物在身材肥胖的被试中的暴露程度相同。但在非同质网络中，没有一个肥胖被试采用新事物。相比之下，在同质网络中，曾暴露于新事物的肥胖被试中近一半都采用了新事物。到研究结束时，同质网络中肥胖采用者的数量正好等于非同质网络中全部采用者的数量。[14]

虽然两种网络都具备能提供强化支持的邻里结构，但同质网络提供的社会强化来自相关同伴。由同质网络中被试采用率的提高可知，基于社会身份调整关系或许能提高被试对行为变化的敏感性。[15] 换句话说，**被调整为同质的社会关系或许可以塑造出一种社会情境，其中个体的决策都是为了让新事物的传播比在其他情境中更广泛。**

由此我想到，可将网络传播中复杂传播过程与近年来行为经济学的研究相类比，后者认为选择架构在人们做财务和健康方面的决定时十分重要。有关选择架构的研究发现，人们的选择可轻易通过操控选项的呈现方式来改变。对选择环境进行看似简单的改变，实际却可以提高人们在改善健康和理财方面做选择的能力。同理，改变人们做决定的社会情境，或许就能改变人们的选择。当一个人处在由相关联系人组成的网络中时，或许就会采用其过去忽视的新事物。

由此我又想到，如果我们只观察了非同质条件，那会如何理解以上实验结果呢？假如我们没有与同质网络中的实验结果进行对比，那非同质网络中肥胖成员都没有采用新行为的事实，或许这就意味着这一节食工具不太适合肥胖个体。

从产品工程的角度来看，以上实验结果可能表明这一新事物需要重新设计，以提升其对肥胖人群的吸引力。[16] 然而，不考虑产品功能，只依靠社会网络来加强传播，就可能改变人们对新事物的看法。如果想提高采用率，我们不需要重新设计新事物，只需要创建能产生正确的社会相关性的社会网络。

不同类型的线上环境中，有利于建立有影响力关系的特定特征可能不同。例如，在 PLM 中，社会关系的建立多以特定的疾病为基础，而非年龄、性别或体重指数。而在其他类型的线上环境中，健康特征则没那么重要。例如在艺术分享社群中，对创建相关对等网络有效的特征更可能是个人的艺术取向；在医生网络社群中，这一特征则更可能是个人的医疗专业。

在任何线上环境中，同质网络都应该具备对该社会情境最重要的特征。虽然对不同环境而言，重要的特征不尽相同，但这项研究的实验过程应该可应用于在各种情境下创建有影响力的网络。我们可利用对照观察来确定人们的选择偏好，之后利用这些偏好设计线上关系，将陌生人变为有价值且有影响力的社会资本来源。

总体而言，我们可以依据社会身份的相关特征为人们配对，以此提高线上关系的影响力。**人们与其联系人越相似，就越可能自然地想象出彼此的生活。换句话说，同质性产生同理心。由正确的特征得来的同质性能让人们轻松理解同伴的决定是否也适用于自己，由此提高人们采用同伴行为的概率。**对于那些难以找到相关同伴的个体而言，有此类相关性的线上联系人可能是价值极高、影响力极大的社会资本来源。

我在第 8 章展开了进一步探讨，思考如何通过设计网络关系的关系情境来塑造社会相关性。关系因素可通过多种方式影响网络传播。[17] 我关注的重点在于，社会情境特征如何影响人们对线上联系人的预期，从而决定人们受线上联系人影响的程度。之后，我将探讨为何线上环境的关系质量与关系结构一样，对控制行为的传播都至关重要。

HOW BEHAVIOR SPREADS

第 8 章

如何创建高效传播的线上社群

第 7 章讲述了如何利用同质性创造社会相关性。现在让我们进一步思考：人们对相关性的认知从何而来？社会环境的何种特征决定了人们使用社会关系的方式？我们在设计社会环境时做的选择可否决定将要出现的行为类型？

我们可以把线上环境看作机构。[1] 换句话说，线上环境用规则、奖励、惩罚来要求人们完成某种行为。规则用来规定人们在线上环境的互动方式，同时从细节出发有力地主导了人们对相关性的认知。我们想在接下来了解的是：如何通过设计社会环境改变陌生人建立社会相关性的方法，这种改变又如何影响人们影响彼此行为的方式？

或许我们能从西梅尔的观察中得到启发，他发现人们的“社交世界”决定了人们关系的内涵：

> 无论是官员、教友、职员、学者，还是家庭成员，他们之中的每个成员都会假定其他人就是‘我所在组织’中的一员……其他人在我们眼中，不只是一个人，还是一名同事、同志或同党派人士，总之是同属于某一特定世界的同伴。[2]

根据以上观点，**社会之所以存在，是因为人们将彼此看作他们有兴趣、有**

责任或有信仰的社交世界中的成员。人们没有将彼此看作不可理解的个体，而是看作有特定目标的可理解的行动者。正因如此，我们会对他人表现出的意图和行为有所期待，使他人和我们自己作为社会行动者都可被理解。这些社交世界让社会的存在成为可能。[3]

线上的社交世界显然都是经过设计的。线上环境设立的规则和预期明确了社会相互依赖的界限。例如，费利西娅既是母亲、ALS 患者、离异者，又是医生，那她在线上的身份是什么呢？社会环境为她选择的身份决定了她与他人互动的有效程度。线上情境的设定越具体，成员的其他特征的相关性就越低，除非该成员的某些或某一个特征明确了她的身份、行为方式、寻求社会互动的原因。

对社会设计而言，这表明线上环境的一大优势在于：可以为了提高人际相关性，忽略人们的某些特征。年龄、阶级、种族、性别等地位特征对线下互动产生的影响不可避免。虽然这些特征能建立相关性，但也能为社会交换带来隐性障碍，因为有时人们对行为的预期受这些因素的影响极大。如果我们忽略了社会环境中的这些特征，则即使所有重要的地位特征都不尽相同的两人，也可能建立有意义的关系。在 PLM 这种相对罕见的线上空间中，成员只看得到与疾病相关的信息，这种忽略地位特征的做法有效突显了特定社会资本的价值。[4]

由此可见，人们选择与何人互动、这些互动如何影响他们的行为，不是单由行动者个人决定的，而是由其所在的社交世界的结构、被该世界激活的身份、由该世界产生的相互依赖性决定的。在线上，这一切都能被操控。虽然一般情况下不存在这类操控，但线上环境的这些情境特征或许能潜移默化地影响社会互动的过程。我在此感兴趣的是展示如何通过此类操控来改变集体行为的轨迹。

然而，我所做的这些研究尚存在局限性，因为几乎只关注了由外源性种子引入的行为在群体中的传播过程。假如你往池塘里扔了一块鹅卵石，就会看到波纹在水面上扩散。这就好像理想化的传播过程，尤其是一步到位的行为的传播过程。例如，疫苗接种就属于一步到位的行为，能在对等网络中快速传播。

但这种理想化的传播也常常被打破。在反例中，行为不是由外源性种子引入的，而是通过人们之间的互动从内部萌生的。例如，尽管开始节食的决定被视为行为传播，但节食这一行为本身十分复杂，包含了进食的时间和地点、每天进食的次数和多少等内容。若将这些饮食习惯的变化称为“节食行为的传播”，那就很可能低估其暗含的社会过程的复杂性，从而忽视人们互动的社会情境的重要性及其调动社会协作改变饮食习惯的过程。

在这些情况中，传播倒不像是扩散的波纹，更像是点点雨滴散落，破坏平静水面形成的图案。与其说它是单一行为在群体中的传播，不如说它是由多个个体互动引发的集体的行为变化。我将展示在这些较复杂的环境中，行为变化的网络传播是如何展开的。接下来，我将用一个政策研究的例子，说明社会网络所在的关系情境如何改变社会强化和社会相关性影响行为的方式，在部分案例中这种改变促成了理想的行为变化，但在其他案例中则抑制了行为的改变。

我要讲的例子还是来自线上健康社群。[5]但为了严格完成社会设计的任务，本次研究没有对现有健康计划进行直接干预，而是与宾夕法尼亚大学的社会科学家团队合作，从头开始创建新的健身计划。这项研究的目标是将健身计划的方方面面都设计完整，以探究对线上健康好友网络进行最低程度的干预能否影响被试在线下的运动行为，此处特指被试参加健身课程的行为。为此，我们聘请健身教练、设计课程表、租用健身教室并记录了每个人的出勤情况。这些工作全由我们自己完成，确保我们能准确查明线上网络的微小变化能否直接影响人们的健身水平。

结果比我们预想的还要明显。被试所在的线上网络对他们的线下行为产生了可预见且相当明显的影响。不仅如此，这些网络的关系特征直接控制了人们对彼此的社会影响，也就是说，社交世界的规则决定了人们的健身水平是上升还是下降。接下来，我重点介绍了几种有关人为创建的线上关系如何影响线下行为变化的主流观点。其中一些观点得到了证实，另一些则没有。之后，我们将邀请读者就如何利用健康好友网络设计中的关系情境改变集体行为变化的传播过程提出自己的观点。

设计社交世界，促使行为改变

“宾大塑形”（PennShape）计划是我与宾夕法尼亚大学研究生协会合作的健身计划，为期 11 周。在安嫩伯格基金会（Annenberg Foundation）和美国国家卫生研究院的资助下，我们为近 800 名研究生提供了 90 多节每周一次的课程。我们还为被试建立了线上社群，兼做该计划的主网站。该网站是被试报名参加健身课程的唯一途径。在这 11 周中，参加健身课程最多的被试将获得奖励。健身教练为我们提供了所有被试完整的出勤记录和课程项目数据，这些课程包括瑜伽、普拉提、力量训练、有氧训练、柔韧度训练和阻力训练。

我们主要通过两种方式设计线上环境，为被试创建有利的社会资本。两种方式分别利用支持关系和竞争关系实现。在第一种环境中，匿名联系人的价值体现在支持性互动关系、社交鼓励、运动建议和线下见面的机会中。该环境用激励措施鼓励健康好友彼此互动、帮助彼此提高参与度。相比之下，在竞争环境中，被试没有任何沟通工具或支持性激励措施，他们通过健康好友网络进行社会比较，相互竞争。

我们为该计划建立了 4 个不同的线上社群。每个社群都是独立的社交世界。因此，每个社群为被试提供的社会环境都不同，每个社群的实验条件也都独一无二。这 4 个社群的条件分别为：**控制条件、社会比较条件、社会支持条件和分组比较条件。**

如图 8-1 所示，“控制条件”下的社群最为基础，根本称不上是一个真正的社群。该社群为被试提供了通过门户网站访问健身计划的基本权限。图 8-1 中，课程报名工具显示在网页的下半部分，网页左上角显示了核心个体的档案信息。她在计划中累积的进度以柱状图的形式显示在网页中央。该条件下不存在社会网络，因而没有来自线上健康好友的社会强化，被试可通过基础数据评估自身对健身课程的参与度。

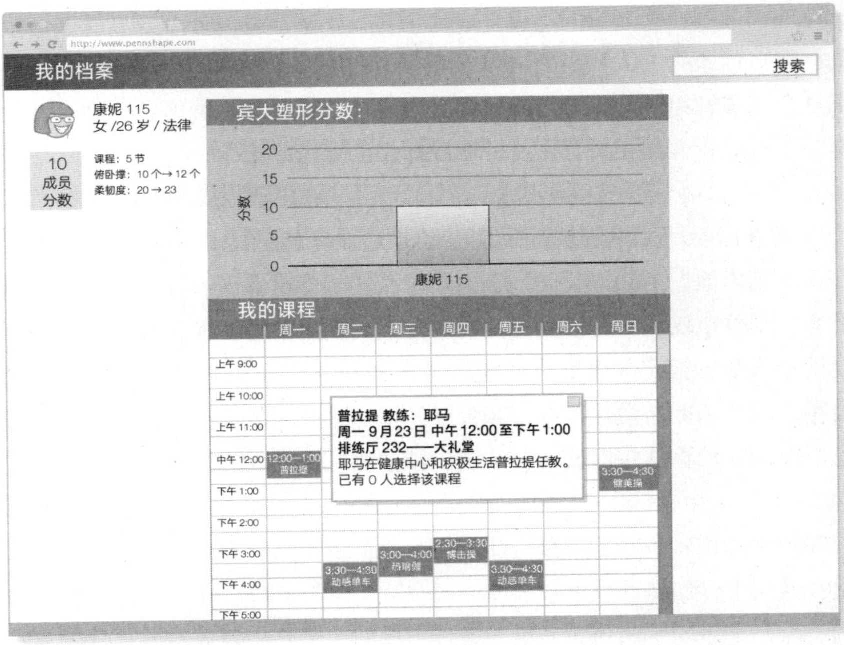

图 8-1　控制条件

从科学上讲，“控制条件”为本实验建立了“零假设”，十分有用。这项研究的零假设为：被试将受到该计划奖金的激励，从而提高参与度。计划中，参加课程最多的被试将获得奖金。这项研究的基本预期为：被试不会受到来自匿名健康好友的社会激励的影响。因此，根据零假设，不同实验条件下被试的健身水平应该相同。所有社交世界中的整体参与度都应该与“控制条件”中的一致。我们可将此假设称为“经济学家预测”，因为该假设认为人们只会受到经济奖励的激励，不会受到社会激励的影响。[6]

第二种实验条件为竞争社会环境，名为“社会比较条件”，详见图 8-2。该条件下，被试可访问与“控制条件”中相似的网站来报名课程。

此外，屏幕左侧显示的不仅是核心个体的档案信息，还有 5 名匿名健康好友的档案。健康好友关系是通过前几章提到的网络原则设计的，即社会强化原则和社会相关性原则。换言之，这些健康好友来自群聚型网络，他们的好友关系是基于他们相似的相关健康特征匹配而来的。[7]

在竞争社会环境中，被试不能互动沟通。他们的用户名和头像是不可见的，也就是说他们不知道彼此是否参加了相同的健身课程。这些健康好友带来的社会资本价值仅在于为彼此提供社会比较的竞争标准。换言之，健康好友为彼此的个人目标设定和进度评估提供了参考。该实验条件下的指导性假设为：来自相关同伴的匿名强化可以提高被试的抱负水平，从而提高他们对健身课程的参与度。我们称这一假设为“社会比较预测”。

在控制和比较条件下，参与计划的奖励是依据个人表现发放的。奖励将发放给在计划中参加课程最多的被试。而在社会支持和分组比较条件下，参与计划的奖励是基于团队表现而非个人表现发放的。奖励将发放给成员总体参与度最高的团队。

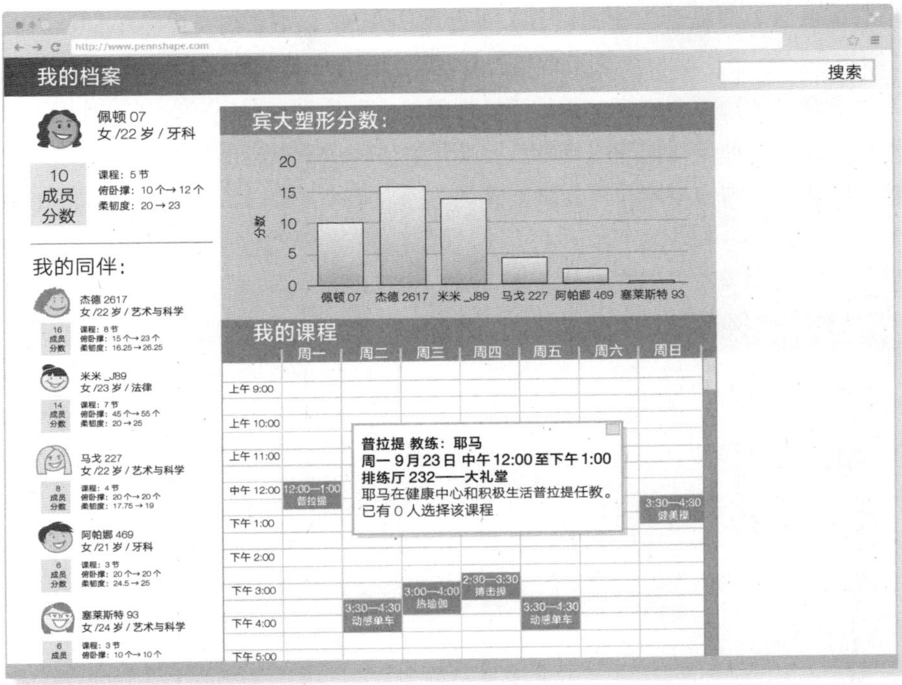

图 8-2　社会比较条件

团队激励措施对个人表现究竟有利还是有弊？我们有必要思考一下，分别基于个人激励措施和集体激励措施建立的环境中的关系差异对社会强化的过程会有何影响。例如，根据团队表现发放的奖励可能引发搭便车效应，即部分成员包揽了团队的所有工作，其他人则坐享其成。搭便车者不用付出任何个人努力，就能获得成功团队的全部奖励。基于该逻辑可以预测：团队激励措施将严重损害团队的表现。实际上，由上文提到的“经济学家预测”可对团队激励措施延伸出一个意想不到的结论，即团队激励措施将使每个成员都成为搭便车者，个人和团队的表现都将受到严重损害。但还有一种与之相反的预测。相对于“经济学家预测”，该预测认为团队激励措施的价值在于为被试提供了与彼此互动、支持彼此提高计划参与度的理由。因此，共享激励措施可以巩固社会强化的过程，是这些团队的一大优势。

究竟哪种预测会成真？我们不妨看看第 3 种实验条件下的结果。如图 8-3 所示，在第 3 种条件创建的支持性社会环境中，被试被分配到团队之中，基于整个团队的计划参与度获得集体奖励。

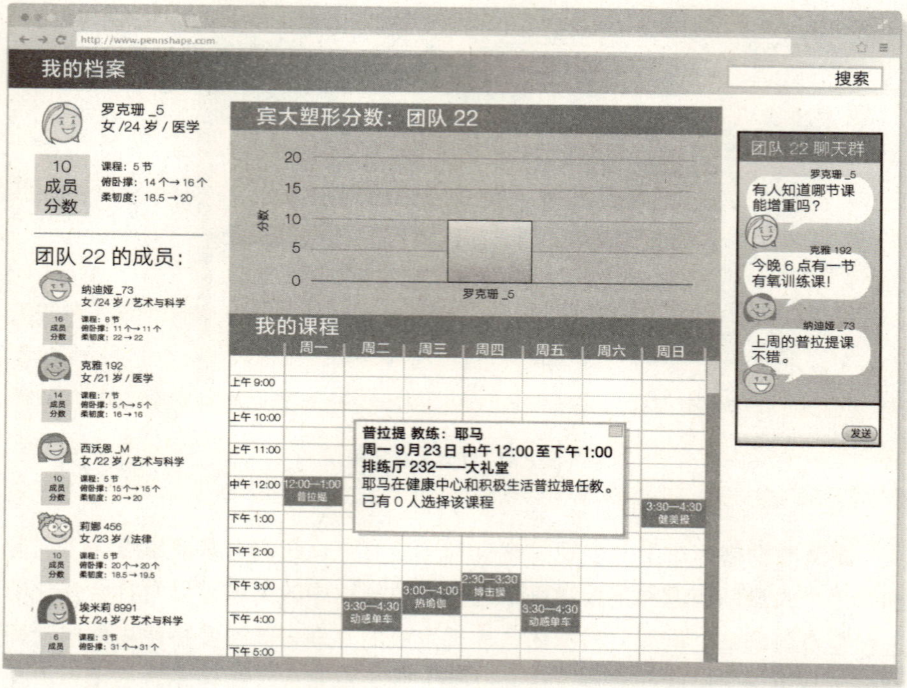

图 8-3 社会支持条件

与在前两种条件下一样，“社会支持条件”的被试也能通过网络门户报名课程。与在“社会比较条件”下一样，屏幕左侧显示了作为队友分配给核心个体的 5 个计划成员。和此前一样，这些健康好友来自群聚型网络，彼此拥有共同的相关健康特征。就以上方面来讲，“社会比较条件”和“社会支持条件”完全一样，但这两种条件还有两大区别。

第一，“社会比较条件”的被试会因在计划中取得进步而获得个人奖励，而“社会支持条件”的被试则因团队的表现获得奖励。因此，在支持性环境中，健康好友不仅带来了建议和鼓励，还成为实现集体目标的伙伴。

第二，“社会比较条件”下的健康好友不能相互沟通。相比之下，“社会支持条件”下被试可以用网站界面中的线上聊天工具直接互动。如图 8-3 所示，被试可以利用屏幕右侧显示的聊天窗口与团队中的其他成员交流，且沟通内容不受限制。被试可以分享锻炼建议、相互激励报名健身课程、公开自己的身份、安排线下会面、商量一同参加健身课程。

虽然在两种环境下，被试所在网络的结构一致，即具有相同的拓扑和同质性水平，但两种环境在关系上是不同的。“社会支持条件”下被试有更多理由对健康好友投入精力，他们的沟通渠道更多。他们还有共同的目标以提高其相互依赖程度。该实验条件下的指导性假设为：集体激励措施和丰富的沟通手段将刺激被试与健康好友形成更强烈的情感依恋。该条件将增强社会影响、为加强运动提高标准、为保持高参与度而增加更具吸引力的社会激励措施。我们可将这一预期称为“社会支持预测”。

由于在“社会支持条件”下发放的是集体奖励，在“社会比较条件”下则为个人奖励，因此为保证实验设计的对称性，我们又加入了最后一种实验条件。设计该条件的目的是观察将基于社会比较建立的关系情境与集体奖励结合，会出现什么结果。如图 8-4 所示，“分组比较条件”将被试分入了共享奖励的团队，并为他们提供了有关其他团队表现的信息。

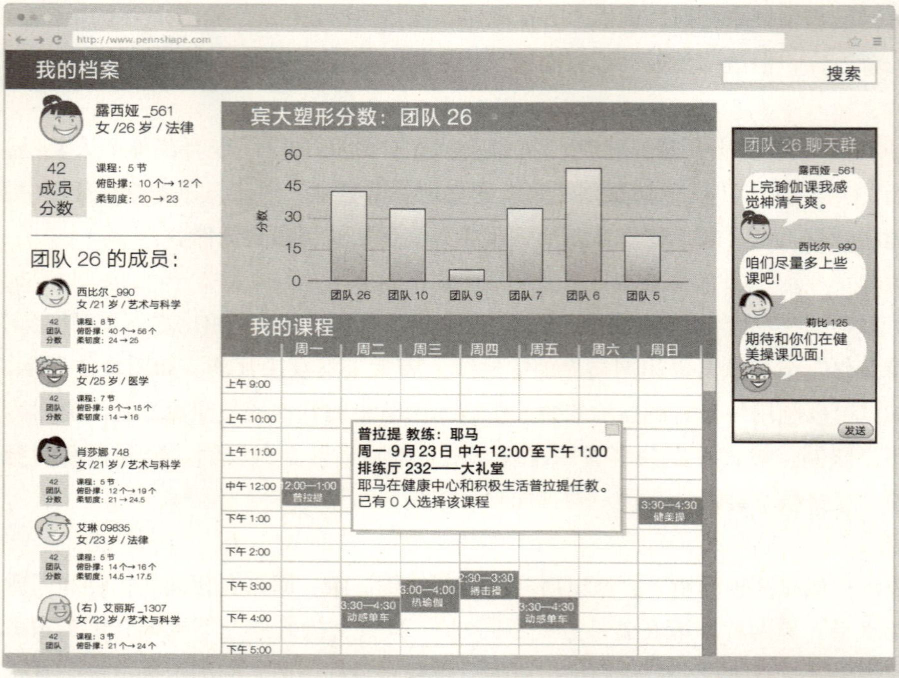

图 8-4　分组比较条件

“分组比较条件”与“社会支持条件”十分相似。屏幕左侧都显示了核心个体和 5 个队友的信息。与之前一样，所有队友都来自群聚型网络，拥有共同的相关健康特征。屏幕右侧显示了不受限的聊天窗口，供团队成员彼此互动。屏幕下方显示的是报名健身课程用的日历工具。

“社会支持条件”与“分组比较条件”之间唯一的区别在于后者还会显示另外 5 个团队的分数。换句话说，“分组比较条件”将组外竞争引入了社会支持框架。该条件下的假设为：与其他团队的竞争将在团队之间引发社会比较效应。与“社会比较预测”相似，对该条件的预测为：竞争将提高对团队成员表现的期望值，提高被试的整体健身水平。“分组比较预测”与“社会比较预测”的差别仅在于前者强调了关系的重要性，认为来自组外竞争的刺激将提升组内的表现水平。

总体而言，每个实验条件下各有 186 名被试，合计 744 名被试。每个条件下被试的留存率都在 95% 以上，并在人员流失方面没有明显区别。那么，每种预测都得到证实了吗？

适度引入竞争机制，而非一味支持

健康好友网络对健身活动带来了相当大的影响。如图 8-5 所示，3 种条件下被试的出勤率都明显不同于“控制条件”下被试的出勤率。也就是说，我们可以否定“经济学家预测”，该预测认为被试会无视来自匿名健康好友的社会影响，仅对计划的激励措施有所回应。

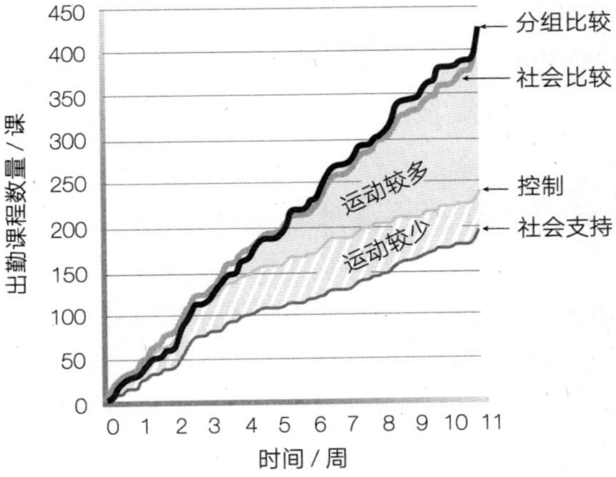

图 8-5　11 周中累积的健身活动

对“经济学家预测”更为不利的是，分别使用个人激励措施和集体激励措施的“社会比较条件”和“分组比较条件”的表现显著优于“控制条件”。与“经济学家预测”相反，集体激励措施没有引发搭便车效应，也没有降低个人对计划的参与度。实际上，“分组比较条件”的被试参加的课程数量比计划中的其他任何被试都多，效果比任何使用个人激励措施的都好。

“社会支持条件”的结果最为出人意料。整个计划中，社会支持产生的健身水平最低。该条件下的被试去健身房的次数比“控制条件”下的被试要少得多。如果没有健康好友，他们会表现得更好。

竞争条件产生的结果最好。**在社会环境中加入的竞争影响，将社会支持带来的负面影响转变为来自分组比较强烈的正面影响。**从社会规划人员的角度来看，这些实验结果颇具启发性，我们从中可以得出，网络关系的关系情境确实可以影响组织行为的集体传播过程，但关键在于为何如此。从第7章的结果可知，健康好友之所以有影响力，是因为他们是社会强化的相关来源。我们尚不清楚的是为何竞争性强化如此有利，而支持性强化如此有害。一旦我们解开这个谜题，或许就能了解，一般情况下我们如何设计社会环境就能引发理想的行为变化。

社会设计不在多，在精

支持性环境和竞争性环境的一大区别在于，它们建立社会相关性的方法不同。在竞争性社会环境中，被试往往以联系人为参考树立自己的目标。社会资本的形式为社会比较。如果团队中最积极的成员成为每个人网络中最突出的个体，那他就会引发正面强化，提高健身水平。[8] 相比之下，在支持性线上环境中，线上联系人的价值往往来自同伴的支持和鼓励。此类环境的优势在于，人们可以动员参与度较低的同伴跟上团队的进度，因而不会有人掉队。但这种建立相关性的方法有一个缺点，那就是会使计划中参与度较低的个体成为联系人关注的核心个体。换言之，支持性环境带来的社会预期会使成员把注意力都放在联系人身上。如果表现不佳者引发社会惯性，那就会适得其反，降低整个团队的健身水平。如果其中几人停止健身，那其他人也会随之停止。[9]

我们在第 5 章讲过类似的社会惯性效应。第 5 章对播种公共卫生干预措施的模拟结果显示，未采用者带来的负面影响可能损害种子个体传播新事物的能力。“社会支持条件”的情况与之相似。在计划中参与度较低的个体起到的负面作用，抵消了参与度较高的同伴带来的正面信号。结果，支持性环境中被试的每日运动率比“控制条件”下的被试低了 17%，而在社会比较环境中，每日运动率增加了 90%。

社会比较和社会支持带来的不同影响或许有助于我们重新审视近期有关干预措施的研究。研究认为，支持性社交媒体环境有利于推进健康饮食、戒烟、体育活动的传播。[10] 部分情况下，这一结论当然是正确的。但细看就会发现，许多干预措施研究都在线上环境中加入了一定程度的社会比较。例如，对戒烟措施的研究不仅为被试提供了聊天工具和社会参与的激励措施，还向他们展示了其他人戒烟的天数；对饮食干预措施的研究展示了同伴热量摄入的变化；对健身干预措施的研究展示了同伴出勤的健身课程数量或达成的健身目标。换句话说，虽然表面上看干预措施的成功源自提供社会支持的线上工具，但真正具有影响力的可能是隐含于社会环境设计中的社会比较特征。

“宾大塑形”研究中“分组比较条件”下健身水平的显著提升便是一个例子。如果该研究中没有其他实验条件，那这一结果该如何理解呢？如果仅比较“分组比较条件”和“控制条件”的实验结果，我们凭直觉得出的结论就是：“分组比较条件”之所以成功，是因为成员所在的团队让他们能主动获得彼此的社会支持。但当我们将这些结果与其他实验条件相比较时，就会发现这种解释是行不通的。“社会比较条件”与“分组比较条件”的实验结果几乎相同，但前者没有任何社会支持工具。不仅如此，“社会支持条件”与“分组比较条件”采用的团队结构和支持性线上工具完全一致，结果却是所有条件中表现最差的。

社会支持是对人们为何能在线上相互影响的直观解释。实际上，如果你问“分组比较条件”的被试，他们甚至可能会告诉你社会支持才是他们成功的原因。然而，如果我们能更仔细地梳理行为变化的过程，就会发现这种凭直觉而来的想法显然不像我们希望的那样奏效。

我想说的不是社会竞争永远有利，而社会支持一定有害。[11] 许多社会环境中都有基于社会支持建立的关系情境，这样也可能创建出正确的社会相关性。而社会设计带来的教训是，有关如何在线上环境中设计关系的看似直观的结论，可能影响人们对线上联系人的社会预期，从而影响这些关系对他们的影响力。

关于社会设计，我们有必要了解的是：**社会设计不在多，而在精。在“社会比较条件”下，被试得到的社交信息极少，他们仅仅了解别人在做什么，结果该条件下的参与度却突飞猛增。**相比之下，“社会支持条件”下，被试可以用实时更新的聊天工具保持社交联通性。但讽刺的是，该条件下的参与度比“控制条件”下的还低。社交技术不仅没有起效，还适得其反。在社会设计上，为人们提供正确的社会资本远比为他们提供丰富的社交技术来得重要。

由于“社会支持条件”为被试提供的社交技术正是人们要求得到的，所以从该研究得来的教训显得尤为重要。在设计“宾大塑形”研究前，我们曾询问此前参与过健身研究的被试是否感觉他们的线上体验还有所欠缺。为了让他们更专注于锻炼，我们还能补充什么？目前为止，最常见的回答是他们希望能和健康好友互动，希望有更多能提供社会支持的线上工具。但我们完全按照人们的要求在“社会支持条件”中加入这些工具后，结果却依然不尽如人意。

该研究表明，把人们自己口中的偏好作为社会设计的标准是十分危险的，今后我们不能重蹈覆辙。如果询问被试行得通，那当然令人欣喜，但要说目前为止我们学到了什么，那就是改变人们行为的有效方法通常与人们的直觉感受无关。可以说，该研究为我们敲响了一记警钟，那就是直觉感受可能会将我们引入歧途。不过，该研究也为我们带来了一条更重要的好消息，那就是我们可以轻而易举地解决这一问题。我们只要稍稍改变一下关系情境，就能对组织行为在网络中的传播过程带来极大影响。具体来说，在以上研究中“分组比较条件”与“社会支持条件”显示的结果截然不同，而二者之间唯一的区别在于是否在社会环境中引入了竞争机制。这看似一处微小的改变，但对人们使用社会关系的方式带来了极大影响，由此改变了行为变化的过程，被试的参与度由主动下降变为显著提升。

社会传播过程的这种改变究竟能否出现在线上环境中，取决于如何在被试之间创建社会相关性。由前几章可看出本书提供的知识点是不断累积的，而成功的传播有赖于万事俱备。如果没有群聚型网络提供社会强化，具有挑战性的行为就不太可能得到传播。不仅如此，如果没有网络联系人之间的社会相关性，人们就不太可能被同伴影响。基于以上发现，此处的研究结果表明，如果我们构建社会网络是为了创建有影响力的关系，那网络关系的关系情境就能决定这些社会影响是利于传播我们理想中的行为变化，还是会抑制这种变化的出现。

从能源消费到选举行为，许多领域的行为变化都会受以上因素的影响。例如，部分能源公司已经开始给消费者推送通知，告诉他们邻近的联系人有何种消费行为。这些社会通知的目的在于利用这一章描述的传播过程，让人们在能源使用方面更具责任心。但此类方法最终是成功还是适得其反，可能取决于其激活社会强化过程的方式。若成功，那社会影响就会带来有关能源使用责任的理想规范，但如果社会相关性没能以正确的方式建立，那社会影响则可能导致不良后果，让人们满足于现状、疲于改变。我们应该记住：如果关系情境是为了创建正确的社会相关性而设计出来的，例如在上述研究中就是通过社会比较而来的，那么这些情境就会为人们提供新型社会资本，成功激活我们希望出现的行为变化的网络传播过程。

HOW BEHAVIOR SPREADS

结　语

行为越创新，
流行就越具挑战性、越困难

前文显示，社会传播可以在不同环境中开始并推广，一旦传播过程切实成形，就能建立稳定的行为规范。最重要的是，在研究过程中，我们几乎没有对个体和社会环境进行假设。我们无须假设个体有多么理智，因为即便这些个体不知道社会强化为何重要，社会强化也会促进行为的传播；个体也不需给出理由或承诺，因为他们的行动不证自明。同样，我们不需假设不同个体在一起会萌生复杂的情感历程，不需假设他们之间是否存在信赖关系，因为来自社会强化的规范信号和信息信号足以支持他们改变行为。个体无须成为早期采用者就会被卷入社会变革的过程，因为社会强化甚至能让起初抵抗改变的个体加入变化过程。此外，社会变革的发生不一定要得到现有机构的支持，也不一定需要同伴的认可。个体在采用新行为时，不需要被监管或强迫。**社会传播对个体的最低要求就是，他们所在的社会网络能为他们提供社会强化的相关来源。**

复杂传播学仍有很长的路要走，我们尚不能理解群体的社会影响模式是如何控制其集体行为那变幻莫测的活动的，更不要说如何设计机构以促进理想的集体变化出现了。通过摆脱经典的病毒式传播理论，我启用揭示社会生活中复杂传播过程的新理论和新方法，让我们对这些社会过程有了更为深刻的理解。

由前文我们可以得出：传统的强连接和弱连接网络分类将“关系”及“结构”层面的多个概念绑定在一起，它们极易在网络传播研究中被混为一谈。强连接一般在结构上是群聚的，而在关系上代表两节点距离接近、趋于同质、感情亲昵、接触频繁。相比之下，弱连接在结构上为长连接，但在关系上代表两节点距离较远、趋于异质、感情疏远、接触较少。我们很难通过这些属性破解影响传播的关键特征。因此，我们很难看出，为了促进行为的传播，强弱连接的理论如何应用于特定的情境。

我在第一部分讲解了有关网络传播的新的理论发现，并通过实验验证了这些发现。实验结果显示，网络群聚可以提高传播的速度和成功程度，不仅如此，来自多个联系人的强化信号能提高人们采用新行为后维持这一行为的可能性。

第二部分检验了这些发现的实践意义。对于遭到抵抗的新事物，我们发现将早期采用者群聚在一起可以促进这些事物的传播，换言之，通过限制早期采用者在群体中的暴露程度，可以扩大他们的影响范围。我们将这一发现应用于组织环境后，发现宽桥比信息经纪人更有利于提高传播效率。此外，我们还发现组织身份可用于塑造社会网络，以改善复杂的知识及新行为的传播过程。纵观前两部分，我们可以得出的结论是：**我们可以利用提供社会强化的宽桥来促进复杂社会“传染病”的传播。**

第三部分探讨了如何将社会网络的关系特征与网络结构相结合，改善线上措施应用的效果。结果显示，共情作用是社会网络在线上环境中控制传播的重要组成部分。共情作用的出现不取决于人们交往的时间长短、产生的情感强弱或是否拥有同样堪忧的未来。实际上，**由正确特征得来的同质性能让共情作用在陌生人之间出现，为他们带来不可多得的社会资本形式。在相关性上，某人与改变他的人越相似，他就越容易理解改变者的兴趣和动机有多适用于自己，也越可能采用改变者的行为。**第三部分的结果还展示了嵌入网络关系的关系情境能如何塑造社会资本的使用方式，从而影响可能传播的集体行为的类型。

现在，我们应该能得出这样一个结论：**社会惯性会阻碍传播过程。**我提供了几种不同的策略来解决这一问题。在第 2 章，有关度异质性的理论结果表明，社会网络的中心会在无意中阻碍新事物的传播。这是因为中心的联系人太多，而来自未采用者的负面信号会阻碍高度联通的个体采用新行为。第 4 章展示了相关实例，即 Twitter 上政治话题标签和《第二人生》游戏中规范性手势的传播。在这两个例子中，周边有同伴聚集的网络比中心个体提供的传播渠道更为高效。在第 5 章，对利用病毒式传播的策略播种公共卫生干预措施的分析中，社会惯性的问题再次出现。由于未接受治疗的联系人带来的负面影响迫使种子放弃了治疗行为，所以随机播种策略失败了。我们发现群聚型播种策略更为有效，因为它利用社会惯性让邻里活动更支持新事物，而非反对新事物。最后，在第 8 章，惯性问题再次出现，阻碍了被试健身水平的提升。结语显示，基于社会支持建立的关系会降低健身水平，因为被试更关注参与度较低的个体带来的负面影响。但这些实验结果也为我们提供了解决方法，那就是利用基于社会比较建立的关系转移被试的注意力，让他们更关注采用了理想行为的同伴带来的社会信号，而不再关注负面影响。

我们还有许多令人激动的新领域可供探讨。由于我们对社会“传染病”复杂的传播过程理解得越发深刻，因此或许能找到新的方法解决由来已久的传播问题。我认为，强化和相关性都是此类新方法的关键因素，而亟待完善的研究还有许多。我们尚不了解强化和相关性在不同社会情境中出现的不同方式。在某些行为情境中，例如联谊会环境下，为让成员都遵循固定的行为，我们有必要建立社会相关性，为此就要使相互强化的联系人保持高度同质性。但在其他环境中，例如政治动员活动中，采用者的多样性反而可以通过展示政治运动的广泛合法性，提高强化信号的相关性。未来，有关情绪感染力及合理性等不同的复杂性机制如何影响社会相关性的形成的研究将极富成效。

我在这本书里提供的实验方法不仅能带来更多有关社会复杂性变化过程的实证见解，还能加深我们对造成集体活动中意外变化的社会力量多样性的理论理解。

最后，我们来回顾一下一开始讨论的科学直觉主题。第 1 章讲到，几十年来始终有一个强大的直觉观点支持着对弱连接理论和小世界网络的研究，那就是长连接可以在几乎任何环境下加快传播速度。这一凭直觉而来的观点令人信服且普遍存在，而我则致力于展示限制其应用的一般原则。

有关复杂传播的发现还可应用于许多相关领域。我们在科学研究和措施应用的各个领域中，都能发现有关简单传播的直觉观点。由第 2 章可知，对中心的关注、利用高地位的意见领袖、提高社会网络的密度等大多数凭直觉解决传播问题的方法，结果都可能适得其反。同样，由第 5 章和第 8 章可知，无论是在调整公共卫生干预措施的播种策略时、利用信息经纪人传播新事物时，还是在运用社交媒体引导行为变化时，当我们想方设法在许多实践环境中促进传播时，都会发现利用凭直觉而来的简单传播的方法来进行复杂传播，结果往往适得其反。

可想而知，我们为传播所做的努力常常以失败告终。病毒式传播的理想没有将情境因素纳入其中。理解社会情境，就是理解人类行为的社交本质通常会让传播过程既易受正面强化影响，又易受负面影响牵制。要认识到这一点，就要转变我们看待社会传播的方式，将我们基于简单传播形成的直觉观点转换为基于复杂传播形成的观点。

有关社会措施的研究表明，我们或许可通过设计社会资本，提高机构传播有益行为的能力。此处我们可与近期有关行为经济学及其在公共措施中的应用的研究相对照。

越来越多的文献表明，频繁的暴力冲突、极端贫困、教育缺失等常人无法控制的力量，会限制个体的决定能力，使其无法像未面临这些结构性问题的个体一样做出相同的决定。多亏有行为科学家的付出，政府逐渐理解了我们可运用行为经济学来缓和影响个体自由的结构性问题的道理。看似简单的干预措施可以改变选择环境的“架构”，从而提高人们做出有益决定的能力。而这些措施都基于这样一种理念，即个体自由可以通过设计智能且合理的选择环境得到提升。

对社会网络和传播的研究中有关社会资本“架构”的发现与之相似。即便人们想做某些决定，但如果没有足够的社会资本，那他们的个人选择能力就会受到限制。此类限制可能影响一个人的方方面面，包括职业选择、对健康体重的认知、是否辍学的决定等。其中每个决定都可能受到社会影响的引导，而社会影响引导着人们对自己和他人的预期。我认为，社会设计就像行为经济学中的选择架构一样，可以用来提高个体的选择能力。让那些不能从自己的网络中获得足够支持的人提高获得更多社会资源的能力，进而为他们提供不可多得的社会资本来源，可以提升他们的个人选择能力和个人自由度。

当下亟待解决的社会问题在于提升人们的能力，让他们能找到令其做出有关健康、可持续性、公民参与的有益决定的资源。如果我们多关注一下人们现有社会网络中社会强化的网络结构，或许就可以更容易地为他们提供支持采用有益行为所需的社会资本。要知道，**行为越创新、越具挑战性、越困难，需要的社会强化程度就越高。而有关复杂传播的发现告诉我们，从社会网络的结构出发提高行为传播的效率不失为一条可行之道。**

HOW BEHAVIOR SPREADS

致 谢

这是一本关于网络的书，所以，可以说如果没有社会学、复杂系统、健康研究、数据科学、网络科学等交叉领域的学者组成的庞大网络，就永远不会有这本书。我想向许多人表示感谢，首先要感谢的是我的博士生导师迈克尔·梅西，在我的研究开始时，他就鼓励我按照自己的想法继续下去，并在我们合作发表最早有关这一研究的论文时给予我宝贵的指导。感谢他多年来为我的探索带来的智力支持和一丝不苟的付出。我还想感谢马克·格兰诺维特和邓肯·瓦茨，10 年来我们不断交流，他们为这项研究的许多部分都提出了意见和建议，付出了大量时间。如果说这本书让传播学取得了一点进步，那也是因为我所做的研究是以传播学领域非常清晰的见解为基础进行的。

在众多慷慨支持过这项研究的机构中，我最想感谢的是宾夕法尼亚大学的安嫩伯格传播学院。该学院不仅为本书的撰写给予了支持，还提供了出色的研究社群，意外地让我感受到了写作的乐趣。我在安嫩伯格的同事让我在写作的过程中始终保持乐观兴奋，特别要提到的是我与凯瑟琳·霍尔·杰米森（Kathleen Hall Jamieson）、乔·卡佩拉（Joe Cappella）、乔·特罗（Joe Turrow）、戴安娜·穆兹（Diana Mutz）、杨国斌（Guobin Yang）、马万·克雷蒂（Marwan Kraidy）、约翰·杰克逊（John Jackson）、约翰·杰莫特（John Jemmott）、文森特·皮卡德（Vincent Pickard）、莎朗娜·珀尔（Sharrona Pearl）、芭比·泽利泽（Barbie Zelizer）有关这项研究的交流实为珍贵。此外，我必须特别提一下我的同事迈克尔·德利·卡尔皮尼（Michael Delli Carpini），他也是这里的院长，他出色的领导力以及在保障员工安康方面惊人的洞察力，让我们所有人都能轻松维持工作的平衡，既完成了我们在教学方面的学术研究，又积极融入了安嫩伯格浓厚的公民参与和公共政策文化。

我也十分感谢为我提供指导的博士学位委员会成员，其中彼得·贝尔曼（Peter Bearman）和道格·海克索恩（Doug Heckathorn）鼓励我将本书的传播理论与卫生政策实践联系到一起，史蒂夫·斯特罗加兹（Steve Strogatz）则鼓励我在研究中使用能使研究的受众广于预期的方法。

我非常感谢哈佛大学和罗伯特·伍德·约翰逊基金会对这项研究的坚定支持。公平地说，如果没有这一卫生政策学者项目和尼古拉斯·克里斯塔克斯早期对我的指导，我所做的大部分研究就不会开始。克里斯塔克斯花了大量时间与我讨论研究观点，并鼓励我找到了实证研究的新方法，是这些方法最终让我走上了今天的研究道路。加里·金、约瑟夫·纽豪斯（Joseph Newhouse）、凯西·斯沃茨（Kathy Swartz）以及国家项目委员会的成员、洛里·梅利查（Lori Melichar）、艾伦·科恩（Alan Cohen）都是这项研究的忠实支持者。我还要特别感谢格雷厄姆·科尔迪茨，是他最先引领我跨入卫生政策实践领域。

我还要感谢麻省理工学院的慷慨支持，它为这项研究提供了额外的奖励资金，并为我在这本书里介绍过的实验研究提供了多年的支持。我在这里的同事雷·里根斯（Ray Reagans）、埃兹拉·祖克曼（Ezra Zuckerman）、约翰·斯特曼（John Sterman）、纳尔逊·雷佩宁（Nelson Repenning）、罗伯托·费尔南德斯（Roberto Fernandez）花了无数时间与我讨论这些研究，并为完善我的观点给出了富有见地的意见。我还必须感谢保罗·迪马吉奥（Paul DiMaggio）和卡伦·库克（Karen Cook），在我的第一个休假学年，他们分别在秋季学期的普林斯顿大学社会组织研究中心和冬春季学期的斯坦福大学社会科学研究所接待了我。卡伦·库克助我挨过了美国东海岸的寒冬，让我得以一边欣赏斯坦福大学校园旁绵延的山峦一边继续这些实验研究。没有詹姆斯·S. 麦克唐奈基金会（James S. McDonnell Foundation）复杂系统资助项目的慷慨支持，这些实验也无法继续。我对麦克唐奈基金会及其资助复杂性科学中非正统基础研究的远见卓识深表钦佩，没有这些资助，我的大部分研究只会永远在我脑内盘桓。

我在斯坦福大学行为科学高级研究中心的学习也为我写就这本书提供了莫大的帮助。收录了该研究中心典籍的图书馆十分欢迎研究人员的到来，其巍峨之势时刻提醒着人们，多年来有许多伟大的著作撰写于此，即便我们还未学有所成，也可心向往之。我在那里与人们有过许多次重要的探讨，其中一部分对我的影响尤为深刻。我还要特别感谢与我交流的同事玛格丽特·列维（Margaret Levi）、罗伯特·吉本斯（Robert Gibbons）、詹南·伊斯梅尔（Jennan Ismael）、理查德·利奥（Richard Leo）、马西莫·塔沃尼（Massimo Tavoni）、迈克尔·施韦（Michael Chwe）、瓦伦蒂娜·博塞蒂（Valentina Bosetti）、玛丽·杜奇克（Mary Dudziak）、戴维·耶格尔（David Yeager），尤其是保罗·斯塔尔（Paul Starr），与他的探讨至今仍然影响着我的理论观点和实证愿景。

此外，我衷心感谢所有花时间阅读和评价本书各个部分的同事。尤其感谢阿尔努·范德里特（Arnout van de Rijt），他既是我的朋友也是同事，他多年来与我有关研究观点的探讨十分富有成效，他还体贴地参与了本书多个部分的撰写，并进行多次修订，另外他还说服我删除了一些应该删除的章节。也非常感谢 H. 佩顿·扬（H. Peyton Young）、乌尔米马拉·萨卡（Urmimala Sarkar）、艾琳·杰罗尼莫（Arline Geronimus）、罗伯特·格罗斯（Robert

Gross）、莎拉·伍德（Sarah Wood）、保罗·迪马吉奥、尼尔·弗利斯坦（Neil Fligstein）、布鲁克·韦斯特（Brooke West）、艾米丽·埃里克森（Emily Erikson）、马里奥·斯莫尔（Mario Small）为原稿的各个部分提出的无数建议，没有他们的学术见解，我提出的这些基本观点就不会得到充分展开，无法公之于世。

此外，我过去的学生德文·布雷克比尔（Devon Brackbill）也对本书提出了一些见解，还为本书提供了出色的编辑建议并进行了修订。才华横溢的艺术家布里塔尼·本内特（Brittany Bennett）则与我一起煞费苦心地设计了本书正文中的每一张图片。苏翁·金（Soojong Kim）参与了第 6 章的实验和图片制作，包括张静文（Jingwen Zhang，音译）、约书亚·贝克尔（Joshua Becker）、娜塔莉·赫伯特（Natalie Herbert）、杨思嘉（Sijia Yang，音译）、道格拉斯·吉尔博（Douglas Guilbeault）在内的网络传播过程组成员参与了第 4 章和第 8 章的内容研究。我还必须对美国国家卫生研究院和美国国家科学基金会表示感谢，二者为我提供的资助的编号分别为 P20CA095856 和 SES-0432917。

对于此类书籍，我再怎么强调好编辑的重要性都不为过。伊丽莎白·诺尔（Elizabeth Knoll）和埃里克·斯沃茨（Eric Swartz）在制作本书的初期阶段做出了重要贡献。但本书是在米根·莱文森（Meagan Levinson）才华横溢的双手中成型的，我将永远感激她对本书的关怀与关注，她无疑让本书的品质更上了一个台阶。我还必须感谢普林斯顿大学出版社杰出的编辑人员，尤其要感谢盖尔·施密特（Gail Schmitt）和黛比·特加登（Debbie Tegarden）对本书无可比拟、不辞辛苦的付出。

最后，我最应该感谢的是我的家人和朋友，既因为他们容忍了我多年来对这些研究主题的痴迷，也因为他们不断探索这些观点如何能应用于现实世界，而非停留在我时常沉迷的抽象世界。在完成我开展的研究的过程中，我于

2010 年 11 月和 2011 年 12 月经历了两次漫长而艰难的住院治疗，且都花了数月时间才得以康复。如果没有那些支撑着我重新振作的人，这本书就永远不会完成。感谢我的家人和朋友对我一直以来的支持和无与伦比的鼓励。

言至此处，我最后的感谢要留给我的妻子苏珊娜（Susana）。若没有她的善良、慷慨和满怀爱意的鼓励，本书的原稿便不可能完成。

注 释

引 言 叫好VS.叫座，“疯传”如何阻碍行为的真正流行

1. Carl Haub, “Did South Korea’s Population Policy Work Too Well?,” Population Reference Bureau, 2010.
2. Icek Ajzen, “The Theory of Planned Behavior,” *Organizational Behavior and Human Decision Processes* 50, no. 2 (1991): 179–211; Icek Ajzen and Martin Fishbein, *Understanding Attitudes and Predicting Social Behaviour* (Englewood Cliffs, NJ: Prentice-Hall, 1980); John T. Cacioppo et al., “Central and Peripheral Routes to Persuasion: An Individual Difference Perspective,” *Journal of Personality and Social Psychology* 51, no. 5 (1986): 1032–1043; A. Bankole, G. Rodríguez, and C. F. Westoff, “Mass Media Messages and Reproductive Behaviour in Nigeria,” *Journal of Biosocial Science* 28, no. 2 (1996): 227–239; Sarah N. Keller and Jane D. Brown, “Media Interventions to Promote Responsible Sexual Behavior,” *Journal of Sex Research* 39, no. 1 (2002): 67–72; Everett M. Rogers and D. Lawrence Kincaid, *Communication Networks: Toward a New Paradigm for Research.* (New York: Free Press, 1981); Robert Hornik, “Channeling Effectiveness in Development Communication Programs,” in *Public Communication Campaigns*, ed. R. Rice and C. Atkins (Newbury Park, CA: Sage, 1989), 309–330; Thomas W. Valente, “Mass-Media-Generated Interpersonal Communication as Sources of Information about Family Planning,” *Journal of Health Communication* 1, no. 3 (1996): 247–266; Thomas W. Valente, *Social Networks and Health: Models, Methods, and Applications*

(Oxford University Press, 2010); Thomas W. Valente et al., "Social Network Associations with Contraceptive Use among Cameroonian Women in Voluntary Associations," *Social Science & Medicine* 45, no. 5 (1997): 677–687.

3. Rogers and Kincaid, *Communication Networks*.
4. Everett M. Rogers, *Diffusion of Innovations*, 5th ed. (New York: Free Press, 2003), 333–335; Rogers and Kincaid, *Communication Networks*; Hans-Peter Kohler, "Learning in Social Networks and Contraceptive Choice," *Demography* 34, no. 3 (1997): 369–383; Barbara Entwisle, John B. Casterline, and Hussein A. A. Sayed, "Villages as Contexts for Contraceptive Behavior in Rural Egypt," *American Sociological Review* 54, no. 6 (1989): 1019–1034; Barbara Entwisle et al., "Community and Contraceptive Choice in Rural Thailand: A Case Study of Nang Rong," *Demography* 33, no. 1 (1996): 1–11; Mark R. Montgomery and John B. Casterline, "The Diffusion of Fertility Control in Taiwan: Evidence from Pooled Cross-Section Time-Series Models," *Population Studies* 47, no. 3 (1993): 457– 479; Thomas W. Valente, Network Models of the Diffusion of Innovations (Cresskill, NJ: Hampton Press, 1995).
5. Malcolm Gladwell, *The Tipping Point: How Little Things Can Make a Big Difference* (Little, Brown, 2000); Malcolm Gladwell, "Q and A with Malcolm," 访问时间 2017 年 1 月 5 日。该研究传统可追溯至 Bryce Ryan 和 Neil Gross 的开创性研究，参见 "The Diffusion of Hybrid Seed Corn in Two Iowa Communities," *Rural Sociology* 8, no. 1 (1943)；以及 Gabriel Tarde，*The Laws of Imitation*，trans. E. C. Parsons（New York: Holt: 1903）。
6. Richard H. Thaler and Cass R. Sunstein, *Nudge: Improving Decisions About Health, Wealth, and Happiness*. (New Haven, CT: Yale University Press, 2008).
7. Mark Granovetter, "The Strength of Weak Ties," *American Journal of Sociology* 78, no. 6 (1973), 1366.
8. Duncan J. Watts and Steven H. Strogatz, "Collective Dynamics of 'Small-World' Networks," *Nature* 393, no. 6684 (1998): 440–442.
9. Robert M. Axelrod, *The Evolution of Cooperation*, rev. ed. (New York: Basic Books, 1984); Cristina Bicchieri, *The Grammar of Society: The Nature and Dynamics of Social Norms* (Cambridge: Cambridge University Press, 2006); H. Peyton Young, "The Evolution of Conventions," *Econometrica* 61, no. 1 (1993): 57–84; Peter M. Blau, Terry C. Blum, and Joseph E. Schwartz, "Heterogeneity and Intermarriage," *American Sociological Review* 47, no. 1 (1982): 45–62; Nicholas A. Christakis and James H. Fowler, "The Spread of Obesity in a Large Social Network over 32

Years," *New England Journal of Medicine* 357, no. 4 (2007): 370–379; Robert M. Bond et al., "A 61-Million-Person Experiment in Social Influence and Political Mobilization," *Nature* 489, no. 7415 (2012): 295–298; Rogers, *Diffusion of Innovations*; Serguei Saavedra, Kathleen Hagerty, and Brian Uzzi, "Synchronicity, Instant Messaging, and Performance among Financial Traders," *Proceedings of the National Academy of Sciences* 108, no. 13 (2011): 5296–5301. 虽然 Albert-Lászlό Barabási 的 *Linked: How Everything Is Connected to Everything Else and What It Means for Business, Science,and Everyday Life*（New York：Perseus Books，2002）以及 Gladwell 的 *Tipping Point* 和 Jonah Berger 的 *Contagious*：*Why Things Catch On*（New York: Simon and Schuster，2013）等常见的传播学图书让格兰诺维特的理论越发广为流传，但其他早期研究已经预见到不同类型的社会"传染病"在各种网络情境下的传播方式可能不同，这些研究包括：Susan Watkins and I. Warriner，"How Do We Know We Need to Control for Selectivity?，" *Demographic Research*，Special Collection 1（2003）: 109–142；Paul DiMaggio et al.，"Digital Inequality：From Unequal Access to Differentiated Use，" in *Social Inequality*，ed. K Neckerman，（New York：Russell Sage Foundation，2004），355–400；D. McFarland，H. Pals，"Motives and Contexts of Identity Change：A Case for Network Effects，" *Social Psychology Quarterly* 68，no. 4（2005）: 289–315。可参见 Paul DiMaggio，Filiz Garip，"Network Effects and Social Inequality，" *Annual Review of Sociology* 38（2012）: 93–118。

第一部分导读

1. Damon Centola and Michael Macy, "Complex Contagions and the Weakness of Long Ties," *American Journal of Sociology* 113, no. 3 (2007): 702–734.
2. Damon Centola, "The Spread of Behavior in an Online Social Network Experiment," *Science* 329, no. 5996 (2010): 1194–1197.

第 1 章 为什么面对新事物，我们往往难以接受

1. Roger V. Gould, "Collective Action and Network Structure," *American Sociological Review* 58, no. 2 (1993): 182–196; Gerald Marwell and Pamela Oliver, *The Critical Mass in Collective Action: A Micro-Social Theory* (Cambridge: Cambridge University Press, 1993); Pamela Oliver, Gerald Marwell, and Ruy Teixeira, "A Theory of the Critical Mass. I. Interdependence, Group Heterogeneity, and the Production

of Collective Action," *American Journal of Sociology* 91, no. 3 (1985): 522–556；Thomas J. Coates, Linda Richter, and Carlos Caceres, "Behavioural Strategies to Reduce HIV Transmission: How to Make Them Work Better," *Lancet* 372, no. 9639 (2008): 669–684; Jeanne M. Marrazzo et al., "Tenofovir-Based Preexposure Prophylaxis for HIV Infection among African Women," *New England Journal of Medicine* 372, no. 6 (2015): 509–518.

2. WHO, "HIV/AIDS," 访问日期是 2017 年 1 月 5 日。Sunetra Gupta, Roy M. Anderson, and Robert M. May, "Networks of Sexual Contacts: Implications for the Pattern of Spread of HIV," *AIDS* 3, no. 12 (1989): 807–818; Coates, Richter, and Caceres, "Behavioural Strategies"。

3. 研究发现，包皮环切术"对预防 HIV 感染有一定作用，相当于高效疫苗起到的作用"。Bertran Auvert et al., "Randomized, Controlled Intervention Trial of Male Circumcision for Reduction of HIV Infection Risk: The ANRS 1265 Trial," *PLOS Medicine* 2, no. 11 (2005): e298; Robert C. Bailey et al., "Male Circumcision for HIV Prevention in Young Men in Kisumu, Kenya: A Randomised Controlled Trial," *Lancet* 369, no. 9562 (2007): 643–656; Ronald H. Gray et al., "Male Circumcision for HIV Prevention in Men in Rakai, Uganda: A Randomised Trial," *Lancet* 369, no. 9562 (2007): 657–666; Helen A. Weiss, Maria A. Quigley, and Richard J. Hayes, "Male Circumcision and Risk of HIV Infection in Sub-Saharan Africa: A Systematic Review and Meta-analysis," *AIDS* 14, no. 15 (2000): 2361–2370. 近期有研究表明，包皮环切术将异性间的传播概率降低了 53% ～ 60%。UNAIDS and WHO, *Joint Strategic Action Framework to Accelerate the Scale-Up of Voluntary Medical Male Circumcision for HIV Prevention in Eastern and Southern Africa (2012–2016)* (Geneva: UNAIDS, 2011).

4. 例如，在马拉维，"通布卡（Tumbuka）族主要由基督教徒组成，传统上不行割礼，（认为）行包皮环切术是穆斯林和尧人的传统……称其为'不良文化习俗'"。Justin O. Parkhurst, David Chilongozi, and Eleanor Hutchinson, "Doubt, Defiance, and Identity: Understanding Resistance to Male Circumcision for HIV Prevention in Malawi," *Social Science & Medicine* 135 (2015): 15–22；Aaron A. R. Tobian, Seema Kacker, and Thomas C. Quinn, "Male Circumcision: A Globally Relevant but Under-Utilized Method for the Prevention of HIV and Other Sexually Transmitted Infections," *Annual Review of Medicine* 65 (2014): 293–306; National AIDS Control Council, *Kenya Aids Strategic Framework 2014/2015—2018/2019* (Nairobi: Kenya Ministry of Health, 2015); Verah Okeyo, "Lessons from Voluntary Medical Male Circumcision," *Daily Nation*, June 14, 2016.

5. Marrazzo et al., "Tenofovir-Based Preexposure Prophylaxis."

6. Elizabeth T. Montgomery et al., "Misreporting of Product Adherence in the MTN-003/VOICE Trial for HIV Prevention in Africa: Participants' Explanations for Dishonesty," *AIDS and Behavior* 21, no. 2 (2017): 481–491; Ariane van der Straten et al., "Perspectives on Use of Oral and Vaginal Antiretrovirals for HIV Prevention: The VOICE-C Qualitative Study in Johannesburg, South Africa," *Journal of the International AIDS Society* 17, no. 3 (2014): 19146, doi: 10.7448/ IAS.17.3.19146; Marrazzo et al., "Tenofovir-Based Preexposure Prophylaxis." 感谢 Sarah Wood 有关 PrEP 的探讨。
7. 即便是像使用安全套这种相对简单的行为也会遭遇类似的问题。在部分国家，对安全套的使用受到了社会规范的制约，这些地方鼓励年轻男性进行无安全套性行为等追求风险的行为。Catherine MacPhail and Catherine Campbell, "'I Think Condoms Are Good But, Aai, I Hate Those Things': Condom Use among Adolescents and Young People in a Southern African Township," *Social Science and Medicine* 52, no. 11 (2001): 1613–1627; Seth M. Noar and Patricia J. Morokoff, "The Relationship between Masculinity Ideology, Condom Attitudes, and Condom Use: Stage of Change; A Structural Equation Modeling Approach," *International Journal of Men's Health* 1, no. 1 (2002): 43–58; Jason Chan and Anindya Ghose, "Internet's Dirty Secret: Assessing the Impact of Online Intermediaries on HIV Transmission," *MIS Quarterly* 38, no. 4 (2013): 955–976. 在其他社群中，抵抗已经发展到了积极反对的地步。在美国患病率最高的几个群体中，有关安全套使用的公共卫生信息的大面积传播出人意料地催生了一种新的亚文化。在该文化中，明确选择无安全套性行为的人可在社群中建立亲密的伴侣关系，获得社会认同。Tim Dean, *Unlimited Intimacy: Reflections on the Subculture of Barebacking* (Chicago: University of Chicago Press, 2009).
8. Claude Compagnone and Peter Hamilton, "Burgundy Winemakers and Respect of the Environment," *Revue Francaise de Sociologie* 55, no. 2 (2014): 319– 358; Sigmund Freud, *Beyond the Pleasure Principle*, trans. C.J.M. Hubback (London: International Psycho-Analytical, 1922); Rogers, *Diffusion of Innovations*.
9. Berger, *Contagious*; Cristina Bicchieri, *Norms in the Wild: How to Diagnose, Measure and Change Social Norms* (Oxford: Oxford University Press, 2016).
10. Michael Dietler and Ingrid Herbich, "Habitus, Techniques, Style: An Integrated Approach to the Social Understanding of Material Culture and Boundaries," in *The Archaeology of Social Boundaries*, ed. Miriam T. Stark (Washington, DC: Smithsonian Institution Press, 1998), 232–263.
11. Freud, *Beyond the Pleasure Principle*; Bicchieri, Norms in the Wild; Dietler and Herbich, "Habitus, Techniques, Style."

12. Daniel DellaPosta, Victor Nee, and Sonja Opper, "Endogenous Dynamics of Institutional Change," *Rationality and Society* (2016): 1–44; Philip Ross, "Marin County and California's Measles Outbreak: A Look into the Epicenter of The Anti-vaccination Trend," *International Business Times*, February 6, 2015.
13. Carl Knappett and Sander Van Der Leeuw, "A Developmental Approach to Ancient Innovation: The Potter's Wheel in the Bronze Age East Mediterranean," *Pragmatics & Cognition* 22, no. 1 (2014): 64–92; Aharon Levy et al., "Ingroups, Outgroups, and the Gateway Groups Between: The Potential of Dual Identities to Improve Intergroup Relations," *Journal of Experimental Social Psychology* 70 (2016): 260–271.
14. 这幅有关悠久而传奇的社会网络研究领域的简要图解，仅为初次接触社会网络的读者了解概念上的大方向所用，不适用于其他任何场合。对社会网络研究史、当代社会网络研究规模等总结性内容感兴趣的读者，应查阅以下在该领域出类拔萃且易于理解的概述性著作。David Easley and Jon Kleinberg, *Networks, Crowds, and Markets: Reasoning about a Highly Connected World* (New York: Cambridge University Press, 2010); Peter J. Carrington, John Scott, and Stanley Wasserman, eds., *Models and Methods in Social Network Analysis* (New York: Cambridge University Press, 2005), Matthew O. Jackson, *Social and Economic Networks* (Princeton, NJ: Princeton University Press, 2008); Mark Newman, Albert-László Barabási, and Duncan J. Watts, *The Structure and Dynamics of Networks* (Princeton, NJ: Princeton University Press, 2008).
15. Peter V. Marsden, "Network Data and Measurement," *Annual Review of Sociology* (1990): 435–463; Jacob Levy Moreno, *Sociometry, Experimental Method and the Science of Society* (New York: Beacon House, 1951).
16. Scott L. Feld, "The Focused Organization of Social Ties," *American Journal of Sociology* 86, no. 5 (1981): 1015–1035; Ronald L. Breiger, "The Duality of Persons and Groups," *Social Forces* 53, no. 2 (1974): 181–190; Granovetter, "Strength of Weak Ties" ; Peter V. Marsden, "Homogeneity in Confiding Relations," *Social Networks* 10, no. 1 (1988): 57–76; Peter V. Marsden, *Social Trends in American Life: Findings from the General Social Survey since 1972* (Princeton, NJ: Princeton University Press, 2012); Christakis and Fowler, "Spread of Obesity" ; Nicholas A. Christakis and James H. Fowler, "The Collective Dynamics of Smoking in a Large Social Network," *New England Journal of Medicine* 358, no. 21 (2008): 2249–2258; Cosma Rohilla Shalizi and Andrew C. Thomas, "Homophily and Contagion Are Generically Confounded in Observational Social Network Studies," *Sociological Methods & Research* 40, no. 2 (2011): 211–239.

17. Granovetter, "Strength of Weak Ties" ; Georg Simmel, *The Sociology of Georg Simmel*, trans. Kurt H. Wolff (New York: Free Press, 1950).

18. Mark Granovetter, "The Strength of Weak Ties: A Network Theory Revisited," *Sociological Theory* 1, no. 1 (1983): 201–233; Scott L. Feld and William C. Carter, "When Desegregation Reduces Interracial Contact: A Class Size Paradox for Weak Ties," *American Journal of Sociology* 103, no. 5 (1998): 1165–1186; John A. Schneider et al., "Network Mixing and Network Influences Most Linked to HIV Infection and Risk Behavior in the HIV Epidemic among Black Men Who Have Sex with Men," *American Journal of Public Health* 103, no. 1 (2012): e28–e36.

19. Watts and Strogatz, "Collective Dynamics" ; Albert-László Barabási and Réka Albert, "Emergence of Scaling in Random Networks," *Science* 286, no. 5439 (1999): 509–512.

20. Simmel, *Sociology of Georg Simmel*; Georg Simmel, *Conflict and the Web of Group Affiliations* (New York: Free Press, 1955); Emile Durkheim, *Suicide: A Study in Sociology*, trans. J. A. Spaulding and G. Simpson (New York: Free Press, 1951) .

21. Dawn K. Smith et al., "Condom Effectiveness for HIV Prevention by Consistency of Use among Men Who Have Sex with Men in the United States," *JAIDS Journal of Acquired Immune Deficiency Syndromes* 68, no. 3 (2015): 337–344.

22. Granovetter, "Strength of Weak Ties" ; Rogers, *Diffusion of Innovations*, 340.

23. Granovetter, "Strength of Weak Ties" ; Gueorgi Kossinets and Duncan J. Watts, "Empirical Analysis of an Evolving Social Network," *Science* 311, no. 5757 (2006): 88–90.

24. Centola and Macy, "Complex Contagions" ; Robert D. Putnam, *Bowling Alone: The Collapse and Revival of American Community* (Simon and Schuster, 2001); Joel M. Podolny, "Networks as the Pipes and Prisms of the Market," *American Journal of Sociology* 107, no. 1 (2001): 33–60.

25. 虽然该模型有几种可能的实践方式，但此处以原始模型进行说明，其他实践方式参见以下文献。Watts and Strogatz, "Collective Dynamics" ; Duncan J. Watts, *Small Worlds: The Dynamics of Networks between Order and Randomness* (Princeton, NJ: Princeton University Press, 1999); Mark E. J. Newman and Duncan J. Watts, "Scaling and Percolation in the Small-World Network Model," *Physical Review E* 60, no. 6 (1999): 7332; Duncan J. Watts, "Networks, Dynamics, and the Small-World Phenomenon," *American Journal of Sociology* 105, no. 2 (1999): 493–527; Sergei Maslov and Kim Sneppen, "Specificity and Stability in Topology of Protein Networks," Science 296, no. 5569 (2002): 910–913.

26. John Guare, *Six Degrees of Separation: A Play* (New York: Random House: 1990). 数十年来许多对分隔度和“小世界问题”的研究都支持 Guare 在 1990 年的这部戏剧的论述，相关研究见以下文献。Michael Gurevich, *The Social Structure of Acquaintanceship Networks* (Cambridge, MA: MIT Press, 1961); Stanley Milgram, “The Small World Problem,” *Psychology Today* 2 (1967): 60–67; Jeffrey Travers and Stanley Milgram, “An Experimental Study of the Small World Problem,” *Sociometry* 32 (December 4, 1969): 425–443; and Ithiel de Sola Pool and Manfred Kochen, “Contacts and Influence,” *Social Networks* 1, no. 1 (1978–1979): 5–51.

27. Mark E. J. Newman, “Models of the Small World,” *Journal of Statistical Physics* 101, no. 3–4 (2000): 819–841; Watts, “Networks, Dynamics”; Centola and Macy, “Complex Contagions.” 此处在技术上需要注意的一点是，如果长连接是被随机“加入”群体而非“重新分配”的（Newman and Watts, “Scaling and Percolation”），那就会改变拓扑结构，但同时也会增加社会网络的整体密度。重新分配的方法使我们明确在没有密度变化导致的混杂影响的情况下，网络结构的变化会带来何种影响。在第 2 章，我还讨论了同时改变拓扑结构和密度对传播过程带来的影响。

28. Jeffrey Travers and Stanley Milgram, “An Experimental Study of the Small World Problem,” *Sociometry* 32, no. 4 (1969): 425–443; Peter Sheridan Dodds, Roby Muhamad, and Duncan J. Watts, “An Experimental Study of Search in Global Social Networks,” *Science* 301, no. 5634 (2003): 827–829; Duncan J. Watts, *Small Worlds: The Dynamics of Networks between Order and Randomness* (Princeton, NJ: Princeton University Press, 1999); Harrison C. White, “Search Parameters for the Small World Problem,” *Social Forces* 49, no. 2 (1970): 259–264.

29. Granovetter, “Strength of Weak Ties.”

30. Mark Granovetter, *Getting a Job: A Study of Contacts and Careers* (Chicago: University Of Chicago Press, 1974).

31. Blau, Blum, and Schwartz, “Heterogeneity and Intermarriage”; Diana C. Mutz, “The Consequences of Cross-Cutting Networks for Political Participation,” *American Journal of Political Science* 46, no. 4 (2002): 838–855.

32. Granovetter, “Strength of Weak Ties,” 1366.

33. Watts and Strogatz, “Collective Dynamics”; Lisa Sattenspiel and Carl P. Simon, “The Spread and Persistence of Infectious Diseases in Structured Populations,” *Mathematical Biosciences* 90, no. 1–2 (1988): 341–366; Ira M. Longini Jr., “A Mathematical Model for Predicting the Geographic Spread of New Infectious Agents,” *Mathematical Biosciences* 90, no. 1–2 (1988): 367–383; George Hess,

"Disease in Metapopulation Models: Implications for Conservation," *Ecology* 77, no. 5 (1996): 1617–1632; Marwell and Oliver, *Critical Mass*; Oliver, Marwell, and Teixeira, "Theory of Critical Mass" ; Mark Granovetter, "Threshold Models of Collective Behavior," *American Journal of Sociology* 83, no. 6 (1978): 1420–1443.

34. Putnam, *Bowling Alone*, 152–153.
35. Granovetter, "Strength of Weak Ties."
36. Michael Biggs, "Strikes as Forest Fires: Chicago and Paris in the Late Nineteenth Century," *American Journal of Sociology* 110, no. 6 (2005): 1684–1714; Francesca Polletta, " 'It Was Like A Fever...' : Narrative and Identity in Social Protest," *Social Problems* 45, no. 2 (1998): 137–159; David Strang and John W. Meyer, "Institutional Conditions for Diffusion," *Theory and Society* 22, no. 4 (1993): 487–511; Sarah A. Soule, "The Student Divestment Movement in the United States and Tactical Diffusion: The Shantytown Protest," *Social Forces* 75, no. 3 (1997): 855–882; Malcolm Gladwell, "Small Change: Why the Revolution Will Not Be Tweeted," *New Yorker*, October 4, 2010.
37. Roger V. Gould, "Multiple Networks and Mobilization in the Paris Commune, 1871," *American Sociological Review* 56, no. 6 (1991): 716–729.
38. Adolph Fick, "On Liquid Diffusion," *Poggendorffs Annalen* 94, no. 59 (1855), reprinted in *Journal of Membrane Science* 100 (1995): 33–38; Howard C. Berg, *Random Walks in Biology* (Princeton, NJ: Princeton University Press, 1993).
39. Granovetter, "Strength of Weak Ties," 1367.
40. Peter Hedström, "Contagious Collectivities: On the Spatial Diffusion of Swedish Trade Unions, 1890–1940," *American Journal of Sociology* 99, no. 5 (1994): 1176.
41. Doug McAdam and Ronnelle Paulsen, "Specifying the Relationship between Social Ties and Activism," *American Journal of Sociology* 99, no. 3 (1993): 640–667.
42. Rogers, *Diffusion of Innovations*; H. Peyton Young and Gabriel E. Kreindler, "Rapid Innovation Diffusion in Social Networks," *Proceedings of the National Academy of Sciences* 111, suppl. 3 (2014): 10881–10888; H. Peyton Young, "The Dynamics of Social Innovation," *Proceedings of the National Academy of Sciences* 108, no. 4 (2011): 21285–21291; Lisa F. Berkman, Ichiro Kawachi, and M. Maria Glymour, *Social Epidemiology* (Oxford: Oxford University Press, 2014); Ichiro Kawachi and Lisa Berkman. "Social Cohesion, Social Capital, and Health," in *Social Epidemiology*, ed. Lisa Berkman and Ichiro Kawachi, 174– 190 (New York: Oxford University Press, 2000); Ka-Yuet Liu, Marissa King, and Peter S. Bearman, "Social Influence and the Autism Epidemic," *American Journal of Sociology* 115, no. 5 (2010): 1387–1434;

Dingxin Zhao, "Ecologies of Social Movements: Student Mobilization during the 1989 Prodemocracy Movement in Beijing," *American Journal of Sociology* 103, no. 6 (1998): 1493– 1529; Michael Biggs, "Positive Feedback in Collective Mobilization: The American Strike Wave of 1886," *Theory and Society* 32, no. 2 (2003): 217–254; Soule, "Student Divestment Movement" ; William H. Whyte Jr., "The Web of Word of Mouth," *Fortune* 50, no. 5 (1954): 140–143; Rogers and Kincaid, *Communication Networks*; Lisa F. Berkman and Ichiro Kawachi, eds., *Social Epidemiology* (Oxford: Oxford University Press, 2000); Jeffrey D. Morenoff and Robert J. Sampson, "Violent Crime and the Spatial Dynamics of Neighborhood Transition: Chicago, 1970–1990," *Social Forces* 76, no. 1 (1997): 31–64; DellaPosta, Nee, and Opper, "Endogenous Dynamics" ; Knappett and Van Der Leeuw, "Developmental Approach" ; Torsten Hagerstrand, *Innovation Diffusion as a Spatial Process* (Chicago: University of Chicago Press, 1968); Simone Gabbriellini et al., "Complex Contagions in Ethnically Diverse Non-Western Societies: Explaining Diffusion Dynamics among Indian and Kenyan Potters" (paper, DIFFCERAM Workshop, Paris, France, June 16, 2016); Kawachi and Berkman, "Social Cohesion."

第 2 章　信息可以像病毒一样传播，但行为相反

1. McAdam and Paulsen, "Specifying the Relationship," 646.
2. 关于意识到和实际采用之间的区别的讨论，至少可追溯到 Ryan，Gross，"Diffusion of Hybrid Seed Corn"；但人们尚未理解其对网络传播的影响，以及信息传播和行为传播之间的区别。
3. Granovetter, "Threshold Models." 这一观点的早期版本参见 Norman T. J. Bailey, *The Mathematical Theory of Infectious Diseases and Its Application*（London：Griffin, 1975）。下文明确了"已激活联系人的数量"的含义。阈值通常以触发激活所需的已激活联系人的比例表示，而非绝对值。
4. McAdam and Paulsen, "Specifying the Relationship," 646.
5. Chip Heath, Chris Bell, and Emily Sternberg, "Emotional Selection in Memes: The Case of Urban Legends," *Journal of Personality and Social Psychology* 81, no. 6 (2001): 1028; James Samuel Coleman, Elihu Katz, and Herbert Menzel, *Medical Innovation: A Diffusion Study* (New York: Bobbs-Merrill, 1966); Ivar Berg, *Education and Jobs: The Great Training Robbery* (New York: Praeger Publishers, 1970); John MacDonald and Leatrice MacDonald, "Chain Migration, Ethnic Neighborhood

Formation, and Social Networks," in *An Urban World*, ed. C. Tilly (Boston: Little, Brown, 1974), 226–236; Marwell and Oliver, *Critical Mass*; Karl-Dieter Opp and Christiane Gern, "Dissident Groups, Personal Networks, and Spontaneous Cooperation: The East German Revolution of 1989," *American Sociological Review*, 1993, 659–680; McAdam and Paulsen, "Specifying the Relationship" ; Thomas C. Schelling, *Micromotives and Macrobehavior* (New York: Norton, 1978); Granovetter, "Strength of Weak Ties" ; Diana Crane, "Diffusion Models and Fashion: A Reassessment," *Annals of the American Academy of Political and Social Science* 566, no. 1 (1999): 13–24; Margaret P. Grindereng, "Fashion Diffusion," *Journal of Home Economics* 59, no. 3 (1967): 171–174.

6. Gladwell, *Tipping Point*.
7. Bert Klandermans, "The Formation and Mobilization of Consensus," *International Social Movement Research* 1 (1988): 173–196; Gould, "Multiple Networks" ; Marwell and Oliver, *Critical Mass*.
8. Coleman, Katz, and Menzel, *Medical Innovation*; M. Lynne Markus, "Toward a 'Critical Mass' Theory of Interactive Media Universal Access, Interdependence and Diffusion," *Communication Research* 14, no. 5 (1987): 491–511; Viswanath Venkatesh, "Where to Go from Here? Thoughts on Future Directions for Research on Individual-Level Technology Adoption with a Focus on Decision Making," *Decision Sciences* 37, no. 4 (2006): 497–518; Heath, Bell, and Sternberg, "Emotional Selection" ; Granovetter, "Threshold Models."
9. Steven E. Finkel, Edward N. Muller, and Karl-Dieter Opp, "Personal Influence, Collective Rationality, and Mass Political Action," *American Political Science Review* 83, no. 3 (1989): 885–903; Opp and Gern, "Dissident Groups" ; McAdam and Paulsen, "Specifying the Relationship" ; Grindereng, "Fashion Diffusion" ; Christakis and Fowler, "Spread of Obesity" ; Jingwen Zhang et al., "Efficacy and Causal Mechanism of an Online Social Media Intervention to Increase Physical Activity: Results of a Randomized Controlled Trial," *Preventive Medicine Reports* 2 (2015): 651–657; Jingwen Zhang et al., "Support or Competition? How Online Social Networks Increase Physical Activity: A Randomized Controlled Trial," *Preventive Medicine Reports* 4 (2016): 453–458; Glenn R. Carroll and Michael T. Hannan, *The Demography of Corporations and Industries* (Princeton, NJ: Princeton University Press, 2000); Robert B. Cialdini, *Influence: The Psychology of Persuasion* (New York: Collins, 2007); Eric K. Kelley and Paul C. Tetlock, "How Wise Are Crowds? Insights from Retail Orders and Stock Returns," *Journal of Finance* 68, no. 3 (2013): 1229–1265; Justin Wolfers and Eric Zitzewitz, "Prediction Markets,"

Journal of Economic Perspectives 18, no. 2 (2004): 107–126; Coleman, Katz, and Menzel, *Medical Innovation*; Schelling, *Micromotives*; Granovetter, "Threshold Models" ; Hamida A. Begum and Eliza Ahmed, "Individual Risk Taking and Risky Shift as a Function of Cooperation-Competition Proneness of Subjects," *Psychological Studies* 31, no. 1 (1986): 21–25; Donelson R. Forsyth, *Group Dynamics* (Pacific Grove, CA: Brooks/Cole, 1990); M. E. Shaw, *Group Dynamics: The Psychology of Small Group Behaviour* (New York: McGraw- Hill, 1976).

10. Neil J. Smelser, *The Sociology of Economic Life* (Englewood Cliffs, NJ: Prentice-Hall, 1976), Granovetter, "Threshold Models" ; Clark McPhail, *The Myth of the Madding Crowd* (Piscataway, NJ: Transaction Publishers, 1991); Randall Collins, "Emotional Energy as the Common Denominator of Rational Action," *Rationality and Society* 5, no. 2 (1993): 203–230; Adam D. I. Kramer, Jamie E. Guillory, and Jeffrey T. Hancock, "Experimental Evidence of Massive-Scale Emotional Contagion through Social Networks," *Proceedings of the National Academy of Sciences* 111, no. 24 (2014): 8788–8790; Peter Totterdell, "Catching Moods and Hitting Runs: Mood Linkage and Subjective Performance in Professional Sport Teams," *Journal of Applied Psychology* 85, no. 6 (2000): 848; Randall Collins, "Three Faces of Cruelty: Towards a Comparative Sociology of Violence," *Theory and Society* 1, no. 4 (1974): 415–440; Randall Collins, *The Sociology of Philosophies: A Global Theory of Intellectual Change* (Cambridge, MA: Belknap Press of Harvard University Press, 1998).
11. 完整的技术论证见附录 D。
12. Centola and Macy, "Complex Contagions" ; Scott A. Boorman and Paul R. Levitt, *The Genetics of Altruism* (New York: Academic Press, 1983).
13. Granovetter, "Strength of Weak Ties."
14. Morten T. Hansen, "The Search-Transfer Problem: The Role of Weak Ties in Sharing Knowledge across Organization Subunits," *Administrative Science Quarterly* 44, no. 1 (1999): 82–111; Damon Centola and Andrea Baronchelli, "The Spontaneous Emergence of Conventions: An Experimental Study of Cultural Evolution," *Proceedings of the National Academy of Sciences* 112, no. 7 (2015): 1989–1994; Damon Centola, "The Social Origins of Networks and Diffusion," *American Journal of Sociology* 120, no. 5 (2015): 1295–1338; Blau, Blum, and Schwartz, "Heterogeneity and Intermarriage."
15. Granovetter, "Strength of Weak Ties," 1366. 正如第二部分导读所述，此处的主要区别不是疾病和行为之间的区别，而是仅需单个联系人即可进行的传播和需要多个传染源才能进行的传播之间的区别。

16. Doug McAdam, *Freedom Summer* (Oxford: Oxford University Press, 1988); Hedström, "Contagious Collectivities" ; Zhao, "Ecologies of Social Movements" ; Gould, "Multiple Networks."

17. Hagerstrand, *Innovation Diffusion*; Whyte, "Web of Word of Mouth" . "值得注意的是，（与上海不同）温州的民营制造企业在空间上较为集中。这种群聚型的位置分布使企业家能通过企业间的协同合作获得大量利益，有利于新企业的出现并加速了这一趋势。因此，创业城市的空间聚集性有利于民营制造业的自由发展。"（DellaPosta，Nee，Opper，"Endogenous Dynamics，" 19–20）。

18. Hedström, "Contagious Collectivities," 1163.

19. Mark E. J. Newman, "Models of the Small World," *Journal of Statistical Physics* 101, no. 3–4 (2000): 819–841; Mark E. J. Newman, Albert-László Barabási, and Duncan J. Watts, *The Structure and Dynamics of Networks* (Princeton, NJ: Princeton University Press, 2006).

20. Barabási and Albert, "Emergence of Scaling" ; Albert-László Barabási, Réka Albert, and Hawoong Jeong, "Scale-Free Characteristics of Random Networks: The Topology of the World-Wide Web," *Physica A: Statistical Mechanics and Its Applications* 281, no. 1 (2000): 69–77; Réka Albert, Hawoong Jeong, and Albert-László Barabási, "Error and Attack Tolerance of Complex Networks," *Nature* 406, no. 6794 (2000): 378–382.

21. Fredrik Liljeros et al., "The Web of Human Sexual Contacts," *Nature* 411, no. 6840 (2001): 907–908; Fredrik Liljeros et al., "Social Networks (Communication Arising): Sexual Contacts and Epidemic Thresholds," *Nature* 423, no. 6940 (2003): 606; Gladwell, *Tipping Point*.

22. Konstantin Klemm and Víctor M. Eguíluz, "Highly Clustered Scale-Free Networks," *Physical Review E* 65, no. 3 (2002): 36123; Maslov and Sneppen, "Specificity and Stability" ; Damon Centola, "Failure in Complex Social Networks," *Journal of Mathematical Sociology* 33, no. 1 (2008): 64–68.

23. Centola and Macy, "Complex Contagions."

24. McAdam and Paulsen, "Specifying the Relationship." 第 4 章有关 Facebook 和 Twitter 的几个实证案例说明了为何使用分式阈值难以激活中心。

25. 社会惯性对高度联通的个体带来的负面影响，说明 500 强企业的领导或许多是因为他们"追求风险"的个性被选出的，以此减少了高度联通性附带的社会惯性带来的影响。

26. James G. March, "Exploration and Exploitation in Organizational Learning," *Organization Science* 2, no. 1 (1991): 71–87; Damon J. Phillips and Ezra W.

Zuckerman, "Middle-Status Conformity: Theoretical Restatement and Empirical Demonstration in Two Markets," *American Journal of Sociology* 107, no. 2 (2001): 379–429.

27. 参见第 4 章对 Twitter 上的社会运动的探讨。

28. E. E. Evans-Pritchard, *The Nuer: A Description of the Modes of Livelihood and Political Institutions of a Nilotic People* (Oxford: Clarendon Press, 1940); R.I.M. Dunbar, "Neocortex Size as a Constraint on Group Size in Primates," *Journal of Human Evolution* 22, no. 6 (1992): 469–493. 本书第三部分详细探讨了哪些联系人与社会影响相关。

29. Gould, "Collective Action" ; Roger V. Gould, "The Origins of Status Hierarchies: A Formal Theory and Empirical Test," *American Journal of Sociology* 107, no. 5 (2002): 1143–1178; Hyojoung Kim and Peter S. Bearman, "The Structure and Dynamics of Movement Participation," *American Sociological Review* 62, no. 1 (1997): 70–93.

30. Elihu Katz and Paul Lazarsfeld, *Personal Influence* (New York: Free Press, 1955); Centola and Macy, "Complex Contagions."

31. Valente, *Network Models*; Rogers, *Diffusion of Innovations*.

32. 详见附录 D。过多的低阈值个体可触发"群聚效应"，详见 Centola，"Social Media，" 和 Vladimir Barash，Christopher Cameron，Michael Macy，"Critical Phenomena in Complex Contagions，" *Social Networks* 34（2012）: 451–461。实际应用见第 5 章和第 6 章。

33. 著名的巴斯传播模型没有考虑行动者"关闭"的可能性，不适于分析"持续的"消费项目。Frank M. Bass, "A New Product Growth for Model Consumer Durables," *Management Science* 15, no. 5 (1969): 215–227.

34. 有关该模型的探讨详见附录 D。

35. 某些情况下，疾病可能更容易通过弱连接而非强连接传播，因为相对于临时的性伴侣或性工作者，人们更愿意在与情感依恋程度更高的长期伴侣发生性关系时使用安全套。R. Damani et al., "Emotional Intimacy Predicts Condom Use: Findings in a Group at High Sexually Transmitted Disease Risk," *International Journal of STD & AIDS* 20, no. 11 (2009): 761–764.

36. Granovetter, "Strength of Weak Ties," 202, 201.

第 3 章 只有不断强化，行为才能传播开来

1. Granovetter, “Threshold Models” ; Mark Huisman, “Imputation of Missing Network Data: Some Simple Procedures,” *Journal of Social Structure* 10, no. 1 (2009): 1–29; Matthew Burgess, Eytan Adar, and Michael Cafarella, “Link-Prediction Enhanced Consensus Clustering for Complex Networks,” *PLOS ONE* 11, no. 5 (2016): e0153384.
2. Shalizi and Thomas, “Homophily and Contagion” ; Tom A. B. Snijders, “The Statistical Evaluation of Social Network Dynamics,” *Sociological Methodology* 31, no. 1 (2001): 361–395; Tom A. B. Snijders, “Stochastic Actor-Oriented Models for Network Change,” *Journal of Mathematical Sociology* 21, no. 1–2 (1996): 149–172; Tom A. B. Snijders, Gerhard G. Van de Bunt, and Christian E. G. Steglich, “Introduction to Stochastic Actor-Based Models for Network Dynamics,” *Social Networks* 32, no. 1 (2010): 44–60; Ethan Cohen-Cole and Jason M. Fletcher, “Is Obesity Contagious? Social Networks vs. Environmental Factors in the Obesity Epidemic,” *Journal of Health Economics* 27, no. 5 (2008): 1382–1387. 在辨别同质化在传播中的作用方面，研究人员已经取得了一些进展，但目前为止这些方法还不能说明是哪些因素让传播成功的。
3. Philip W. Anderson, “More Is Different,” *Science* 177, no. 4047 (1972): 393–396; Watts, “Networks, Dynamics” ; Centola and Macy, “Complex Contagions” ; Damon Centola et al., “Homophily, Cultural Drift, and the Co-evolution of Cultural Groups,” *Journal of Conflict Resolution* 51, no. 6 (2007): 905–929.
4. 更多技术方面的细节详见：Centola et al.，“Homophily，Cultural Drift”; Centola and Macy，“Complex Contagions”。
5. 同时需要注意的是，在我们研究传播过程时，社会网络结构是静态不变的。如果网络能改变，那我们研究的就不是拓扑引发传播的问题了，而是传播可能改变拓扑的问题，因为采用行为的人们会在彼此间建立关系。
6. Solomon E. Asch, “Effects of Group Pressure upon the Modification and Distortion of Judgments,” in *Groups, Leadership, and Men: Research in Human Relations*, ed. Harold S. Guetzkow (Pittsburgh: Carnegie Press, 1951), 222–236; Muzafer Sherif, *Experimental Study of Positive and Negative Intergroup Attitudes between Experimentally Produced Groups: Robbers Cave Study* (Norman, OK: University of Oklahoma, 1954); James A. Kitts, “Egocentric Bias or Information Management? Selective Disclosure and the Social Roots of Norm Misperception,” *Social Psychology Quarterly* 66, no. 3 (2003): 222–237; Craig T. Nagoshi et al., “College Drinking Game Participation within the Context of Other Predictors of Alcohol Use and

Problems," *Psychology of Addictive Behaviors* 8, no. 4 (1994): 203–213; H. Wesley Perkins and Henry Wechsler, "Variation in Perceived College Drinking Norms and Its Impact on Alcohol Abuse: A Nationwide Study," *Journal of Drug Issues* 26, no. 4 (1996): 961–974; John S. Baer, "Effects of College Residence on Perceived Norms for Alcohol Consumption: An Examination of the First Year in College," *Psychology of Addictive Behaviors* 8, no. 1 (1994): 43; Brian Borsari and Kate B. Carey, "Peer Influences on College Drinking: A Review of the Research," *Journal of Substance Abuse* 13, no. 4 (2001): 391–424; Granovetter, "Threshold Models" ; Rachel Manning, Mark Levine, and Alan Collins, "The Kitty Genovese Murder and the Social Psychology of Helping: The Parable of the 38 Witnesses," *American Psychologist* 62, no. 6 (2007): 555–562.

7. Jeana Frost and Michael Massagli, "Social Uses of Personal Health Information within PatientsLikeMe, an Online Patient Community: What Can Happen When Patients Have Access to One Another's Data," *Journal of Medical Internet Research* 10, no. 3 (2008): e15; Janna Anderson and Lee Rainie, "Millennials Will Make Online Sharing in Networks a Lifelong Habit," Pew Research Center: Internet, Science & Tech, July 9, 2010; "ACOR.org—Association of Cancer Online Resources," 访问时间 2017 年 2 月 5 日。

8. Christakis and Fowler, *Connected*; Berkman, Kawachi, and Glymour, *Social Epidemiology*.

9. Watts, "Networks, Dynamics" ; Watts and Strogatz, "Collective Dynamics" ; Maslov and Sneppen, "Specificity and Stability" ; Granovetter, "Strength of Weak Ties."

10. 相关讨论见第二部分导读。

11. 我们还可以考虑一下应用其他实验设计方法的话会出现什么结果，比如我们可以不创建健康论坛，而是研究现有健康服务或健康产品呈现出的传播过程，比方说注册美国健康减重咨询机构慧俪轻体（Weight Watchers）的账号。假设我们进行的是这项慧俪轻体研究，慧俪轻体也确实通过网络传播了，且不同实验条件下的采用率明显不同，那我们能从中学到什么呢？

    由于该研究的实验设计是受控的，所以实验结果确实可以说明网络结构对行为变化有一定影响。然而，慧俪轻体研究的问题在于我们可能无法深入了解行为通过社会网络传播的过程。这是因为慧俪轻体研究中，被试可能通过没有参与研究的朋友或外部媒体发现慧俪轻体实验，他们也可能早就是慧俪轻体的用户了。这些外源性影响可能使行动者在没有收到任何健康好友的信息时就自发地采用新行为。虽然这样不会降低该实验设计的内部效度，但会让研究人员难以确定网络结构是如何控制社会影响在群体中发挥作用的过程的。不仅如此，研究人员几乎不可能确定网络结构是如何影响整个传播过程的速度的，因为自发的采用者可能在传播循着拓扑到来之前就已经采用新行为了。慧俪轻体研究的设计并不差，但人们难以通过该设计确定网络中的采用过程，该设计也无法控制实验设计之外影响采用的社会和非社会因素。

为解决上述问题，本章的健康论坛专为“健康生活方式网络”创建，是本研究唯一的因变量。因此，每轮实验都能按时间提供清晰的采用顺序，展示了行为变化在每个社会网络的传播过程。

12. 不同实验条件下传播成功与否及传播率的差异都具有统计学上的意义。$p<0.01$，经过威尔科克森秩和检验（Wilcoxon rank sum test），又称曼 - 惠特尼 U 检验（Mann-Whitney U test）; Centola，“Spread of Behavior”。

我根据群体中最终采用行为的人数占比，衡量了传播的成功与否。在网络 j 中采用者的分式 S_j 表示为：

$$S_j = \frac{\sum_{i=1}^{(N_j-1)} a_i}{(N_j-1)}, \tag{1}$$

其中 N_j 是网络 j 中的节点数量，被减掉的 1 是种子节点，如果节点 i 采用了新行为，则 $a_i = 1$，否则 $a_i = 0$。每轮实验中，两种条件下两个网络的规模和度分布都不变。但不同轮次的实验中，部分网络的规模和度分布不同。这是为了保证该研究的结果并非出自人工选择的特定邻里规模或网络规模。为比较不同轮次的实验结果，传播的成功与否以采用者的占比衡量，不以采用者数量的绝对值衡量。

我利用威尔科克森秩和检验评估了 6 轮实验结果的差异在统计学上的意义。威尔科克森秩和检验是一种非参数检验，用于检验从某一群体观测到的结果大于从另一群体观测到的结果的可能性。本质上，其检验的是两个群体中间值的差异是否具有统计学意义。因此，该检验与双样本 t 检验十分相似，但前者对统计学意义的评判更为保守，因为该检验不基于正态分布的假设进行。威尔科克森秩和检验表明，可以 $p < 0.01$ 接受两种条件下对传播成功的定义没有差异的零假设。

为测量传播率，我对比了某一轮实验中两种条件下传播过程到达最远节点所需的时间。例如，在第 1 轮实验中，随机型网络条件下的传播率为 38.14%（37 个节点），群聚型网络条件下的传播率为 51.54%（50 个节点）。因此，第 1 轮实验的传播率是通过评估每个网络到达 37 个节点所需的时间来比较的。概括来说，网络 j 在实验 T 中的传播率 R_{T_j} 为：

$$R_{T_j} = \frac{\min(S_{T_0}, S_{T_1})}{time_{T_j}\left[\min(S_{T_0}, S_{T_1})\right]'} \tag{2}$$

其中S_{T_0}和S_{T_1}分别是实验 T 中条件 0（随机型网络）和条件 1（群聚型网络）下采用者的占比。$time_{T_j}\left[\min(S_{T_0},S_{T_1})\right]$是在实验 T 的网络 j 中采用者占比达到实验 T 中两个网络均可达到的最大值时所用的时间。该分析可用于确认每轮实验中每种条件下的传播距离、时间、传播率，以及所有实验传播率的平均偏差和标准偏差。

另一种测量传播率的方法是选定一个比率（如 50%），对该传播率下的所有网络进行比较。但由于许多随机型网络的传播率达不到 50%，如此比较可能遗漏部分数据。若要使该方法涵盖所有数据，就要将传播率选定为低于 27% 的值。但由于许多群聚型网络和随机型网络的传播率都远超 27%，所以如此测量无法有效说明这些实验的整体传播过程。

我采用的方法是以每轮实验为单位依次比较网络条件，确保对所有网络都进行了比较。该方法还确保了可能出现的数据最大值也被涵盖其中，使行为在每个网络的传播率尽可能准确。此外，由于每轮实验已经对网络条件进行了配对，所以自然可通过比较每轮实验到达相同传播距离所需的时间来评估不同条件下的传播率。因为这种传播率的测量方式包含所有实验的公度单位（即节点或秒），其测量结果可合计为总的统计数据。

为评估 6 轮实验传播率之差的统计学意义，我使用了上文提过的威尔科克森秩和检验。用该检验比较传播率的逻辑与评估成功传播的差异相同，我尝试确定了某一条件促成观测结果出现的可能性是否始终大于另一条件促成的可能性。威尔科克森秩和检验显示，可以 $p<0.01$ 接受两种条件下传播率无差异的零假设。

为测试群体规模（N）和度（Z）对传播过程带来的影响，即每个人的健康好友数量带来的影响，我做了 3 版不同的实验，见图 3-2，其中线图 A 的 $N=98$、$Z=6$，线图 B、C、D 的 $N=128$、$Z=6$，线图 E 和 F 的 $N=144$、$Z=8$。由于同时招募的人数很多，我测试的群体规模适中、相应的度范围较小。在我使用的网络中，没有出现群体规模带来的影响。不同网络和邻里规模的实验结果没有质的差异。但度较大（$Z=8$）的网络比度较小（$Z=6$）的网络表现更好。该结果符合我们的假设，即邻里间更多的冗余关系可促进整体的行为传播过程。

13. Hagerstrand, *Innovation Diffusion*; Hedström, “Contagious Collectivities”; David Strang and Sarah A. Soule, “Diffusion in Organizations and Social Movements: From Hybrid Corn to Poison Pills,” *Annual Review of Sociology* 24 (January 1, 1998): 265–290.
14. Gould, “Multiple Networks,” 727–728.
15. 社会强化对个体采用新事物的概率带来的影响是通过考克斯比例风险回归模型（Cox proportional hazards model）计算的。考克斯模型是对风险率的半参数检验方法，不对采用风险的潜在函数形式进行假设。采用的基准风险以接收 1 个信号就采用的个体为基础。之后我们利用该风险函数来评估接收更多信号的个体的采用风险。由此，该检验方法以个体接收单一社会信号即采用的概率为条件，测量了个体接收多个社会信号后采用概率增加的程度。

考克斯模型的检验结果显示，接收第 2 个社会信号使采用概率增加了 0.67 倍，95% 置信区间为［1.35，2.05］。接收第 2 个信号不会影响采用概率的零假设可以 $p < 0.001$ 被接受。接收第 3 个信号使采用概率增加了 1.99 倍，95% 置信区间为［1.01，1.73］。零假设可以 $p < 0.05$ 被接受。额外的社会信号对采用概率没有明显影响。参见 Centola，“Spread of Behavior”。

16. Barry Wellman and Scot Wortley, “Different Strokes from Different Folks: Community Ties and Social Support,” *American Journal of Sociology* 96, no. 3 (November 1990): 558–588.
17. Centola, “Spread of Behavior”; Damon Centola, “Social Media and the Science of Health Behavior,” *Circulation* 127, no. 21 (2013): 2135–2144; Bess H. Marcus et al., “Physical Activity Behavior Change: Issues in Adoption and Maintenance,” *Health Psychology* 19, no. 1, suppl. (2000): 32–41.
18. 为判明社会强化如何影响个体对健康论坛会员身份的投入程度，该研究利用柯尔莫哥洛夫－斯米尔诺检验（Kolmogorov-Smirnov test）在第 1 组和第 2 ～ 5 组之间进行了成对比较。结果显示可拒绝零假设，在全部 4 次比较中第 1 组和第 2 ～ 5 组出自相同的分布方式。参见 Centola，“Spread of Behavior”。
19. Cornelia Pechmann et al., “Randomised Controlled Trial Evaluation of Tweet2Quit: A Social Network Quit-Smoking Intervention,” *Tobacco Control* 26, no. 2 (2017): 188–194; Cynthia M. Lakon et al., “Mapping Engagement in Twitter-Based Support Networks for Adult Smoking Cessation,” *American Journal of Public Health* 106, no. 8 (2016): 1374–1380.
20. Rogers, *Diffusion of Innovations*; McAdam and Paulsen, “Specifying the Relationship”; Kossinets and Watts, “Empirical Analysis”; Gueorgi Kossinets and Duncan J. Watts, “Origins of Homophily in an Evolving Social Network,” *American Journal of Sociology* 115, no. 2 (2009): 405–450.
21. Centola, “Spread of Behavior.”

第二部分导读

1. Michael T. Madigan et al., *Brock Biology of Microorganisms*, 14th ed. (Boston: Pearson, 2014); John G. Holt, *Bergey's Manual of Determinative Bacteriology*, 9th ed. (Philadelphia: Lippincott Williams & Wilkins, 1994); Laurent Hébert-Dufresne and Benjamin M. Althouse, “Complex Dynamics of Synergistic Coinfections on

Realistically Clustered Networks," *Proceedings of the National Academy of Sciences* 112, no. 33 (2015): 10551–10556. 可参见第 4 章。

2. 在非人类世界中有一类令人惊讶的“社会”传染展示了复杂传播过程。例如，细菌只有在被足够数量的其他细菌触发时才会激活特定的行为，这种现象叫群体感应。最著名的例子是和夏威夷短尾鱿鱼共生的生物发光细菌费氏弧菌。这种细菌具有惊人的社会性。如果周围的同类细菌太少，无法发出可见光，这些细菌就不会释放生物发光酶。但当它们感知到同类的密度达到一定程度时，群落中就会出现一连串被激活的细菌，形成大面积连接在一起的生物发光斑块，使鱿鱼在夜间可见。

    虽然费氏弧菌发光时看起来很美，但细菌中的这类社会传播过程也可能非常危险。大肠杆菌、肠道沙门氏菌、铜绿假单胞菌等许多有害的病原体也能利用复杂传播过程控制自身的集体行为，有时甚至会带来致命的影响。例如，铜绿假单胞菌这种病原体会先在宿主体内无害生长，等数量足够后，再摧毁宿主的免疫系统。细菌数量少时，它们都是不活泼的，而一旦数量得到保证，原本无害的细菌就会被触发生物学变化，启动整个群落的致病功能。这种变化将引发细菌对宿主的联合攻击，并快速形成保护性生物黏膜，以免群落遭到反击。

    近期对这些攻击性细菌的研究发现，虽然铜绿假单胞菌的问题可通过抗生素治疗解决，但另一种治疗方法是以社会信号的集体传播过程为目标，而非以细菌本身为目标。此类新治疗方法之所以有效，是因为其阻断了触发致病行为的信号传导。这种“抑制群体感应”的治疗方法能阻止铜绿假单胞菌等细菌的群聚触发攻击性行为。如果我们能阻止细菌向彼此发送强化信号，那就能阻止菌落被激活。这样，即便细菌的数量有所增加，群落也可保持惰性。有趣的是，这说明细菌的传感网络结构能决定有害的行为变化是否被触发。某些情况下，在触发群体感应时，细胞的空间分布比群落的整体规模更重要。

    在社会性昆虫中也有相同的复杂传播过程，这些昆虫的集体行为也能被群体感应触发。例如，在切胸蚁属的一种蚂蚁蚁群中，当巢穴被破坏时，工蚁会分散开来寻找其他合适的地点。每只工蚁都会为同伴留下独特的信息素踪迹。当有足够多蚂蚁选中同一位置时，它们会集体释放足够大的信息素信号，以触发其他蚂蚁的阈值，其他蚂蚁就会放弃其他位置，全都汇聚到主流选项来。来自这些工蚁的强化信号共同触发了整个蚁群快速的自组织过程。整个蚁群以惊人的效率协作，开始搬家。

    昆虫中协作行为通过触发阈值而传播的过程之快使其也被应用于半自动机器人的设计中。近期研究发现，利用局部阈值规则和传感网络分布的机器人组和蚁群及白蚁群十分相似，能以集体形式完成复杂的工程任务。

    相同的战略性传播过程也存在于西方蜜蜂的集体行为中，西方蜜蜂也会利用社会阈值来决定新巢的位置。当几只雄蜂找到了足够受欢迎的地点时，它们就会通过协作的“舞蹈”行为发出社会强化信号，触发蜂群搬家。此时，社会征召就会通过强化的振动信号传遍蜂群，最终引发整个蜂巢的同步搬迁。最令人惊讶的或许在于：对这些集体传播过程的实验测试显示，这种社会强化体系使集体智能在选择群体的理想位置时接近最佳水平。

第 4 章 社会关系越紧密，行动越容易发生

1. Lori Beaman et al., "Can Network Theory-Based Targeting Increase Technology Adoption?" (working paper, Northwestern University, Evanston, IL, June); Vincent Traag, "Complex Contagion of Campaign Donations," *PLOS ONE* 11 no. 4 (2016): e0153539. 对 2007—2017 年有关复杂传播的理论和实证应用及研究拓展的完整回顾可见：Douglas Guilbeault，Joshua Becker，Damon Centola，"Complex Contagions：A Decade in Review，" in *Spreading Dynamics in Social Systems*，ed. Yong Yeol Ahn and Sune Lehmann（New York：Springer Nature，forthcoming）。
2. Daniel M. Romero, Brendan Meeder, and Jon Kleinberg, "Differences in the Mechanics of Information Diffusion across Topics: Idioms, Political Hashtags, and Complex Contagion on Twitter," in *Proceedings of the 20th International Conference on World Wide Web*, 695–704 (New York: ACM, 2011).
3. Nicholas Harrigan, Palakorn Achananuparp, and Ee-Peng Lim, "Influentials, Novelty, and Social Contagion: The Viral Power of Average Friends, Close Communities, and Old News, *Social Networks* 34, no. 4 (2012): 470–480; Sanjay Sharma, "Black Twitter?: Racial Hashtags, Networks and Contagion," *New Formations* 78, no. 1 (2013): 46–64; Zachary C. Steinert-Threlkeld, "Spontaneous Collective Action: Peripheral Mobilization during the Arab Spring," *American Political Science Review* 111, no. 2 (May 2017): 379–403. 这些在 Twitter 上观察到的现象呼应了第 2 章对于有中心的网络中的传播过程的理论发现。
4. Doug McAdam, "Recruitment to High-Risk Activism: The Case of Freedom Summer," *American Journal of Sociology* 92, no. 1 (1986): 64–90.
5. 麦克亚当对高风险、高成本、低风险及低成本集体行为进行了区分。这 4 种集体行为可以任一排列组合形式出现，例如在民主社会每天给政府官员写请愿书就属于高风险、高成本集体行为。此处主要讨论的是高风险集体行为，但相关内容变通后也可类推至高成本集体行为。另可见 Gladwell，"Small Change"。
6. McAdam, "Recruitment," 68–69.
7. Quoted in James S. Coleman, "Social Capital in the Creation of Human Capital," *American Journal of Sociology* 94 (1988): S99.
8. Centola, "Social Media."

9. Hannah Arendt, *The Origins of Totalitarianism* (New York: Schocken Books, 1951); Damon Centola, Robb Willer, and Michael Macy, "The Emperor's Dilemma: A Computational Model of Self-Enforcing Norms" (*American Journal of Sociology* 110, no. 4 [2005]: 19–31). 对于动员自我实施非主流规范的高压系统即皇帝困境，群聚型网络是一种有效途径。

10. McAdam, "Recruitment," 89; Summer Harlow, "Social Media and Social Movements: Facebook and an Online Guatemalan Justice Movement That Moved Offline," *New Media & Society* 14, no. 2 (2012): 225–243; Nahed Eltantawy and Julie B. Wiest, "Social Media in the Egyptian Revolution: Reconsidering Resource Mobilization Theory," *International Journal of Communication* 5 (2011): 18; Gladwell, "Small Change" ; Bond et al., "61-Million-Person Experiment" ; John D. McCarthy and Mayer N. Zald, "Resource Mobilization and Social Movements: A Partial Theory," *American Journal of Sociology* 82, no. 6 (1977): 1212–1241; Steinert-Threlkeld, "Spontaneous Collective Action" ; Gerald F. Davis and Mayer Zald, "Social Change, Social Theory, and the Convergence of Movements and Organizations," in *Social Movements and Organization Theory*, ed. Gerald F. Davis et al. (New York: Cambridge University Press, 2005), 335–350; Jameson L. Toole, Meeyoung Cha, and Marta C. González, "Modeling the Adoption of Innovations in the Presence of Geographic and Media Influences," *PLoS ONE* 7, no. 1 (2012): e29528; Farshad Kooti et al., "Predicting Emerging Social Conventions in Online Social Networks," in *CIKM '12, Proceedings of the 21st ACM International Conference on Information and Knowledge Management*, 445–454 (New York: Association of Computing Machinery, 2012); Johan Ugander et al., "Structural Diversity in Social Contagion," *Proceedings of the National Academy of Sciences,* 109, no. 16 (2012): 5962–5966; Márton Karsai et al., "Local Cascades Induced Global Contagion: How Heterogeneous Thresholds, Exogenous Effects, and Unconcerned Behaviour Govern Online Adoption Spreading," *Scientific Reports* (2016): 27178, doi.org/10.1038/srep27178.

11. Toole, Cha, and Gonzalez, "Modeling the Adoption" ; Kooti et al., "Predicting Emerging Social Conventions" ; Ugander et al., "Structural Diversity" ; Karsai et al., "Local Cascades."

12. Etan Bakshy, B. Karrer and L. Adamic, "Social Influence and the Diffusion of User-Created Content," in *Proceedings of the 10th ACM conference on Electronic Commerce*, 325–334 (New York: Association of Computing Machinery, 2009); Nathan O. Hodas and Kristina Lerman, "How Visibility and Divided Attention Constrain Social Contagion," in *Proceedings, 2012 ASE/IEEE International Conference*

on Privacy, Security, Risk and Trust and 2012 ASE/IEEE International Conference on Social Computing, 249–257 (Piscataway, NJ: Institute of Electrical and Electronic Engineers, 2012).

13. 另一个影响社交媒体传播的设计因素是用户内容的视觉展示。某些情况下，屏幕位置对传播的影响可能比社会影响还大。例如，Reddit 等社交媒体网站会将“被赞的”内容推至用户订阅的顶部，而这会将其他用户推荐的内容挤出网站首页。这一媒体选择过程使用户接触的媒体内容不再连续，对首页上只获得了小部分社会支持的信号带来了极大的影响。因此，这些网络平台让社会影响过程不再流畅，传播过程多由屏幕位置带动，而非社会影响。
14. Bogdan State and Lada Adamic, “The Diffusion of Support in an Online Social Movement: Evidence from the Adoption of Equal-Sign Profile Pictures,” in *CSCW'15, Proceedings of the 18th ACM Conference on Computer Supported Cooperative Work & Social Computing,* 1741–1750 (New York: Association of Computing Machinery, 2015).
15. Ibid., 1742.
16. Ibid.; Yong Ming Kow et al., “Mediating the Undercurrents: Using Social Media to Sustain a Social Movement,” in *Proceedings of the 2016 CHI Conference on Human Factors in Computing Systems*, 3883–3894 (New York: Association of Computing Machinery, 2016); J. Nathan Matias, “Going Dark: Social Factors in Collective Action Against Platform Operators in the Reddit Blackout,” in *Proceedings of the 2016 CHI Conference on Human Factors in Computing Systems*, 1138–1151 (New York: Association of Computing Machinery, 2016).
17. Sinan Aral and Christos Nicolaides, “Exercise Contagion in a Global Social Network,” *Nature Communications* 8: 14753 (2017). 正如第 6 章所述，这些发现让人想到了宽桥对组织网络设计带来的结构上的影响。当多个组中有相互重叠的成员时，社会强化就能通过连接群体不同部分的宽桥进行传递。
18. Christakis and Fowler, “Collective Dynamics.”
19. Chris Kuhlman et al., “Effects of Opposition on the Diffusion of Complex Contagions in Social Networks: An Empirical Study,” in *Social Computing, Behavioral-Cultural Modeling and Prediction, SBP 2011*, ed. J. Salerno et al., 188–196, vol. 6589 of Lecture Notes in Computer Science (Heidelberg: Springer, 2011); Chris Kuhlman et al., “A Bi-Threshold Model of Complex Contagion and its Application to the Spread of Smoking Behavior” (paper, Fifth SIGKDD Workshop on Social Network Mining and Analysis [SNA-KDD], San Diego, CA, 2011); Sahiti Myneni et al., “Content-Driven Analysis of an Online Community

for Smoking Cessation: Integration of Qualitative Techniques, Automated Text Analysis, and Affiliation Networks," *American Journal of Public Health* 105, no. 6 (2015): 1206–1212.

20. Marcel Salathé and Sebastian Bonhoeffer, "The Effect of Opinion Clustering on Disease Outbreaks," *Journal of the Royal Society: Interface* 5, no. 29 (2008): 1505–1508; Ellsworth Campbell and Marcel Salathé, "Complex Social Contagion Makes Networks More Vulnerable to Disease Outbreaks," *Scientific Reports* 3 (2013): 1–6. 与皇帝困境的联系见 Centola，Willer，Macy，"Emperor's Dilemma"。据菲利普·罗斯（Philip Ross）报道，近期在北加利福尼亚州出现了这样一个例子。

> 加利福尼亚州马林县位于旧金山北部的太平洋沿岸，是一片豪宅、私立学校、瑜伽馆的聚集地，被大众认为是积极健康生活的典范之地。但近年来，这块现代山地自行车运动和竞技越野跑的诞生地已经成为美国反疫苗运动的中心。反疫苗运动的出现至少可追溯至10年前，是导致加利福尼亚州麻疹持续暴发的主要原因。当地麻疹疫情令卫生官员和父母惶惶不可终日。
>
> 虽然马林县以宜居和无污染著称，当地却存在严重的公共卫生问题。很少有父母选择为孩子接种麻疹、百日咳等传染病疫苗。所谓的反疫苗者往往有意回避现代医学，转而依赖于更传统的健康养生方法，在互联网上为数众多的健康保健博客中寻求解决之道。
>
> 许多反疫苗者表示，他们认为疫苗有毒，并深信疫苗和孤独症之间有联系等无端谣言。此谣言在20世纪90年代晚期开始流行，之后被拆穿。其他反疫苗者则表示，他们认为一次性注射太多药物可能让孩子的免疫系统不堪重负。
>
> 马林县官员称，近年马林县不接种麻疹、流行性腮腺炎和风疹疫苗的儿童数量接近加利福尼亚州幼儿园平均不接种人数的2倍。2012年，马林县完全不接种疫苗的人数占比达到了峰值，为7.8%，是加利福尼亚州平均水平的2倍多。仅接种了部分政府推荐疫苗的人数占比达17.9%。与公立学校相比，马林县

私立学校中不接种疫苗的人数占比通常更高。官员称，部分班级的不接种率高达 74%。加利福尼亚州每位父母都时刻警惕着麻疹的肆虐，马林县卫生官员则担心仅仅几个病例就可能导致麻疹的暴发。（资料来源：“Marin County and California’s Measles Outbreak: A Look into the Epicenter of the Anti-vaccination Trend,” *International Business Times*, February 6, 2015.）

21. 我们发现病原体也可能很复杂，例如患者可能同时感染多种疾病，出现“合并感染”的情况，如此一来行为和疾病的相互影响就更加微妙了。在合并感染的情况下，每种疾病都会增强患者对另一种疾病的易感性，因而两种感染都可能持续下去。例如，感染流感病毒会提高患者合并感染其他呼吸道疾病的可能性，如感染导致肺炎的主因肺炎链球菌等。合并感染不能通过长连接传播，因为其需要多种传播的强化来源。但群聚型网络大幅提高了暴露于互补传染病的个体将强化的合并感染传播给他人的可能性，如合并感染肺炎、流感、梅毒和 HIV 等，导致合并感染的暴发流行。可参见 Hébert-Dufresne and Althouse,“Complex Dynamics”。

第 5 章　如何克服阻力，让新事物成功传播

1. University of North Carolina at Chapel Hill，Add Health : The National Longitudinal Study of Adolescent to Adult Health，访问时间 2017 年 1 月 18 日。Framingham Heart Study，Framingham Heart Study : A Project of the National Heart，Lung，and Blood Institute and Boston University，访问时间 2017 年 1 月 18 日。数据使用权来自 NCBI dbGaP 数据门户，研究批准编号 #63796-2，用于项目 #16556“Social Network Analysis for Developing Behavioral Interventions”。
2. Add 健康研究数据来自美国青少年健康纵向研究，该研究为美国针对 1994—1995 年就读 7～12 年级学生的代表性研究。网络 A 和 B 是在 Add 健康研究档案中随机选中的。网络 A 和 B 的数据下载自公开的 Add 健康官网。该研究要求学生推荐社群中的好友。对每个推荐的好友，学生都要检查其是否曾和这名好友一同参加过下列 5 项活动：

   （1）你在过去 7 天中去过他（或她）的家；（2）你在过去 7 天中和他（或她）在放学后出去玩过或去过什么地方；（3）你上周和他（或她）共度过一段时间；（4）你在过去 7 天中和他（或她）聊过某一问题；（5）你在过去 7 天中和他（或她）打过电话。这些活动记录汇总后可创建一个赋值网络。最小值为 1，代表学生推荐了好友，但没有进行活动；最大值为 6，代表学生推荐了好友，并和好友参加了全

部 5 项活动。为进行实验，所有值为 1 的极端情况都被删除了。值为 2 ～ 6 的都被分配了统一的值关系。之后我们从社群中提取了规模最大的相互连接的组成部分。网络 A 的群体规模为 1 082 人，平均度为 6，平均群聚程度为 0.171，仅包含 1 个组成部分。网络 B 的群体规模为 1 525 人，平均度为 5.13，平均群聚程度为 0.143，仅包含 1 个组成部分。

3. 弗莱明翰数据来自弗莱明翰心脏研究（1971—2003），这是一项在马萨诸塞州弗莱明翰进行的为期 32 年的纵向健康研究，由美国国家心肺血液研究所主导。网络 C 以尼古拉斯 · 克里斯塔克斯和詹姆斯 · 福勒（James Fowler）的数据收集及网络构建为基础，由 NCBI dbGaP 数据门户中的弗莱明翰 SHARe 社会网络（Framingham SHARe Social Network）提供。参见 Christakis，Fowler，"Spread of Obesity"；Nicholas Christakis，James Fowler，"Social Contagion Theory：Examining Dynamic Social Networks and Human Behavior，" *Statistics in Medicine* 61，no.4（2013）：556-577。网络 C 的群体规模为 2 033 人，平均度为 5.03，平均局部群聚程度为 0.69，仅包含 1 个组成部分。数据使用权来自 NCBI dbGaP 数据门户，研究批准编号 #63796-2，用于项目 #16556 "Social Network Analysis for Developing Behavioral Interventions"。这些实验主要研究的是戒烟的行为变化过程。
4. 该模型在所有模拟实验中均使用确定的阈值，详见附录 D。此处仅提到 40% 和 60% 两个数据，对所有阈值的完整结果描述可参见：Soojong Kim，Damon Centola，"Seeding Strategies for Social Network Interventions in Public Health"（working paper, Annenberg School for Communication，University of Pennsylvania，Philadelphia，2016，Adobe PDF file）。
5. 种子变得更易受影响前传播的轮次不影响该结果。前面传播轮次的减少会降低随机播种实验的传播率，但不会显著影响群聚型播种实验的传播率。维持轮次的增加可提高随机播种的有效性，但不会使结果发生质变，详见附录 D。
6. 此策略的成功案例见：Centola，Willer，Macy，"Emperor's Dilemma"，相关讨论 见 D. J. Watts，P. S. Dodds，"Threshold Models of Social Influence，" in *The Oxford Handbook of Analytical Sociology*，ed. Peter Hedström and Peter Bearman（Oxford：Oxford University Press，2009），475-497。
7. 关于这些结果，重要的拓展研究的主题为与组身份和地位有关的邻里界限带来的影响，可参见 Max Weber，*Economy and Society: An Outline of Interpretive Sociology*，ed. Guenther Roth and Claus Wittich（Berkeley：University of California Press，1978）；DiMaggio，Garip，"Network Effects and Social Inequality"。本书第三部分将以实证方法处理相关话题。
8. 这些对行为干预措施播种策略的计算实验结果涉及的情况中，治疗行为的成本相对较高或难以实施，因而群体中只有一小部分人可以接受治疗，且群体中的成员对干预措施的抵抗程度较高，因而他们的采用阈值较高。在这些计算实验的几百轮测试中，随机播种偶尔能通过随机变化使干预措施的传播取得一定成功，例如，当种子位于同一邻里中时就有这种可能，或种子邻里的规模很小时，即便是1个种子也有足够的影响力触发采用的连锁反应。但就平均而言，在增加干预行为的传播率和维持率方面，群聚型播种显然是更有效的策略。考虑到这些结果的边界条件，干预措施策略的成功受两大因素影响：（1）种子组的规模；（2）对干预措施的抵抗程度。首先，文中实验的设计目的是测试播种干预措施对高采用阈值群体的影响，前两个网络的阈值为40%，最后一个网络的阈值为60%。如果降低阈值，那随机播种方法就可能比群聚型播种更有效，因为没有遭到抵抗的干预措施属于简单传播，此类传播更能依靠暴露而非强化获益。其次，实验结果也取决于被治疗组的规模。该计算实验假设：干预治疗成本高昂，无法治疗群体中的大部分成员。这些实验说明了群聚型播种策略如何使相对较小的一部分成员触发大部分成员持续的行为变化。但是，如果干预治疗的成本相对低廉，容易实施，那结果可能就不同了。对于占据了群体中较大部分的种子组而言，随机播种策略可能比群聚型播种策略更利于引发广泛的传播，因为随机分布的种子占比较大，能使强化他人的采用者充满整个群体的各个邻里，引发广泛的行为变化。有关上述边界条件的详细分析可参见Kim，Centola，“Seeding Strategies”。

9. 这些播种有争议的公共卫生干预措施可能带来的影响与早期研究产生了呼应，后者的主题为如何利用利他主义者“岛屿”在背叛群体中播种合作行为。格兰诺维特还指出，我们可以考虑用类似的方法在实行种族隔离的学校中播种取消种族隔离的规范。Boorman and Levitt, *Genetics of Altruism*; Mark Granovetter, “The Micro-Structure of School Desegregation,” in *School Desegregation Research: New Directions in Situational Analysis*, ed. Jeffrey Prager, Douglas Longshore, and Melvin Seeman, 81–110 (New York: Plenum, 1986).

10. Glenn Ellison, “Learning, Local Interaction, and Coordination,” *Econometrica* 61, no. 5 (1993): 1047–1071; Andrea Montanari and Amin Saberi, “The Spread of Innovations in Social Networks,” *Proceedings of the National Academy of Sciences* 107, no. 47 (2010): 20196–20201; H. Peyton Young—in “Innovation Diffusion in Heterogeneous Populations: Contagion, Social Influence and Social Learning,” *American Economic Review* 99 (2009): 1899–1924 and *Individual Strategy and Social Structure: An Evolutionary Theory of Institutions* (Princeton, NJ: Princeton University Press, 1998), 98–102. H. 佩顿·杨提出了最早的网络随机传播模型之一，并解释了为何群聚能加速传播。虽然随机型网络中作为挑战方的替代品趋势最终是收敛的，但网络群聚能有效增加预期的收敛时间。

11. Simmel, *Sociology of Georg Simmel*, 123.

12. Cf. Montanari and Saberi, “Spread of Innovations”; Ellison, “Learning”; Young,

"Evolution of Conventions" ; Centola, Willer, and Macy, "Emperor's Dilemma."

13. Axelrod, *Evolution of Cooperation*; Boorman and Levitt, 1983; Michael D. Cohen, Rick L. Riolo, and Robert Axelrod, "The Role of Social Structure in the Maintenance of Cooperative Regimes," *Rationality and Society* 13, no. 1 (2001): 5–32; Jason Alexander and Brian Skyrms, "Bargaining with Neighbors: Is Justice Contagious?," *Journal of Philosophy* 96, no. 11 (1999): 588–598; Montanari and Saberi, "Spread of Innovations" ; Young, *Individual Strategy*.
14. Axelrod, *Evolution of Cooperation*; Alexander and Skyrms, "Bargaining with Neighbors" ; cf. Gladwell, *Tipping Point* and Gladwell, "Small Change."

第 6 章　宽桥，快速促进社群内部的行为传播

1. Ronald S. Burt, "Structural Holes and Good Ideas," *American Journal of Sociology* 110, no. 2 (2004): 349–399; Ronald S. Burt, "The Network Structure of Social Capital," *Research in Organizational Behavior* 22 (2000): 345–423; Ronald S. Burt, *Structural Holes: The Social Structure of Competition* (Cambridge, MA: Harvard University Press, 1992).
2. Burt, *Structural Holes*; Burt, "Structural Holes and Good Ideas" ; Collins, *Sociology of Philosophies*.
3. Ronald S. Burt, "The Social Capital of Structural Holes," in *The New Economic Sociology*, ed. Mauro F. Guillen et al. (New York: Russell Sage Foundation, 2002), 156–157.
4. Scott E. Page, *The Difference: How the Power of Diversity Creates Better Groups, Firms, Schools, and Societies* (Princeton, NJ: Princeton University Press, 2007); Burt, "Network Structure" ; Burt, "Social Capital" ; Morten T. Hansen, "The Search-Transfer Problem: The Role of Weak Ties in Sharing Knowledge across Organization Subunits," *Administrative Science Quarterly* 44, no. 1 (1999): 82–111.
5. Syed M. Ahmed and Salman Azhar, "Adoption and Implementation of Total Quality Management (TQM) in the Florida Construction Industry" (paper, Associated Schools of Construction, 42nd Annual Conference, Colorado State University, Ft. Collins, April 20–22, 2006); Mohammed Al-Omiri, "The Factors Influencing the Adoption of Total Quality Management with Emphasis on Innovative/Strategic Management Accounting Techniques: Evidence from Saudi Arabia," *International Journal of Customer Relationship Marketing and Management (IJCRMM)* 3, no. 3 (2012): 33–54; John M. Barron and Kathy Paulson Gjerde, "Who

Adopts Total Quality Management (TQM): Theory and An Empirical Test," *Journal of Economics & Management Strategy* 5, no. 1 (1996): 69–106; Nelson P. Repenning, "A Simulation-Based Approach to Understanding the Dynamics of Innovation Implementation," *Organization Science* 13, no. 2 (2002): 109–127; Hansen, "Search-Transfer Problem," 82; Deborah G. Ancona and David Caldwell, "Beyond Boundary Spanning: Managing External Dependence in Product Development Teams," *Journal of High Technology Management Research* 1, no. 2 (1990): 119–135; Deborah G. Ancona and David F. Caldwell, "Bridging the Boundary: External Activity and Performance in Organizational Teams," *Administrative Science Quarterly* 37 (1992): 651.

6. Centola, "Social Origins of Networks" ; Hansen, "Search-Transfer Problem."
7. Cf. Jay R. Galbraith, "Matrix Organization Designs: How to Combine Functional and Project Forms," *Business Horizons* 14, no. 1 (February 1971): 29–40.
8. Centola and Macy, "Complex Contagions."
9. Burt, "Network Structure" ; Hansen, "Search-Transfer Problem" ; John F. Padgett and Christopher K. Ansell, "Robust Action and the Rise of the Medici, 1400–1434," *American Journal of Sociology* 98, no. 6 (1993): 1259–1319; Burt, "Social Capital," 157.
10. Simmel, *Sociology of Georg Simmel*; David Krackhardt, "The Ties That Torture: Simmelian Tie Analysis in Organizations," *Research in the Sociology of Organizations* 16, no. 1 (1999): 183–210; Repenning, "Simulation-Based Approach" ; David Krackhardt, "The Strength of Strong Ties: The Importance of Philos in Organizations," in *Networks in the Knowledge Economy*, ed. Rob Cross, Andrew Parker, and Lisa Sasson (New York: Oxford University Press, 2003), 82–108; Coleman, "Social Capital."
11. Hansen, "Search-Transfer Problem"; Ancona and Caldwell, "Bridging the Boundary."
12. 此处的观点与大量研究新事物及团队成功的结构因素的文献有关。该主题下的大多数研究都强调了结构的重要性，因为结构对多样性有一定影响。但与此处的讨论相关的，是几个有关重叠组结构与新事物发展的研究，如 Mathijs de Vaan，Balazs Vedres，David Stark，"Game Changer : The Topology of Creativity，" *American Journal of Sociology* 120，no. 4（2015）: 1144-1194，及其中结构折叠的观点。如文献中所述："当团队中有不同认知的各个组产生交叉点时，团队才最可能取得创新性成就"（1147）。此处的重点在于新事物成功发展的关键，不仅在于不同组有交叉点，还在于它们有多个相互重叠的交叉点，在团队的多个组之间建起了宽桥。其他相关研究见以下文献。Ray Reagans and Bill McEvily. "Network Structure and Knowledge Transfer: The Effects of Cohesion and Range," *Administrative Science Quarterly* 48, no. 2 (2003): 240–267; Brian Uzzi and Jarrett Spiro, "Collaboration and Creativity: The Small World Problem," *American Journal of Sociology* 111, no. 2 (2005): 447–504; and David Obstfeld, "Social Networks, the Tertius Iungens Orientation, and Involvement in Innovation," *Administrative Science Quarterly* 50, no. 1 (2005): 100–130.

13. Gerald Davis and Henrich Greve, "Corporate Elite Networks and Governance Changes in the 1980s," *American Journal of Sociology* 103, no. 1 (1997): 1–37; Krackhardt, "Strength of Strong Ties"; Coleman, "Social Capital."

14. Walter W. Powell and Paul J. DiMaggio, *The New Institutionalism in Organizational Analysis* (Chicago: University of Chicago Press, 1991).

15. Burt, "Social Capital"; Burt, *Structural Holes*.

16. Peter M. Blau and Joseph E. Schwartz, *Crosscutting Social Circles* (Orlando, FL: Academic Press, 1984); Paul F. Lazarsfeld and Robert K. Merton, "Friendship as a Social Process: A Substantive and Methodological Analysis," *Freedom and Control in Modern Society* 18, no. 1 (1954): 18–66; Feld, "Focused Organization"; Mario Small, *Unanticipated Gains: Origins of Network Inequality in Everyday Life* (Oxford: Oxford University Press, 2009).

17. 此处我探讨的是在组织网络中的应用，但这些观点的应用范围还可更广，可用于任何情境下的机构设计。此外，Thomas Piketty [*Capital in the Twenty-First Century*, trans. Arthur Goldhammer（Cambridge, MA: Belknap Press of Harvard University Press, 2014）] 的相关结论表明，为传播对减小贫富差距至关重要的新事物和复杂信息，可能有必要在整个社会中建立有宽桥的重叠网络。另可参见 Centola, "Social Origins of Networks" 中对通婚、集体行动等的应用。

18. Centola, "Social Origins of Networks"; Small, *Unanticipated Gains*.

19. Thomas J. Allen, *Managing the Flow of Technology: Technology Transfer and the Dissemination of Technological Information within the R&D Organization* (Cambridge, MA: MIT Press, 1984).

20. Blau and Schwartz, *Crosscutting Social Circles*; Centola, "Social Origins of Networks." 对同质性水平的假设，可参见 Jon M. Kleinberg, "Navigation in a Small World," *Nature* 406, no. 6798 (2000): 845; Duncan J. Watts, Peter S. Dodds, and Mark E. J. Newman, "Identity and Search in Social Networks," *Science* 296 (2002): 1302–1305。

21. 如布劳和约瑟夫 · E. 施瓦兹（Joseph E. Schwartz）所述："社会差异的交叉程度（即身份'分散'或'集中'的程度）对组间关系有重要意义，社群的融合……是该理论考虑的核心概念。"此处提到的组织身份理论是对 Blau，Schwartz，*Crosscutting Social Circles*；Centola，"Social Origins of Networks"的直接应用。

22. 相当于 Blau 和 Schwartz 提出的"固结"概念。参见 Centola，"Social Origins of Networks"。

23. 布劳和施瓦兹（*Crosscutting Social Circles*）认为，遍及多个社会情境的相关位置具有"固结"的性质，而非同质。这是此处展开的中心思想。

24. 有时也被称为"牢固的"组织文化。Michelle J. Gelfand, Lisa Nishii, and Jana Raver, "On the Nature and Importance of Cultural Tightness-Looseness," *Journal of Applied Psychology* 91 (2006):1225–1244.

25. Centola, "Social Origins of Networks". 技术细节见附录 D。

26. Ellison, "Learning"；Centola and Baronchelli, "Spontaneous Emergence"；David Lazer and Allan Friedman, "The Network Structure of Exploration and Exploitation," *Administrative Science Quarterly* 52, no. 4 (2007): 667–694; Carroll and Hannan, *Demography of Corporations*. 在组织情境之外，这些结构方面的观点也可在建立所谓的"关口社群"时用来解决相关问题，"关口社群"即由多个矛盾的社群之间相互重叠的关系组成的网络群体。有关巴以冲突的研究发现，如果网络中有横跨其他网络的个体在有冲突的组之间建起了宽桥，那这些网络也许就能用来传播调解的意向。Levy et al., "Ingroups, Outgroups."

27. Cf. H. Russell Bernard, P. Killworth, and L. Sailer, "Informant Accuracy in Social Network Data IV," *Social Networks* 2 (1980): 191–218.

28. 此处探讨的重点是组织网络，但这些方法论也可进一步推广至对机构的社会学研究。Centola, "Social Origins of Networks".

29. Cf. Harrison White, *Identity and Control* (Princeton, NJ: Princeton University Press: 2008).

30. Mechanical solidarity; Emile Durkheim, *The Division of Labor in Society*, trans. W. D. Halls (New York: Free Press, 1997).

31. 参见 Cf. de Vaan，Vedres，Stark，"Game Changer"有关结构折叠的内容；Centola, "Social Origins of Networks."

第三部分导读

1. 社会学界出现的此类担忧可回溯至 Alexis de Tocqueville's [*Democracy in America*, trans. Harvey C. Mansfield and Delba Winthrop（Chicago：University of Chicago Press，2000）] 的研究，作者担心在社会关系越来越疏远的年代，公民生活还能否具有完整性；另有埃米尔·涂尔干（*Suicide*）的著名观点，他担心向世界开放的欧洲会越来越混乱；马克斯·韦伯（*Economy and Society*）也对社会关系淡薄及其对社会传播过程的影响进行了研究。本书的主要不同之处或许在于，我关注的是这个越来越联通的年代会带来的意想不到的风险。本书提出了改变社会网络结构带来的影响、过度的线上社会互动对人们期望的相互影响带来的影响，以及最终对以数据为导向研究这些互动的实证社会科学带来的影响（cf. Putnam，*Bowling Alone*）。
2. John Seely Brown and Paul Duguid, "Knowledge and Organization: A Social-Practice Perspective," *Organization Science* 12, no. 2 (2001): 198–213; John Seely Brown and Paul Duguid, *The Social Life of Information* (Brighton, MA: Harvard Business Press Publishing, 2000).
3. Emile Durkheim, *Suicide: A Study in Sociology*, trans. J.A. Spaulding and G. Simpson (Glencoe, Illinois: Free Press, 1951); Putnam, *Bowling Alone*; Ferdinand Tonnies, *Community and Society* (New Brunswick, NJ: Transaction Publishers, 1988). 如约翰·西利·布朗（John Seely Brown）和保罗·杜吉德（Paul Duguid）（*Social Life of Information*）所述："对信息的高度关注及其隐含的如果我们关注信息那一切就会就绪的假设，最终会发展为社会和道德层面的盲目无知（30）。"
4. 如罗伯特·帕特南所述："社会运动和社会资本的关系极为紧密，有时难以回答谁是鸡谁是蛋的问题。这正是因为社会资本对社会运动至关重要，社会资本的减少可能弱化社会运动对未来的预期（*Bowling Alone*，152–153）。"
5. Ralph Waldo Emerson, *Journals of Ralph Waldo Emerson: With Annotations*, ed. Edward Waldo Emerson and Waldo Emerson Forbes, vol. 8, *1849–1855* (Boston: Houghton Mifflin, 1912), 528.
6. W. Brian Arthur, "Competing Technologies, Increasing Returns, and Lock-in by Historical Events," *Economic Journal* 99, no. 394 (1989): 116–131; Paul A. David, "Clio and the Economics of QWERTY," *American Economic Review* 75, no. 2 (1985): 332–337; I. C. Bupp and J. C. Derian, *Light Water: How the Nuclear Dream Dissolved* (New York: Basic Books, 1978); Robin Cowan, "Backing the Wrong Horse: Sequential Choice among Technologies of Unknown Merit" (PhD diss., Stanford University, 1987); W. Brian Arthur, "Positive Feedbacks in the Economy," *Scientific American* 262, no. 2 (1990): 92–99; Eberhard Bruckner et al., "Hyperselection and Innovation Described by a Stochastic Model of Technological Evolution,"

in *Evolutionary Economics and Chaos Theory: New Directions in Technology Studies*, ed. Loet Leydesdorff and Peter Van den Besselaar (London: Palgrave Macmillan, 1994), 79–90; W. Brian Arthur, "Competing Technologies: An Overview," in *Technical Change and Economic Theory*, ed. G. Dosi et al. (London: Pinter, 1988), 590–607; W. Brian Arthur, "Self-Reinforcing Mechanisms in Economics," in *The Economy as an Evolving Complex System*, ed. P. W. Anderson, K. Arrow, and D. Pines (Redwood City, CA: Addison-Wesley, 1988), 9–32.

7. Daniel C. Dennett, *Darwin's Dangerous Idea: Evolution and the Meanings of Life* (New York: Simon and Schuster, 1995); Berger, *Contagious*; Carroll and Hannan, *Demography of Corporations*; Glenn R. Carroll and Michael T. Hannan, "Organizational Ecology," in *International Encyclopedia of Social and Behavioral Sciences*, ed. J. Wright, 2nd ed., vol. 17 (Amsterdam: Elsevier, 2015), 358–363; Charles Darwin, *On the Origin of Species by Means of Natural Selection, or the Preservation of Favoured Races in the Struggle for Life.* (London: John Murray, 1859).
8. Leigh Van Valen, "A New Evolutionary Law," *Evolutionary Theory* 1 (1973): 1–30; Lewis Carroll, *Through the Looking Glass: And What Alice Found There* (Chicago: Rand McNally, 1917).
9. Carroll, *Through the Looking Glass*, 34.
10. Berger, *Contagious*; Sinan Aral and Dylan Walker, "Creating Social Contagion through Viral Product Design: A Randomized Trial of Peer Influence in Networks," *Management Science* 57, no. 9 (2011): 1623–1639; Sinan Aral, Lev Muchnik, and Arun Sundararajan, "Engineering Social Contagions: Optimal Network Seeding in the Presence of Homophily," *Network Science* 1, no. 2 (2013): 125–153; Brown and Duguid, *Social Life of Information*.
11. Lee Rainie, Kristen Purcell, and Aaron Smith, "The Social Side of the Internet," Pew Research Center: Internet, Science & Tech, January 18, 2011.
12. Ibid.; Anderson and Rainie, "Millennials" ; Aaron Smith, "Why Americans Use Social Media," Pew Research Center: Internet, Science & Tech, November 15, 2011; Susannah Fox and Maeve Duggan, "Health Online 2013," Pew Research Center: Internet, Science & Tech, January 15, 2013; Wen-Ying Sylvia Chou et al., "Social Media Use in the United States: Implications for Health Communication," *Journal of Medical Internet Research* 11, no. 4 (2009): e48.
13. Centola et al., "Homophily, Cultural Drift" ; Damon Centola and Arnout van de Rijt, "Choosing Your Network: Social Preferences in an Online Health Community," *Social Science & Medicine* 125 (January 2015): 19–31.

第 7 章　同质性社会网络更容易促进行为的改变

1. Putnam, *Bowling Alone*.
2. Rainie, Purcell, and Smith, “Social Side”; Smith, “Why Americans Use Social Media”; Fox and Duggan, “Health Online 2013”; Centola, “Social Media”; Chou et al., “Social Media Use”; Grace C. Huang et al., “Peer Influences: The Impact of Online and Offline Friendship Networks on Adolescent Smoking and Alcohol Use,” *Journal of Adolescent Health* 54, no. 5 (May 2014): 508–514.
3. Avi Asher-Schapiro, “The Virtual Surgeons of Syria,” *Atlantic*, August 24, 2016; Jeana Frost and Michael Massagli, “Social Uses of Personal Health Information Within PatientsLikeMe, an Online Patient Community: What Can Happen When Patients Have Access to One Another’s Data,” *Journal of Medical Internet Research* 10, no. 3 (2008): e15; Chou et al., “Social Media Use”; Centola, “Social Media”; C. Lee Ventola, “Social Media and Health Care Professionals: Benefits, Risks, and Best Practices,” *Pharmacy and Therapeutics* 39, no. 7 (2014): 491; Sara LaJeunesse, “Mobile Health Apps Lack Behavior-Change Techniques,” Penn State News, May 6, 2014.
4. 近期有关社会影响的研究表明，可将人分为有影响力的和易感的两种“类型”，参见 Sinan Aral，Dylan Walker，“Identifying Influential and Susceptible Members of Social Networks，” *Science* 337（2012）: 337–341。相比之下，此处提出的方法认为影响力和易感性通常随社会情境的变化而变化。
5. Ibid.; Chou et al., “Social Media Use”; Frost and Massagli, “Social Uses.”
6. 引文出自 Frost，Massagli，“Social Uses，” 5。
7. Lazarsfeld and Merton, “Friendship as a Social Process”; Robert Axelrod, “The Dissemination of Culture: A Model with Local Convergence and Global Polarization,” *Journal of Conflict Resolution* 41, no. 2 (1997): 203–226; Miller McPherson, Lynn Smith-Lovin, and James M. Cook, “Birds of a Feather: Homophily in Social Networks,” *Annual Review of Sociology* 27 (2001): 415–444; J. Miller McPherson and Lynn Smith-Lovin, “Homophily in Voluntary Organizations: Status Distance and the Composition of Face-to-Face Groups,” *American Sociological Review* 52, no. 3 (1987): 370–379.
8. 如拉扎斯菲尔德和默顿（“Friendship as a Social Process”）所述：“选择偏好的问题不能完全用我们熟悉且极具误导性的提问方式来表示，即谈到亲密友谊时，同类人真的会成群结队地行动吗？相反，选择偏好是个更为复杂的问题，说明了选择随不同社会特性改变的程度、选择在不同社会结构下会如何变化，及这种选择模式是如何产生的。”换言之，选择偏好和社会相关性一样，随情境而异，因而难以识别。

9. 拉扎斯菲尔德和默顿（“Friendship as a Social Process”）也提到了这种解决方法，但没有说明直接的实施手段。

10. 十分感谢麻省理工学院医学办公室的玛丽安娜·科克布莱德（Maryanne Kirkbride）和金·萨琦（Kim Schive）协助将这些研究纳入 GetFit 项目。

11. 我的同事参与了该项目，参见 Centola，van de Rijt，“Choosing Your Network”。

12. 710 名健身项目成员报名参加了本次研究。每名被试被随机分配到 10 个社群中的 1 个，直至每个网络都容纳 71 名被试。因为每个网络有 72 个节点，所以每个网络中都有 1 个“未占用”的节点。该节点作为特殊的种子节点，用来发起传播过程。所有 10 个网络的种子节点都是相同的个体。因此，全部 10 个社群中第 1 个采用者的健康档案都相同，即其年龄、性别、体重指数等数据都相同。每个社群中，发起传播过程的种子节点的健康档案是典型的健康新事物早期采用者的档案，也就是说，该个体健康（体重指数为 $23kg/m^2$）、年轻（28 岁）、为女性。由于每个网络中种子的档案都相同，所以我们能确认社会关系的同质性分配是如何影响传播过程到达的范围的，即每个群体的健康种子个体是如何一路影响到最不健康的个体的。额外的稳健性测试还检测了使用其他播种策略带来的影响。参见 Centola，“Experimental Study”。

13. 该研究中，被试不能增加或移除他们的关系。不仅如此，所有参加该研究的被试都不曾参加过可以改变关系的研究，因此不会有过去在该项目中的社会选择带来负面影响的情况出现。

14. Centola, “Experimental Study.”

15. Erving Goffman, *The Presentation of Self in Everyday Life* (New York: Anchor Books, 1959); Amartya Sen, *Identity and Violence: The Illusion of Destiny* (New York: W. W. Norton, 2006); George Akerlof and Rachel Kranton, *Identity Economics* (Princeton, NJ: Princeton University Press, 2010).

16. Berger, *Contagious*; Aral and Walker, “Creating Social Contagion.”

17. 某些环境中，“关系情境”可指社会关系的情感强度影响网络互动的方式，例如两个亲密好友彼此的互动方式可能不同于与共同熟人的互动方式。“关系情境”也可指对社会互动的时间安排，例如人们在组中与所有网络联系人同时互动时和其与联系人单独互动时有很大差异。关系情境的所有这些特征都可能影响网络关系中行为传播的方式。

第 8 章 如何创建高效传播的线上社群

1. Mary C. Brinton and Victor Nee, *The New Institutionalism in Sociology* (New York: Russell Sage Foundation, 1988); Powell and DiMaggio, *New Institutionalism*; Paul

DiMaggio and Walter W. Powell, “The Iron Cage Revisited: Collective Rationality and Institutional Isomorphism in Organizational Fields,” *American Sociological Review* 48, no. 2 (1983): 147–160; James G. March, *Primer on Decision Making: How Decisions Happen* (New York: Simon and Schuster, 1994); Mario Small, *Someone to Talk To* (Oxford: Oxford University Press, 2017).

2. Georg Simmel, “How Is Society Possible?,” in *Georg Simmel, 1858–1918: A Collection of Essays, with Translations and a Bibliography*, ed. Kurt H. Wolff (Columbus: Ohio State University Press, 1959).
3. Daniel C. Dennett, *Consciousness Explained* (Boston: Back Bay Books, 1991); Edmund Husserl, *Cartesian Meditations: An Introduction to Phenomenology*, trans. Dorion Cairns (The Hague: Martinus Nijhoff, 1950).
4. 基于相似的原因，匿名也是提高陌生人之间行为影响力的有效方法。许多社会情境中，人们都会积极寻找不在他们友谊网络中的联系人，例如，人们在讨论艾滋病诊断或承认存在经济困难时，想避免可能出现的名誉影响，就会另寻联系人。这些情况下，泛泛之交更安全，就某些方面而言更可信，而密友或家人可能在未来的互动中利用这些信息。在多数线下环境中，这些弱连接都来自随机联系人，他们不会为行为变化带来任何社会强化。然而，线上的社会环境经过设计则可以将弱连接的关系优势与群聚型关系的结构优势相结合，既避免了不良的名誉影响，又提供了相关同伴带来的强化信号，可以促进我们希望看到的行为变化的出现。线上社交世界为我们设计兼具匿名性和影响力的社会关系提供了不可多得的机会。参见 Small, *Someone To Talk*。
5. Zhang et al., “Efficacy and Causal Mechanism” ; Zhang et al., “Support or Competition?”
6. Kenneth J. Arrow, “Gifts and Exchanges,” *Philosophy & Public Affairs* 1, no. 4 (1972): 343–362; Robert M. Solow, “The Economist’s Approach to Pollution and Its Control,” *Science* 173, no. 3996 (1971): 498–503; Samuel Bowles and Sandra Polanía-Reyes, “Economic Incentives and Social Preferences: Substitutes or Complements?” *Journal of Economic Literature* 50, no. 2 (June 1, 2012): 368–425.
7. Centola, “Experimental Study” ; Centola and van de Rijt, “Choosing Your Network” ; Jason D. Flatt, Yll Agimi, and Steve M. Albert, “Homophily and Health Behavior in Social Networks of Older Adults,” *Family & Community Health* 35, no. 4 (2012): 312–321; Thomas W. Valente et al., “Adolescent Affiliations and Adiposity: A Social Network Analysis of Friendships and Obesity,” *Journal of Adolescent Health* 45, no. 2 (2009): 202–204.
8. Noah J. Goldstein, Robert B. Cialdini, and Vladas Griskevicius, “A Room with

a Viewpoint: Using Social Norms to Motivate Environmental Conservation in Hotels," *Journal of Consumer Research* 35, no. 3 (2008): 472–482; Gregory M. Walton, "The New Science of Wise Psychological Interventions," *Current Directions in Psychological Science* 23, no. 1 (2014): 73–82.

9. Clarissa David, Joseph N. Cappella, and Martin Fishbein, "The Social Diffusion of Influence among Adolescents: Group Interaction in a Chat Room Environment about Antidrug Advertisements," *Communication Theory* 16, no. 1 (2006): 118–140; Robert Hornik et al., "Effects of the National Youth Anti-Drug Media Campaign on Youths," *American Journal of Public Health* 98, no. 12 (2008): 2229–2236.

10. Willemieke Kroeze, Andrea Werkman, and Johannes Brug, "A Systematic Review of Randomized Trials on the Effectiveness of Computer-Tailored Education on Physical Activity and Dietary Behaviors," *Annals of Behavioral Medicine* 31, no. 3 (2006): 205–223; Dariush Mozaffarian et al., "Population Approaches to Improve Diet, Physical Activity, and Smoking Habits A Scientific Statement from the American Heart Association," *Circulation* 126, no. 12 (2012): 1514–1563; Pechmann et al., "Randomised Controlled Trial Evaluation" ; S. L. Williams and D. P. French, "What Are the Most Effective Intervention Techniques for Changing Physical Activity Self-Efficacy and Physical Activity Behaviour—And Are They the Same?," *Health Education Research* 26, no. 2 (2011): 308–322; Liliana Laranjo et al., "The Influence of Social Networking Sites on Health Behavior Change: A Systematic Review and Meta-analysis," *Journal of the American Medical Informatics Association*, 22, no. 1 (2014): 243–256; Carol A. Maher et al., "Are Health Behavior Change Interventions That Use Online Social Networks Effective? A Systematic Review," *Journal of Medical Internet Research* 16, no. 2 (2014): e40; Nathan K. Cobb et al., "Initial Evaluation of a Real-World Internet Smoking Cessation System," *Nicotine & Tobacco Research* 7, no. 2 (2005): 207–216; Anna Khaylis et al., "A Review of Efficacious Technology-Based Weight-Loss Interventions: Five Key Components," *Telemedicine and E-Health* 16, no. 9 (2010): 931–938; Kroeze, Werkman, and Brug, "Systematic Review" ; Nathan K. Cobb and Amanda L. Graham, "Health Behavior Interventions in the Age of Facebook," *American Journal of Preventive Medicine* 43, no. 5 (2012): 571–572.

11. 我与张静文回顾了大量社会比较对集体行为带来积极或消极影响的情况，并探讨了如何利用社会设计控制这些影响。参见 Jingwen Zhang and Damon Centola, "How Social Networks Shape Social Comparison," in *Social Comparison, Judgment & Behavior*, edited by Jerry Suls (New York: Oxford University Press, forthcoming)。

HOW BEHAVIOR SPREADS

参考文献

ACOR.org—Association of Cancer Online Resources. Accessed February 5, 2017.

Ahmed, Syed M., and Salman Azhar. "Adoption and Implementation of Total Quality Management (TQM) in the Florida Construction Industry." Paper presented at Associated Schools of Construction: 42nd Annual Conference, Colorado State University, Ft. Collins, April 20–22, 2006.

Ajzen, Icek. "The Theory of Planned Behavior." *Organizational Behavior and Human Decision Processes* 50, no. 2 (1991): 179–211.

Ajzen, Icek, and Martin Fishbein. *Understanding Attitudes and Predicting Social Behaviour*. Englewood Cliffs, NJ: Prentice-Hall, 1980.

Akerlof, George, and Rachel Kranton. *Identity Economics*. Princeton, NJ: Princeton University Press, 2010.

Albert, Réka, Hawoong Jeong, and Albert-László Barabási. "Error and Attack Tolerance of Complex Networks." *Nature* 406, no. 6794 (2000): 378–382.

Alexander, Jason, and Brian Skyrms, "Bargaining with Neighbors: Is Justice Contagious?" *Journal of Philosophy* 96, no. 11 (1999): 588–598.

Allen, Thomas J. *Managing the Flow of Technology: Technology Transfer and the Dissemination of Technological Information within the R&D Organization*. Cambridge, MA: MIT Press, 1984.

Al-Omiri, Mohammed. "The Factors Influencing the Adoption of Total Quality

Management with Emphasis on Innovative/Strategic Management Accounting Techniques: Evidence from Saudi Arabia." *International Journal of Customer Relationship Marketing and Management (IJCRMM)* 3, no. 3 (2012): 33–54.

Ancona, Deborah G., and David Caldwell. "Beyond Boundary Spanning: Managing External Dependence in Product Development Teams." *Journal of High Technology Management Research* 1, no. 2 (1990): 119–135.

———. "Bridging the Boundary: External Activity and Performance in Organizational Teams." *Administrative Science Quarterly* 37 (1992): 634–665.

Anderson, Janna, and Lee Rainie. "Millennials Will Make Online Sharing in Networks a Lifelong Habit." Pew Research Center: Internet & Technology, July 9, 2010.

Anderson, Philip W. "More Is Different." *Science* 177, no. 4047 (1972): 393–396.

Aral, Sinan, Lev Muchnik, and Arun Sundararajan. "Engineering Social Con-tagions: Optimal Network Seeding in the Presence of Homophily." *Network Science* 1, no. 2 (2013): 125–153.

Aral, Sinan, and Christos Nicolaides. "Exercise Contagion in a Global Social Network." *Nature Communications* 8: 14753 (2017).

Aral, Sinan, and Dylan Walker. "Creating Social Contagion through Viral Product Design: A Randomized Trial of Peer Influence in Networks." *Management Science* 57, no. 9 (2011): 1623–1639.

———. "Identifying Influential and Susceptible Members of Social Networks." *Science* 337 (2012): 337–341.

Arendt, Hannah. *The Origins of Totalitarianism*. London: Schocken Books, 1951.

Arrow, Kenneth J. "Gifts and Exchanges." *Philosophy & Public Affairs* 1, no. 4 (1972): 343–362.

Arthur, W. Brian. "Competing Technologies: An Overview." In *Technical Change and Economic Theory*, edited by G. Dosi, C. Freeman, R. Nelson, G. Silverberg, and L. Soete, 590–607. London: Pinter, 1988.

———. "Competing Technologies, Increasing Returns, and Lock-In by Historical Events." *Economic Journal* 99, no. 394 (1989): 116–131.

———. "Positive Feedbacks in the Economy." *Scientific American* 262, no. 2 (1990): 92–99.

———. "Self-Reinforcing Mechanisms in Economics." In *The Economy as an Evolving Complex System*, edited by P. W. Anderson, K. Arrow, and D. Pines, 9–32. Redwood City, CA: Addison-Wesley, 1988.

Asch, Solomon E. "Effects of Group Pressure upon the Modification and Distortion of Judgments." *Groups, Leadership, and Men: Research in Human Relations*, edited by Harold S. Guetzkow, 222–236. Pittsburgh: Carnegie Press, 1951.

Asher-Schapiro, Avi. "The Virtual Surgeons of Syria." *Atlantic*, August 24, 2016.

Auvert, Bertran, Dirk Taljaard, Emmanuel Lagarde, Joelle Sobngwi-Tambekou, Rémi Sitta, and Adrian Puren. "Randomized, Controlled Intervention Trial of Male Circumcision for Reduction of HIV Infection Risk: The ANRS 1265 Trial." *PLOS Medicine* 2, no. 11 (2005): e298.

Axelrod, Robert. "The Dissemination of Culture: A Model with Local Convergence and Global Polarization." *Journal of Conflict Resolution* 41, no. 2 (1997): 203–226.

———. *The Evolution of Cooperation*. Rev. ed. New York: Basic Books, 1984.

Backstrom, Lars, Dan Huttenlocher, Jon Kleinberg, and Xiangyang Lan. "Group Formation in Large Social Networks: Membership, Growth, and Evolution." In *Proceedings of the 12th ACM SIGKDD International Conference on Knowledge Discovery and Data Mining*, 44–54. New York: Association of Computing Machinery, 2006.

Baer, John S. "Effects of College Residence on Perceived Norms for Alcohol Consumption: An Examination of the First Year in College." *Psychology of Addictive Behaviors* 8, no. 1 (1994): 43–50.

Bailey, Norman T. J., *The Mathematical Theory of Infectious Diseases and Its Application*. London: Griffin, 1975.

Bailey, Robert C., Stephen Moses, Corette B. Parker, Kawango Agot, Ian Maclean, John N. Krieger, Carolyn F. M. Williams, Richard T. Campbell, and Jeckoniah O. Ndinya-Achola. "Male Circumcision for HIV Prevention in Young Men in Kisumu, Kenya: A Randomised Controlled Trial." *Lancet* 369, no. 9562 (2007): 643–656.

Bakshy, Etan, B. Karrer, and L. Adamic, "Social Influence and the Diffusion of User-Created Content." In *Proceedings of the 10th ACM Conference on Electronic Commerce*, 325–334. New York: Association of Computing Machinery, 2009.

Balkundi, Prasad, and David A. Harrison. "Ties, Leaders, and Time in Teams: Strong Inference about Network Structure's Effects on Team Viability and Performance." *Academy of Management Journal* 49, no. 1 (2006): 49–68.

Ball, Philip. *Critical Mass: How One Thing Leads to Another*. New York: Farrar, Straus and Giroux, 2006.

Bankole, A., G. Rodríguez, and C. F. Westoff. "Mass Media Messages and Reproductive Behaviour in Nigeria." *Journal of Biosocial Science* 28, no. 2 (1996):

227–239.

Barabási, Albert-László. *Linked: How Everything Is Connected to Everything Else and What It Means for Business, Science, and Everyday Life*. New York: Perseus Books, 2002.

Barabási, Albert-László, and Réka Albert. "Emergence of Scaling in Random Networks." *Science* 286, no. 5439 (1999): 509–512.

Barabási, Albert-László, Réka Albert, and Hawoong Jeong. "Scale-Free Characteristics of Random Networks: The Topology of the World-Wide Web." *Physica A: Statistical Mechanics and Its Applications* 281, no. 1 (2000): 69–77.

Barash, Vladimir, Christopher Cameron, and Michael Macy. "Critical Phenomena in Complex Contagions." *Social Networks* 34 (2012): 451– 461.

Barclay, Michael J., William Christie, Jeffrey Harris, Eugene Kandel, and Paul H. Schultz. "Effects of Market Reform on the Trading Costs and Depths of Nasdaq Stocks." *Journal of Finance* 54, no. 1 (1999): 1–34.

Barron, John M., and Kathy Paulson Gjerde. "Who Adopts Total Quality Management (TQM): Theory and an Empirical Test." *Journal of Economics & Management Strategy* 5, no. 1 (1996): 69–106.

Bass, Frank M. "A New Product Growth for Model Consumer Durables." *Management Science* 15, no. 5 (1969): 215–227.

BBC News. "Ebola Outbreak: Guinea Health Team Killed." September 19, 2014, sec. Africa.

Beaman, Lori, Ariel B. Yishay, Jeremy Magruder, and Ahmed M. Mobarak. "Can Network Theory-Based Targeting Increase Technology Adoption?" Working paper, Northwestern University, Evanston, IL, June 2015.

Bebchuk, Lucien A., and Jesse M. Fried. "Executive Compensation at Fannie Mae: A Case Study of Perverse Incentives, Nonperformance Pay, and Camouflage." *Journal of Corporation Law* 30, no. 4 (2005): 807–822.

Becker, Joshua A., Devon Brackbill, and Damon Centola. "The Network Dynamics of Social Influence in the Wisdom of Crowds." *Proceedings of the National Academy of Science* 114, no. 26 (2017): 5070–5076.

Begum, Hamida A., and Eliza Ahmed. "Individual Risk Taking and Risky Shift as a Function of Cooperation-Competition Proneness of Subjects." *Psychological Studies* 31, no. 1 (1986): 21–25.

Bell, Arthur E., and A. E. Bell. *Christian Huygens and the Development of Science in the Seventeenth Century*. London: Edward Arnold, 1947.

Berezow, Alex, and Hank Campbell. *Science Left Behind: Feel-Good Fallacies and the Rise of the Anti-scientific Left*. New York: PublicAffairs, 2012.

Berg, Howard C. *Random Walks in Biology*. Princeton, NJ: Princeton University Press, 1993.

Berg, Ivar. *Education and Jobs: The Great Training Robbery*. New York: Praeger Publishers, 1970.

Berger, Jonah. *Contagious: Why Things Catch On*. New York: Simon and Schuster, 2013.

Berkman, Lisa F., and Ichiro Kawachi. *Social Epidemiology*. Oxford: Oxford University Press, 2000.

Berkman, Lisa F., Ichiro Kawachi, and M. Maria Glymour. *Social Epidemiology*. 2nd. ed. Oxford: Oxford University Press, 2014.

Bernard, H. Russell, P. Killworth, and L. Sailer. "Informant Accuracy in Social Network Data IV." *Social Networks* 2 (1980): 191–218.

Bicchieri, Cristina. *The Grammar of Society: The Nature and Dynamics of Social Norms*. Cambridge: Cambridge University Press, 2006.

———. *Norms in the Wild: How to Diagnose, Measure and Change Social Norms*. Oxford: Oxford University Press, 2016.

Biggs, Michael. "Positive Feedback in Collective Mobilization: The American Strike Wave of 1886." *Theory and Society* 32, no. 2 (2003): 217–254.

———. "Strikes as Forest Fires: Chicago and Paris in the Late Nineteenth Century." *American Journal of Sociology* 110, no. 6 (2005): 1684–1714.

Blair, Ann. "Tycho Brahe's Critique of Copernicus and the Copernican System." *Journal of the History of Ideas* 51, no. 3 (1990): 355–377.

Blau, Peter M. *Inequality and Heterogeneity: A Primitive Theory of Social Structure*. New York: Free Press, 1977.

Blau, Peter M., Terry C. Blum, and Joseph E. Schwartz. "Heterogeneity and Intermarriage." *American Sociological Review* 47, no. 1 (1982): 45–62.

Blau, Peter M., and Joseph E. Schwartz. *Crosscutting Social Circles*. Orlando, FL: Academic Press, 1984.

Boguñá, Marián, Dmitri Krioukov, and K. C. Claffy. "Navigability of Complex Networks." *Nature Physics* 5, no. 1 (2009): 74–80.

Bond, Robert M., Christopher J. Fariss, Jason J. Jones, Adam D. I. Kramer, Cameron Marlow, Jaime E. Settle, and James H. Fowler. "A 61-Million-Person Experiment in Social Influence and Political Mobilization." *Nature* 489, no. 7415 (2012): 295–298.

Boorman, Scott A., and Paul R. Levitt. *The Genetics of Altruism*. New York: Academic Press, 1983.

Borsari, Brian, and Kate B. Carey. "Peer Influences on College Drinking: A Review of the Research." *Journal of Substance Abuse* 13, no. 4 (2001): 391–424.

Bowles, Samuel, and Sandra Polanía-Reyes. "Economic Incentives and Social Preferences: Substitutes or Complements?" *Journal of Economic Literature* 50, no. 2 (June 1, 2012): 368–425.

Brackbill, Devon, and Damon Centola. "The Network Structure of Scientific Discovery." Working Paper, Annenberg School for Communication, University of Pennsylvania, Philadelphia, 2016. Adobe PDF file.

Breiger, Ronald L. "The Duality of Persons and Groups." *Social Forces* 53, no. 2 (1974): 181–190.

Brinton, Mary C., and Victor Nee. *The New Institutionalism in Sociology*. New York: Russell Sage Foundation, 1988.

Brooks, S. J., V. Savov, E. Allzén, C. Benedict, R. Fredriksson, and H. B. Schiöth. "Exposure to Subliminal Arousing Stimuli Induces Robust Activation in the Amygdala, Hippocampus, Anterior Cingulate, Insular Cortex and Primary Visual Cortex: A Systematic Meta-analysis of fMRI Studies." *NeuroImage* 59, no. 3 (2012): 2962–2973.

Brown, John S., and Paul Duguid. "Knowledge and Organization: A Social- Practice Perspective." *Organization Science* 12, no. 2 (2001): 198–213.

———. *The Social Life of Information*. Brighton, MA: Harvard Business Review Press, 2000.

Bruckner, Eberhard, Werner Ebeling, M. A. Jiménez Montaño, and Andrea Scharnhorst. "Hyperselection and Innovation Described by a Stochastic Model of Technological Evolution." In *Evolutionary Economics and Chaos Theory: New Directions in Technology Studies*, edited by Loet Leydesdorff and Peter Van den Besselaar, 79–90. London: Palgrave Macmillan, 1994.

Bupp, Irvin C., and Jean-Claude Derian. *Light Water: How the Nuclear Dream Dissolved*. New York: Basic Books, 1978.

Burgess, Matthew, Eytan Adar, and Michael Cafarella. "Link-Prediction Enhanced Consensus Clustering for Complex Networks." *PLOS ONE* 11, no. 5 (2016):

e0153384.

Burt, Ronald S. "The Network Structure of Social Capital." *Research in Organizational Behavior* 22 (2000): 345–423.

———. "The Social Capital of Structural Holes." In The *New Economic Sociology: Developments in an Emerging Field*, edited by Mauro F. Guillén, Randall Collins, Paula England, and Marshall Meyer, 148–191. New York: Russell Sage Foundation, 2002.

———. "Structural Holes and Good Ideas." *American Journal of Sociology* 110, no. 2 (2004): 349–399.

———. *Structural Holes: The Social Structure of Competition*. Cambridge, MA: Harvard University Press, 1992.

Buskens, Vincent, and Arnout van de Rijt. "Dynamics of Networks if Everyone Strives for Structural Holes." *American Journal of Sociology* 114, no. 2 (2008): 371–407.

Cacioppo, John T., Richard E. Petty, Chuan Feng Kao, and Regina Rodriguez. "Central and Peripheral Routes to Persuasion: An Individual Difference Perspective." *Journal of Personality and Social Psychology* 51, no. 5 (1986): 1032–1043.

Camerer, Colin F., George Loewenstein, and Matthew Rabin. *Advances in Behavioral Economics*. Princeton, NJ: Princeton University Press, 2003.

Campbell, Ellsworth, and Marcel Salathé. "Complex Social Contagion Makes Networks More Vulnerable to Disease Outbreaks." *Scientific Reports* 3 (2013): 1–6.

Cappella, Joseph N., Vincent Price, and Lilach Nir. "Argument Repertoire as a Reliable and Valid Measure of Opinion Quality: Electronic Dialogue during Campaign 2000." *Political Communication* 19, no. 1 (2002): 73–93.

Carrington, Peter J., John Scott, and Stanley Wasserman, eds. *Models and Methods in Social Network Analysis*. New York: Cambridge University Press, 2005.

Carroll, Glenn R., and Michael T. Hannan. *The Demography of Corporations and Industries*. Princeton, NJ: Princeton University Press, 2000.

———. "Organizational Ecology." In *International Encyclopedia of Social and Behavioral Sciences*, 2nd ed., edited by J. Wright, 17:358–363. Amsterdam: Elsevier, 2015.

Carroll, Lewis. *Through the Looking Glass: And What Alice Found There*. Chicago: Rand, McNally, 1917.

Cederman, Lars-Erik. *Emergent Actors in World Politics: How States and Nations Develop and Dissolve*. Princeton, NJ: Princeton University Press, 1997.

Centola, Damon. “An Experimental Study of Homophily in the Adoption of Health Behavior.” *Science* 334, no. 6060 (2011): 1269–1272.

———. “Failure in Complex Social Networks.” *Journal of Mathematical Sociology* 33, no. 1 (2008): 64–68.

———. “Homophily, Networks, and Critical Mass: Solving the Start-up Problem in Large Group Collective Action.” *Rationality and Society* 25, no. 1 (2013): 3–40.

———. “Social Media and the Science of Health Behavior.” *Circulation* 127, no. 21 (2013): 2135–2144.

———. “The Social Origins of Networks and Diffusion.” *American Journal of Sociology* 120, no. 5 (2015): 1295–1338.

———. “The Spread of Behavior in an Online Social Network Experiment.” *Science* 329, no. 5996 (2010): 1194–1197.

Centola, Damon, and Andrea Baronchelli. “The Spontaneous Emergence of Conventions: An Experimental Study of Cultural Evolution.” *Proceedings of the National Academy of Sciences* 112, no. 7 (2015): 1989–1994.

Centola, Damon, Juan Carlos Gonzalez-Avella, Victor M. Eguiluz, and Maxi San Miguel. “Homophily, Cultural Drift, and the Coevolution of Cultural Groups.” *Journal of Conflict Resolution* 51, no. 6 (2007): 905–929.

Centola, Damon, and Michael Macy. “Complex Contagions and the Weakness of Long Ties.” *American Journal of Sociology* 113, no. 3 (2007): 702–734.

———. “Social Life in Silico.” In *The Handbook of Group Research and Practice*, edited by Susan A. Wheelan, 273–281. Thousand Oaks, CA: SAGE Publications, 2005.

Centola, Damon, and Arnout van de Rijt. “Choosing Your Network: Social Preferences in an Online Health Community.” *Social Science & Medicine* 125 (January 2015): 19–31.

Centola, Damon, Robb Willer, and Michael Macy. “The Emperor’s Dilemma: A Computational Model of Self-Enforcing Norms.” *American Journal of Sociology* 110, no. 4 (2005): 1009–1040.

Chan, Jason, and Anindya Ghose, “Internet’s Dirty Secret: Assessing the Impact of Online Intermediaries on HIV Transmission.” *MIS Quarterly* 38, no. 4 (2013): 955–976.

Chetty, Raj, Nathaniel Hendren, and Lawrence F. Katz. “The Effects of Exposure to Better Neighborhoods on Children: New Evidence from the Moving to Opportunity Experiment.” NBER Working Paper No. 21156, National Bureau of Economic

Research, Cambridge, MA, May 2015.

Chong, Dennis. *Collective Action and the Civil Rights Movement*. Chicago: University of Chicago Press, 2014.

Chou, Wen-Ying Sylvia, Yvonne M. Hunt, Ellen B. Beckjord, Richard P. Moser, and Bradford W. Hesse. "Social Media Use in the United States: Implications for Health Communication." *Journal of Medical Internet Research* 11, no. 4 (2009): e48.

Christakis, Nicholas A., and James H. Fowler. "The Collective Dynamics of Smoking in a Large Social Network." *New England Journal of Medicine* 358, no. 21 (2008): 2249–2258.

Christakis, Nicholas A., and James H. Fowler. "Social Contagion Theory: Examining Dynamic Social Networks and Human Behavior." *Statistics in Medicine* 61, no.4 (2013): 556–577.

———. *Connected: The Surprising Power of Our Social Networks and How They Shape Our Lives*. New York: Little, Brown, 2009.

———. "The Spread of Obesity in a Large Social Network over 32 Years." *New England Journal of Medicine* 357, no. 4 (2007): 370–379.

Chwe, Michael Suk-Young. "Structure and Strategy in Collective Action." *American Journal of Sociology* 105, no. 1 (1999): 128–156.

Cialdini, Robert B. *Influence: The Psychology of Persuasion*. New York: Collins Business, 2007.

Clampet-Lundquist, Susan, and Douglas S. Massey. "Neighborhood Effects on Economic Self-Sufficiency: A Reconsideration of the Moving to Opportunity Experiment." *American Journal of Sociology* 114, no. 1 (2008): 107–143.

Coates, Thomas J., Linda Richter, and Carlos Caceres. "Behavioural Strategies to Reduce HIV Transmission: How to Make Them Work Better." *Lancet* 372, no. 9639 (2008): 669–684.

Cobb, Nathan K., and Amanda L. Graham. "Health Behavior Interventions in the Age of Facebook." *American Journal of Preventive Medicine* 43, no. 5 (2012): 571–572.

Cobb, Nathan K., Amanda L. Graham, Beth C. Bock, George Papandonatos, and David B. Abrams. "Initial Evaluation of a Real-World Internet Smoking Cessation System." *Nicotine & Tobacco Research* 7, no. 2 (2005): 207–216.

Cohen, Michael D., Rick L. Riolo, and Robert Axelrod. "The Role of Social Structure in the Maintenance of Cooperative Regimes." *Rationality and Society* 13, no. 1 (2001): 5–32.

Cohen-Cole, Ethan, and Jason M. Fletcher. "Is Obesity Contagious? Social Networks vs. Environmental Factors in the Obesity Epidemic." *Journal of Health Economics* 27, no. 5 (2008): 1382–1387.

Coleman, James S. "Social Capital in the Creation of Human Capital." *American Journal of Sociology* 94 (1988): S95–S120.

Coleman, James S., Elihu Katz, and Herbert Menzel. *Medical Innovation: A Diffusion Study*. New York: Bobbs-Merrill, 1966.

Collins, Randall. "Emotional Energy as the Common Denominator of Rational Action." *Rationality and Society* 5, no. 2 (1993): 203–230.

———. *The Sociology of Philosophies: A Global Theory of Intellectual Change*. Cambridge, MA: Belknap Press of Harvard University Press, 1998.

———. "Three Faces of Cruelty: Towards a Comparative Sociology of Violence." *Theory and Society* 1, no. 4 (1974): 415–440.

"Collusion in the Stockmarket." *Economist*, January 15, 1998.

Compagnone, Claude, and Peter Hamilton. "Burgundy Winemakers and Respect of the Environment." *Revue Française de Sociologie* 55, no. 2 (2014): 319–358.

Correll, Shelley J., and Cecilia L. Ridgeway. "Expectation States Theory." In *Handbook of Social Psychology*, edited by John Delameter, 29–51. New York: Springer, 2006.

Correll, Shelley J., Cecilia L. Ridgeway, Ezra W. Zuckerman, Sharon Jank, Sara Jordan-Bloch, and Sandra Nakagawa. "It's the Conventional Thought That Counts: How Third-Order Inference Produces Status Advantage." *American Sociological Review* 82 (2017): 297–327.

Couzin, Iain D., Christos C. Ioannou, Güven Demirel, Thilo Gross, Colin J. Torney, Andrew Hartnett, Larissa Conradt, Simon A. Levin, and Naomi E. Leonard. "Uninformed Individuals Promote Democratic Consensus in Animal Groups." *Science* 334, no. 6062 (2011): 1578–1580.

Cowan, Robin. "Backing the Wrong Horse: Sequential Choice among Technologies of Unknown Merit." PhD diss., Stanford University, 1987.

Crane, Diana. "Diffusion Models and Fashion: A Reassessment." *Annals of the American Academy of Political and Social Science* 566, no. 1 (1999): 13–24.

Crosnoe, Robert, Anna Strassmann Mueller, and Kenneth Frank. "Gender, Body Size and Social Relations in American High Schools." *Social Forces* 86, no. 3 (2008): 1189–1216.

Damani, R., M. W. Ross, S. O. Aral, S. Berman, J. St. Lawrence, and M. L. Williams.

"Emotional Intimacy Predicts Condom Use: Findings in a Group at High Sexually Transmitted Disease Risk." *International Journal of STD & AIDS* 20, no. 11 (2009): 761–764.

Darwin, Charles. *On the Origin of Species by Means of Natural Selection, or the Preservation of Favoured Races in the Struggle for Life.* London: John Murray, 1859.

David, Clarissa, Joseph N. Cappella, and Martin Fishbein. "The Social Diffusion of Influence among Adolescents: Group Interaction in a Chat Room Environment about Antidrug Advertisements." *Communication Theory* 16, no. 1 (2006): 118–140.

David, Paul A. "Clio and the Economics of QWERTY." *American Economic Review* 75, no. 2 (1985): 332–337.

Davis, Gerald, and Henrich Greve. "Corporate Elite Networks and Governance Changes in the 1980s." *American Journal of Sociology* 103 no. 1 (1997): 1–37.

Davis, Gerald F., and Mayer Zald. "Social Change, Social Theory, and the Convergence of Movements and Organizations. In *Social Movements and Organization Theory*, edited by Gerald F. Davis, Doug McAdam, W. Richard Scott, and Mayer N. Zald, 335–350. New York: Cambridge University Press, 2005.

Dawkins, Richard. *The Blind Watchmaker: Why the Evidence of Evolution Reveals a Universe without Design*. New York: W. W. Norton, 1986.

Dean, Tim. *Unlimited Intimacy: Reflections on the Subculture of Barebacking*. Chicago: University of Chicago Press, 2009.

DellaPosta, Daniel, Victor Nee, and Sonja Opper. "Endogenous Dynamics of Institutional Change." *Rationality and Society* (2016): 1–44.

Dennett, Daniel C. *Consciousness Explained*. Boston: Back Bay Books, 1991.

———. *Darwin's Dangerous Idea: Evolution and the Meanings of Life*. New York: Simon and Schuster, 1995.

De Sola Pool, Ithiel, and Manfred Kochen. "Contacts and Influence." *Social Networks* 1, no. 1 (1978–1979): 5–51.

Dietler, Michael, and Ingrid Herbich. "Habitus, Techniques, Style: An Integrated Approach to the Social Understanding of Material Culture and Boundaries." In *The Archaeology of Social Boundaries*, edited by Miriam T. Stark, 232–263. Washington, DC: Smithsonian Institution Press, 1998.

Dijksterhuis, Jan., Pamela K. Smith, Rick B. van Baaren, and Daniël H. J. Wigboldus. "The Unconscious Consumer: Effects of Environment on Consumer Behavior." *Journal of Consumer Psychology* 15, no. 3 (2005): 193–202.

DiMaggio, Paul, and Filiz Garip, "Network Effects and Social Inequality." *Annual Review of Sociology* 38 (2012): 93–118.

DiMaggio, Paul, E. Hargittai, C. Celeste, and S. Shafer. "Digital Inequality: From Unequal Access to Differentiated Use." In *Social Inequality*, edited by K. Neckerman, 355–400. New York: Russell Sage Foundation, 2004.

DiMaggio, Paul, and Walter W. Powell. "The Iron Cage Revisited: Collective Rationality and Institutional Isomorphism in Organizational Fields." *American Sociological Review* 48, no. 2 (1983): 147–160.

Dixon, Norman F. *Subliminal Perception: The Nature of a Controversy*. New York: McGraw-Hill, 1971.

Dodds, Peter S., Roby Muhamad, and Duncan J. Watts. "An Experimental Study of Search in Global Social Networks." *Science* 301, no. 5634 (2003): 827–829.

Dolnick, Edward. *The Clockwork Universe: Isaac Newton, the Royal Society, and the Birth of the Modern World*. New York: Harper Collins, 2011.

Douglas, Mary. *How Institutions Think*. Syracuse, NY: Syracuse University Press, 1986.

Dunbar, R.I.M. "Neocortex Size as a Constraint on Group Size in Primates." *Journal of Human Evolution* 22, no. 6 (1992): 469–493.

Durkheim, Emile. *The Division of Labor in Society*. Translated by W. D. Halls. New York: Free Press, 1997. Originally published as *De la division du travail social* (Paris: F. Alcan, 1893).

———. *Suicide: A Study in Sociology*. Translated by J. A. Spaulding and G. Simpson. New York: Free Press, 1951. Originally published as *Le suicide* (Paris: F. Alcan, 1897).

Eagle, Nathan, Michael Macy, and Rob Claxton. "Network Diversity and Economic Development." *Science* 328, no. 5981 (2010): 1029–1031.

Easley, David, and Jon Kleinberg. *Networks, Crowds, and Markets: Reasoning about a Highly Connected World*. New York: Cambridge University Press, 2010.

Ellison, Glenn. "Learning, Local Interaction, and Coordination." *Econometrica* 61, no. 5 (1993): 1047–1071.

Elster, Jon. *Nuts and Bolts for the Social Sciences*. Cambridge: Cambridge University Press, 1989.

Eltantawy, Nahed, and Julie B. Wiest. "Social Media in the Egyptian Revolution: Reconsidering Resource Mobilization Theory." *International Journal of Communication* 5 (2011): Feature 1207–1224.

Emerson, Ralph Waldo. *Journals of Ralph Waldo Emerson: With Annotations*. Edited by Edward Waldo Emerson and Waldo Emerson Forbes. Vol. 8, 1849– 1855. Boston: Houghton Mifflin, 1912.

Entwisle, Barbara, John B. Casterline, and Hussein A. A. Sayed. "Villages as Contexts for Contraceptive Behavior in Rural Egypt." *American Sociological Review* 54, no. 6 (1989): 1019–1034.

Entwisle, Barbara, Ronald R. Rindfuss, David K. Guilkey, Aphichat Chamratrithirong, Sara R. Curran, and Yothin Sawangdee. "Community and Contraceptive Choice in Rural Thailand: A Case Study of Nang Rong." *Demography* 33, no. 1 (1996): 1–11.

Erikson, Kai T. *Wayward Puritans: A Study in the Sociology of Deviance*. New York: Wiley and Sons, 1966.

Evans-Pritchard, E. E. *The Nuer: A Description of the Modes of Livelihood and Political Institutions of a Nilotic People*. Oxford: Clarendon Press, 1940.

Feld, Scott L. "The Focused Organization of Social Ties." *American Journal of Sociology* 86, no. 5 (1981): 1015–1035.

Feld, Scott L., and William C. Carter. "When Desegregation Reduces Interracial Contact: A Class Size Paradox for Weak Ties." *American Journal of Sociology* 103, no. 5 (1998): 1165–1186.

Festinger, Leon. *A Theory of Cognitive Dissonance*. Stanford, CA: Stanford University Press, 1957.

Fick, Adolph. "On Liquid Diffusion." *Poggendorffs Annalen* 94, no. 59 (1855). Reprinted in *Journal of Membrane Science* 100 (1995): 33–38.

Finkel, Steven E., Edward N. Muller, and Karl-Dieter Opp. "Personal Influence, Collective Rationality, and Mass Political Action." *American Political Science Review* 83, no. 3 (1989): 885–903.

Fisher, Jeffrey D., Stephen J. Misovich, William A. Fisher, and Ralph J. DiClemente. "Impact of Perceived Social Norms on Adolescents' AIDS-Risk Behavior and Prevention." In *Adolescents and AIDS: A Generation in Jeopardy*, edited by Ralph Diclemente, 117–136. Newberry Park, CA: SAGE Publications, 1992.

Fishkin, James S. *When the People Speak: Deliberative Democracy and Public Consultation*. Oxford: Oxford University Press, 2009.

Flatt, Jason D., Yll Agimi, and Steve M. Albert. "Homophily and Health Behavior in Social Networks of Older Adults." *Family & Community Health* 35, no. 4 (2012): 312–321.

Fleming, D. T., and J. N. Wasserheit. "From Epidemiological Synergy to Public Health Policy and Practice: The Contribution of Other Sexually Transmitted Diseases to Sexual Transmission of HIV Infection." *Sexually Transmitted Infections* 75, no. 1 (1999): 3–17.

Forsyth, Donelson R. *Group Dynamics*. Pacific Grove, CA: Brooks/Cole, 1990.

Fox, Susannah, and Maeve Duggan. "Health Online 2013." Pew Research Center: Internet, Science & Technology, January 15, 2013.

Framingham Heart Study. Framingham Heart Study: A Project of the National Heart, Lung, and Blood Institute and Boston University. Accessed January 18, 2017.

Frank, Robert H. *Luxury Fever: Money and Happiness in an Era of Excess*. Princeton, NJ: Princeton University Press, 2000.

Freud, Sigmund. *Beyond the Pleasure Principle: Group Psychology and Other Works*. Translated by C.J.M. Hubback. London: International Psycho-Analytical, 1922.

Frost, Jeana, and Michael Massagli. "Social Uses of Personal Health Information within PatientsLikeMe, an Online Patient Community: What Can Happen When Patients Have Access to One Another's Data." *Journal of Medical Internet Research* 10, no. 3 (2008): e15.

Gabbriellini, Simone, Gianluca Manzo, Valentine Roux, and Freda Nkirote M'Mbogori. "Complex Contagions in Ethnically Diverse Non-Western Societies: Explaining Diffusion Dynamics among Indian and Kenyan Potters." Paper presented at the DIFFCERAM Workshop, Paris, France, June 16, 2016.

Galbraith, Jay R. "Matrix Organization Designs: How to Combine Functional and Project Forms." *Business Horizons* 14, no. 1 (February 1971): 29–40.

Gandomi, A., and M. Haider, "Beyond the Hype: Big Data Concepts, Methods, and Analytics." *International Journal of Information Management* 35, no. 2, (2015): 137–144.

Garip, Filiz. *On the Move: The Changing Mechanisms of Mexico-U.S. Migration*. Princeton, NJ: Princeton University Press, 2016.

———. "Social Capital and Migration: How Do Similar Resources Lead to Divergent Outcomes?" *Demography* 45, no. 3 (2008): 591–617.

Gelfand, Michele J., Lisa H. Nishii, and Jana L. Raver. "On the Nature and Importance of Cultural Tightness-Looseness." *Journal of Applied Psychology* 91 (2006):1225–1244.

Gennetian, Lisa A., Lisa Sanbonmatsu, and Jens Ludwig. "An Overview of Moving to

Opportunity: A Random Assignment Housing Mobility Study in Five U.S. Cities." In *Neighborhood and Life Chances: How Place Matters in Modern America*, edited by Harriet B. Newburger, Eugenie L. Birch, and Susan M. Wachter, 163–178. Philadelphia: University of Pennsylvania Press, 2011.

Gladwell, Malcolm. "Q and A with Malcolm." Gladwell.com. Accessed January 5, 2017.

———. "Small Change: Why the Revolution Will Not Be Tweeted." *New Yorker*, October 4, 2010.

———. *The Tipping Point: How Little Things Can Make a Big Difference*. Boston: Little, Brown, 2000.

Gneezy, Uri, and Aldo Rustichini. "A Fine Is a Price." *Journal of Legal Studies* 29 (2000): 1–17.

Goffman, Erving. *The Presentation of Self in Everyday Life*. New York: Anchor Books, 1959.

Goldstein, Noah J., Robert B. Cialdini, and Vladas Griskevicius. "A Room with a Viewpoint: Using Social Norms to Motivate Environmental Conservation in Hotels." *Journal of Consumer Research* 35, no. 3 (2008): 472–482.

González, Marta C., César A. Hidalgo, and Albert-László Barabási. "Understanding Individual Human Mobility Patterns." *Nature* 453, no. 7196 (2008): 779–782.

Gould, Roger V. "Collective Action and Network Structure." *American Sociological Review* 58, no. 2 (1993): 182–196.

———. "Multiple Networks and Mobilization in the Paris Commune, 1871." *American Sociological Review* 56, no. 6 (1991): 716–729.

———. "The Origins of Status Hierarchies: A Formal Theory and Empirical Test." *American Journal of Sociology* 107, no. 5 (2002): 1143–1178.

Granovetter, Mark. *Getting a Job: A Study of Contacts and Careers*. Chicago: University Of Chicago Press, 1974.

———. "The Micro-Structure of School Desegregation." In J. Prager et al., *School Desegregation Research: New Directions in Situational Analysis*, edited by Jeffrey Prager, Douglas Longshore, and Melvin Seeman, 81–110. New York: Plenum, 1986.

———. "The Strength of Weak Ties." *American Journal of Sociology* 78, no. 6 (1973): 1360–1380.

———. "The Strength of Weak Ties: A Network Theory Revisited." *Sociological Theory*

1, no. 1 (1983): 201–233.

———. "Threshold Models of Collective Behavior." *American Journal of Sociology* 83, no. 6 (1978): 1420–1443.

Gray, Ronald H., Godfrey Kigozi, David Serwadda, Frederick Makumbi, Stephen Watya, Fred Nalugoda, Noah Kiwanuka, et al. "Male Circumcision for HIV Prevention in Men in Rakai, Uganda: A Randomised Trial." *Lancet* 369, no. 9562 (2007): 657–666.

Grindereng, Margaret P. "Fashion Diffusion." *Journal of Home Economics* 59, no. 3 (1967): 171–174.

Guare, John. *Six Degrees of Separation: A Play*. New York: Random House, 1990.

Guilbeault, Douglas, Joshua Becker, and Damon Centola. "Complex Contagions: A Decade in Review." In *Spreading Dynamics in Social Systems*, edited by Yong Yeol Ahn and Sune Lehmann. New York: Springer Nature, forthcoming.

Guilbeault, Douglas, and Samuel Woolley. "How Twitter Bots Are Shaping the Election." *Atlantic*, November 1, 2016.

Gupta, Sunetra, Roy M. Anderson, and Robert M. May. "Networks of Sexual Contacts: Implications for the Pattern of Spread of HIV." *AIDS* 3, no. 12 (1989): 807–818.

Gurevich, Michael. *The Social Structure of Acquaintanceship Networks*. Cambridge, MA: MIT Press, 1961.

Gutmann, Amy, and Dennis F. Thompson. *Democracy and Disagreement*. Cambridge, MA: Harvard University Press, 1996.

Hagerstrand, Torsten. *Innovation Diffusion as a Spatial Process*. Chicago: University of Chicago Press, 1968.

Hameiri, Boaz, Roni Porat, Daniel Bar-Tal, and Eran Halperin. "Moderating Attitudes in Times of Violence through Paradoxical Thinking Intervention." *Proceedings of the National Academy of Sciences* 113, no. 43 (2016): 12105–12110.

Hansen, Morten T. "The Search-Transfer Problem: The Role of Weak Ties in Sharing Knowledge across Organization Subunits." *Administrative Science Quarterly* 44, no. 1 (1999): 82–111.

Harlow, Summer. "Social Media and Social Movements: Facebook and an Online Guatemalan Justice Movement That Moved Offline." *New Media & Society* 14, no. 2 (2012): 225–243.

Harrigan, Nicholas, Palakorn Achananuparp, and Ee-Peng Lim. "Influentials, Novelty, and Social Contagion: The Viral Power of Average Friends, Close Communities, and Old News." *Social Networks* 34, no. 4 (2012): 470–480.

Haub, Carl. "Did South Korea's Population Policy Work Too Well?" Population Reference Bureau, March 2010.

Hayes, Andrew F., Dietram A. Scheufele, and Michael E. Huge. "Nonparticipation as Self-Censorship: Publicly Observable Political Activity in a Polarized Opinion Climate." *Political Behavior* 28, no. 3 (2006): 259–283.

Heath, Chip, Chris Bell, and Emily Sternberg. "Emotional Selection in Memes: The Case of Urban Legends." *Journal of Personality and Social Psychology* 81, no. 6 (2001): 1028–1041.

Hébert-Dufresne, Laurent, and Benjamin M. Althouse. "Complex Dynamics of Synergistic Coinfections on Realistically Clustered Networks." *Proceedings of the National Academy of Sciences* 112, no. 33 (2015): 10551–10556.

Hedström, Peter. "Contagious Collectivities: On the Spatial Diffusion of Swedish Trade Unions, 1890–1940." *American Journal of Sociology* 99, no. 5 (1994): 1157–1179.

Hedström, Peter, and Richard Swedberg, eds. *Social Mechanisms: An Analytical Approach to Social Theory*. Cambridge: Cambridge University Press, 1998.

Helbing, Dirk. "Traffic and Related Self-Driven Many-Particle Systems." *Reviews of Modern Physics* 73, no. 4 (2001): 1067–1141.

Hense, Burkhard A., Christina Kuttler, Johannes Müller, Michael Rothballer, Anton Hartmann, and Jan-Ulrich Kreft. "Does Efficiency Sensing Unify Diffusion and Quorum Sensing?" *Nature Reviews Microbiology* 5, no. 3 (2007): 230–239.

Hershey, John C., David A. Asch, Thi Thumasathit, Jacqueline Meszaros, and Victor V. Waters. "The Roles of Altruism, Free Riding, and Bandwagoning in Vaccination Decisions." *Organizational Behavior and Human Decision Processes* 59, no. 2 (1994): 177–187.

Hess, Amanda. "On Twitter, a Battle among Political Bots." *New York Times*, December 14, 2016.

Hess, George. "Disease in Metapopulation Models: Implications for Conservation." *Ecology* 77, no. 5 (1996): 1617–1632.

Hodas, Nathan O., and Kristina Lerman, "How Visibility and Divided Attention Constrain Social Contagion." In *Proceedings, 2012 ASE/IEEE International Conference on Privacy, Security, Risk and Trust and 2012 ASE/IEEE International Conference on Social Computing*, 249–257. Piscataway, NJ: Institute of Electri- cal and Electronic Engineers, 2012.

Holt, John G. *Bergey's Manual of Determinative Bacteriology*. 9th ed. Philadelphia: Lippincott Williams & Wilkins, 1994.

Hornik, Robert. "Channeling Effectiveness in Development Communication Programs." In *Public Communication Campaigns*, edited by R. Rice and C. Atkins, 309–330. Newbury Park, CA: SAGE Publications, 1989.

Hornik, Robert, Lela Jacobsohn, Robert Orwin, Andrea Piesse, and Graham Kalton. "Effects of the National Youth Anti-Drug Media Campaign on Youths." *American Journal of Public Health* 98, no. 12 (2008): 2229–2236.

Howard, Philip N., and Muzammil M. Hussain. "The Role of Digital Media." *Journal of Democracy* 22, no. 3 (2011): 35–48.

Huang, Grace C., Jennifer B. Unger, Daniel Soto, Kayo Fujimoto, Mary Ann Pentz, Maryalice Jordan-Marsh, and Thomas W. Valente. "Peer Influences: The Impact of Online and Offline Friendship Networks on Adolescent Smoking and Alcohol Use." *Journal of Adolescent Health* 54, no. 5 (May 2014): 508–514.

Huisman, Mark. "Imputation of Missing Network Data: Some Simple Procedures." *Journal of Social Structure* 10, no. 1 (2009): 1–29.

Husserl, Edmund. *Cartesian Meditations: An Introduction to Phenomenology*. Translated by Dorion Cairns. The Hague: Martinus Nijhoff, 1950.

Iannaccone, Laurence R. "Why Strict Churches Are Strong." *American Journal of Sociology* 99, no. 5 (1994): 1180–1211.

Isenberg, Daniel J. "Group Polarization: A Critical Review and Meta-analysis." *Journal of Personality and Social Psychology* 50, no. 6 (1986): 1141–1151.

Jackson, Matthew O. *Social and Economic Networks*. Princeton, NJ: Princeton University Press, 2008.

Jamieson, Kathleen Hall, and Bruce W. Hardy. "Leveraging Scientific Credibility about Arctic Sea Ice Trends in a Polarized Political Environment." *Proceedings of the National Academy of Sciences* 111, no. S4 (2014): 13598–13605.

Kanter, Rosabeth Moss. *Men and Women of the Corporation*. New York: Basic Books, 1977.

———. "Some Effects of Proportions on Group Life: Skewed Sex Ratios and Responses to Token Women." *American Journal of Sociology* 82, no. 5 (1977): 965–990.

Karsai, Márton, Gerardo Iñiguez, Riivo Kikas, Kimmo Kaski, and János Kertész. "Local Cascades Induced Global Contagion: How Heterogeneous Thresholds, Exogenous Effects, and Unconcerned Behaviour Govern Online Adoption Spreading." *Scientific*

Reports (2016): 27178.

Katz, Elihu, and Paul Lazarsfeld. *Personal Influence*. New York: Free Press, 1955.

Kawachi, Ichiro, and Lisa Berkman. "Social Cohesion, Social Capital, and Health." In *Social Epidemiology*, edited by Lisa Berkman and Ichiro Kawachi, 174–190. New York: Oxford University Press, 2000.

Keller, Sarah N., and Jane D. Brown. "Media Interventions to Promote Responsible Sexual Behavior." *Journal of Sex Research* 39, no. 1 (2002): 67–72.

Kelley, Eric K., and Paul C. Tetlock. "How Wise Are Crowds? Insights from Retail Orders and Stock Returns." *Journal of Finance* 68, no. 3 (2013): 1229–1265.

Khaylis, Anna, Themis Yiaslas, Jessica Bergstrom, and Cheryl Gore-Felton. "A Review of Efficacious Technology-Based Weight-Loss Interventions: Five Key Components." *Telemedicine and E-Health* 16, no. 9 (2010): 931–938.

Kim, Hyojoung, and Peter S. Bearman. "The Structure and Dynamics of Movement Participation." *American Sociological Review* 62, no. 1 (1997): 70–93.

Kim, Soojong, and Damon Centola, "Seeding Strategies for Social Network Interventions in Public Health." Working Paper, Annenberg School for Communication, University of Pennsylvania, Philadelphia, 2016. Adobe PDF file.

King, Gary, Jennifer Pan, and Margaret Roberts. "How Censorship in China Allows Government Criticism but Silences Collective Expression." *American Political Science Review* 107, no. 2 (May 2013): 1–18.

———. "How the Chinese Government Fabricates Social Media Posts for Strategic Distraction, Not Engaged Argument." *American Political Science Review* 111, no. 3 (August 2017): 484–501.

———. "Reverse-Engineering Censorship in China: Randomized Experimentation and Participant Observation." *Science* 345, no. 6199 (2014): 1–10.

Kitts, James A. "Egocentric Bias or Information Management? Selective Disclosure and the Social Roots of Norm Misperception." *Social Psychology Quarterly* 66, no. 3 (2003): 222–237.

Klandermans, Bert. "The Formation and Mobilization of Consensus." *International Social Movement Research* 1 (1988): 173–196.

Kleinberg, Jon M. "Navigation in a Small World." *Nature* 406, no. 6798 (2000): 845.

Klemm, Konstantin, and Víctor M. Eguíluz. "Highly Clustered Scale-Free Networks." *Physical Review E* 65, no. 3 (2002): 36123.

Knappett, Carl, and Sander Van Der Leeuw. "A Developmental Approach to Ancient

Innovation: The Potter's Wheel in the Bronze Age East Mediterranean." *Pragmatics & Cognition* 22, no. 1 (2014): 64–92.

Kohler, Hans-Peter. "Learning in Social Networks and Contraceptive Choice." *Demography* 34, no. 3 (1997): 369–383.

Kooti, Farshad, Winter A. Mason, Krishna P. Gummadi, and Meeyoung Cha. "Predicting Emerging Social Conventions in Online Social Networks." In *CIKM'12, Proceedings of the 21st ACM International Conference on Information and Knowledge Management*, 445–454 (New York: Association of Computing Machinery, 2012).

Kossinets, Gueorgi, and Duncan J. Watts. "Empirical Analysis of an Evolving Social Network." *Science* 311, no. 5757 (2006): 88–90.

———. "Origins of Homophily in an Evolving Social Network." *American Journal of Sociology* 115, no. 2 (2009): 405–450.

Kow, Yong Ming, Yubo Kou, Bryan Semaan, and Waikuen Cheng, "Mediating the Undercurrents: Using Social Media to Sustain a Social Movement." In *Proceedings of the 2016 CHI Conference on Human Factors in Computing Systems*, 3883–3894. New York: Association of Computing Machinery, 2016.

Krackhardt, David. "The Strength of Strong Ties: The Importance of Philos in Organizations." In *Networks in the Knowledge Economy*, edited by Rob Cross, Andrew Parker, and Lisa Sasson, 82–108. New York: Oxford University Press, 2003.

———. "The Ties That Torture: Simmelian Tie Analysis in Organizations." *Research in the Sociology of Organizations* 16, no. 1 (1999): 183–210.

Krafft, Peter M., Michael Macy, and Alex Pentland. "Bots as Virtual Confederates: Design and Ethics." In *CSCW'17, Proceedings of the 2017 ACM Conference on Computer-Supported Cooperative Work and Social Computing*, 183–190. New York: Association of Computing Machinery, 2017.

Krafft, Peter M., Julia Zheng, Wei Pan, Nicolás Della Penna, Yaniv Altshuler, Erez Shmueli, Joshua B. Tenenbaum, and Alex Pentland. "Human Collective Intelligence as Distributed Bayesian Inference." Unpublished manuscript, August 5, 2016.

Kramer, Adam D. I., Jamie E. Guillory, and Jeffrey T. Hancock. "Experimental Evidence of Massive-Scale Emotional Contagion through Social Networks." *Proceedings of the National Academy of Sciences* 111, no. 24 (2014): 8788–8790.

Kramer, Vicki W., Alison M. Konrad, Sumru Erkut, and Michele J. Hooper. *Critical Mass on Corporate Boards: Why Three or More Women Enhance Governance*. Boston: Wellesley Centers for Women, 2006.

Kroeze, Willemieke, Andrea Werkman, and Johannes Brug. "A Systematic Review of Randomized Trials on the Effectiveness of Computer-Tailored Education on Physical Activity and Dietary Behaviors." *Annals of Behavioral Medicine* 31, no. 3 (2006): 205–223.

Kuhlman, Chris, V. S. Anil Kumar, Madhav V. Marathe, S. S. Ravi, and Daniel J. Rosenkrantz. "Effects of Opposition on the Diffusion of Complex Contagions in Social Networks: An Empirical Study." In *Social Computing, Behavioral-Cultural Modeling and Prediction, SBP 2011*, edited by J. Salerno, S. J. Yang, D. Nau, and S. K. Chai, 188–196. Vol. 6589 of Lecture Notes in Computer Science (Heidelberg: Springer, 2011).

Kuhlman, Chris, V. S. Anil Kumar, Madhav Marathe, Samarth Swarup, Gaurav Tuli, S. S. Ravi, Daniel J. Rosenkrantz. "A Bi-Threshold Model of Complex Contagion and its Application to the Spread of Smoking Behavior." Paper presented at the Fifth SIGKDD Workshop on Social Network Mining and Analysis (SNA-KDD), San Diego, CA, 2011.

Kuran, Timur. *Private Truths, Public Lies: The Social Consequences of Preference Falsification*. Cambridge, MA: Harvard University Press, 1995.

LaJeunesse, Sara. "Mobile Health Apps Lack Behavior-Change Techniques." Penn State News, May 6, 2014.

Lakon, Cynthia M., Cornelia Pechmann, Cheng Wang, Li Pan, Kevin Delucchi, and Judith J. Prochaska. "Mapping Engagement in Twitter-Based Support Networks for Adult Smoking Cessation." *American Journal of Public Health* 106, no. 8 (2016): 1374–1380.

Laranjo, Liliana, Amaël Arguel, Ana L. Neves, Aideen M. Gallagher, Ruth Kaplan, Nathan Mortimer, Guilherme A. Mendes, and Annie Y. S. Lau. "The Influence of Social Networking Sites on Health Behavior Change: A Systematic Review and Metaanalysis." *Journal of the American Medical Informatics Association* 22, no. 1 (2014): 243–256.

Lazarsfeld, Paul F., and Robert K. Merton. "Friendship as a Social Process: A Substantive and Methodological Analysis." *Freedom and Control in Modern Society* 18, no. 1 (1954): 18–66.

Lazer, David, and Allan Friedman. "The Network Structure of Exploration and Exploitation." *Administrative Science Quarterly* 52, no. 4 (2007): 667–694.

Lazer, David, Alex Sandy Pentland, Lada Adamic, Sinan Aral, Albert Laszlo Barabasi, Devon Brewer, Nicholas Christakis, et al. "Life in the Network: The Coming

Age of Computational Social Science." *Science* 323, no. 5915 (2009): 721–723.

Le Bon, Gustave. *The Crowd: A Study of the Popular Mind*. Fischer, 1897.

Levin, Carl, and Tom Coburn. *Wall Street and the Financial Crisis: Anatomy of a Financial Collapse*. Majority and Minority Staff Report, Permanent Subcommittee on Investigations, Committee on Homeland Security and Governmental Affairs, United States Senate, April 13, 2011, Washington, DC.

Levy, Aharon, Tamar Saguy, Martijn van Zomeren, and Eran Halperin. "Ingroups, Outgroups, and the Gateway Groups Between: The Potential of Dual Identities to Improve Intergroup Relations." *Journal of Experimental Social Psychology* 70 (2016): 260–271.

Lewis, Kevin, Jason Kaufman, and Nicholas Christakis. "The Taste for Privacy: An Analysis of College Student Privacy Settings in an Online Social Network." *Journal of Computer-Mediated Communication* 14, no. 1 (2008): 79–100.

Li, Michael, and Raymond Perkins. "The Perils of Polling in a Brexit and Donald Trump World." TechCrunch, October 19, 2016.

Liljeros, Fredrik, Christofer R. Edling, Luís A. Nunes Amaral, H. Eugene Stanley, and Yvonne Åberg. "The Web of Human Sexual Contacts." *Nature* 411, no. 6840 (2001): 907–908.

Liljeros, Fredrik, Christofer R. Edling, H. Eugene Stanley, Y. Åberg, and Luis A. N. Amaral. "Social Networks (Communication Arising): Sexual Contacts and Epidemic Thresholds." *Nature* 423, no. 6940 (2003): 606–606.

Liu, Ka-Yuet, Marissa King, and Peter S. Bearman. "Social Influence and the Autism Epidemic." *American Journal of Sociology* 115, no. 5 (2010): 1387–1434.

Longini, Ira M., Jr. "A Mathematical Model for Predicting the Geographic Spread of New Infectious Agents." *Mathematical Biosciences* 90, no. 1–2 (1988): 367–383.

Lotan, Gilad, Erhardt Graeff, Mike Ananny, Devin Gaffney, Ian Pearce, and Danah Boyd. "The Revolutions Were Tweeted: Information Flows during the 2011 Tunisian and Egyptian Revolutions." *International Journal of Communication* 5 (2011): 1375–1405.

Luke, Douglas A., and Jenine K. Harris. "Network Analysis in Public Health: History, Methods, and Applications." *Annual Review of Public Health* 28, no. 1 (2007): 69–93.

MacDonald, John, and Leatrice MacDonald. "Chain Migration, Ethnic Neighborhood Formation, and Social Networks." In *An Urban World*, edited by Charles Tilly, 226–236. Boston: Little, Brown, 1974.

Mackay, Charles. *Memoirs of Extraordinary Popular Delusions and the Madness of Crowds*. London: Office of National Illustrated Library, 1852.

Mackie, Diane, Eliot R. Smith, and Devin G. Ray, "Intergroup Emotions and Intergroup Relations." *Social and Personality Psychology Compass* 2, no. 5 (2008): 1866–1880.

MacPhail, Catherine, and Catherine Campbell. " 'I Think Condoms Are Good But, Aai, I Hate Those Things': Condom Use among Adolescents and Young People in a Southern African Township." *Social Science and Medicine* 52, no. 11 (2001): 1613–1627.

Madigan, Michael T., John M. Martinko, Kelly S. Bender, Daniel H. Buckley, David A. Stahl, and Thomas Brock. *Brock Biology of Microorganisms*. 14th ed. Boston: Pearson, 2014.

Maher, Carol A., Lucy K. Lewis, Katia Ferrar, Simon Marshall, Ilse De Bourdeaudhuij, and Corneel Vandelanotte. "Are Health Behavior Change Interventions That Use Online Social Networks Effective? A Systematic Review." *Journal of Medical Internet Research* 16, no. 2 (2014): e40.

Majumdar, Sarangam, and Subhoshmita Mondal. "Conversation Game: Talking Bacteria." *Journal of Cell Communication and Signaling* 10, no. 4 (2016): 331–335.

Manning, Rachel, Mark Levine, and Alan Collins. "The Kitty Genovese Murder and the Social Psychology of Helping: The Parable of the 38 Witnesses." *American Psychologist* 62, no. 6 (2007): 555–562.

March, James G. "Exploration and Exploitation in Organizational Learning." *Organization Science* 2, no. 1 (1991): 71–87.

———. *Primer on Decision Making: How Decisions Happen*. New York: Simon and Schuster, 1994.

Marcus, Bess H., LeighAnn H. Forsyth, Elaine J. Stone, Patricia M. Dubbert, Thomas L. McKenzie, Andrea L. Dunn, and Steven N. Blair. "Physical Activity Behavior Change: Issues in Adoption and Maintenance." *Health Psychology* 19, no. 1, suppl. (2000): 32–41.

Markus, M. Lynne. "Toward a 'Critical Mass' Theory of Interactive Media Universal Access, Interdependence and Diffusion." *Communication Research* 14, no. 5 (1987): 491–511.

Marrazzo, Jeanne M., Gita Ramjee, Barbra A. Richardson, Kailazarid Gomez, Nyaradzo Mgodi, Gonasagrie Nair, Thesla Palanee, et al. "Tenofovir-Based Preexposure Prophylaxis for HIV Infection among African Women." *New England Journal of Medicine* 372, no. 6 (2015): 509–518.

Marsden, Peter V. "Homogeneity in Confiding Relations." *Social Networks* 10, no. 1 (1988): 57–76.

———. "Network Data and Measurement." *Annual Review of Sociology* 16 (1990): 435–463.

———. *Social Trends in American Life: Findings from the General Social Survey since 1972*. Princeton, NJ: Princeton University Press, 2012.

Marwell, Gerald, and Pamela Oliver. *The Critical Mass in Collective Action: A Micro-Social Theory*. Cambridge: Cambridge University Press, 1993.

Marx, Karl. *Capital: Critique of Political Economy*. Translated by Samuel Moore and Edward Aveling. Moscow: Progress Publishers, 1867.

Maslov, Sergei, and Kim Sneppen. "Specificity and Stability in Topology of Protein Networks." *Science* 296, no. 5569 (2002): 910–913.

Mason, Winter, Andy Jones, and Robert L. Goldstone. "Propagation of Innovations in Networked Groups." *Journal of Experimental Psychology: General* 137, no. 3 (2008): 422–433.

Mason, Winter, and Duncan J. Watts. "Collaborative Learning in Networks." *Proceedings of the National Academy of Sciences* 109, no. 3 (2012): 764–769.

McAdam, Doug. *Freedom Summer*. Oxford: Oxford University Press, 1988.

———. "Recruitment to High-Risk Activism: The Case of Freedom Summer." *American Journal of Sociology* 92, no. 1 (1986): 64–90.

McAdam, Doug, and Ronnelle Paulsen. "Specifying the Relationship between Social Ties and Activism." *American Journal of Sociology* 99, no. 3 (1993): 640–667.

McCarthy, John D., and Mayer N. Zald. "Resource Mobilization and Social Movements: A Partial Theory." *American Journal of Sociology* 82, no. 6 (1977): 1212–1241.

McFarland Daniel, and Heili Pals. "Motives and Contexts of Identity Change: A Case for Network Effects." *Social Psychology Quarterly* 68 no. 4 (2005): 289–315.

McLean, Bethany, and Joe Nocera. *All the Devils Are Here: The Hidden History of the Financial Crisis*. New York: Portfolio/Penguin, 2011.

McPhail, Clark. *The Myth of the Madding Crowd*. Piscataway, NJ: Transaction Publishers, 1991.

McPherson, J. Miller, and Lynn Smith-Lovin. "Homophily in Voluntary Organizations: Status Distance and the Composition of Face-to-Face Groups." *American Sociological Review* 52, no. 3 (1987): 370–379.

McPherson, Miller, Lynn Smith-Lovin, and James M. Cook. "Birds of a Feather: Homophily in Social Networks." *Annual Review of Sociology* 27 (2001): 415–444.

Merton, Robert K. *Social Theory and Social Structure*. New York: Free Press, 1968.

———. *The Sociology of Science: Theoretical and Empirical Investigations*. Chicago: University of Chicago Press, 1973.

———. "The Unanticipated Consequences of Purposive Social Action." *American Sociological Review* 1, no. 6 (1936): 894–904.

Milgram, Stanley. "The Small World Problem." *Psychology Today* 2 (1967): 60–67.

Miller, Melissa B., and Bonnie L. Bassler. "Quorum Sensing in Bacteria." *Annual Review of Microbiology* 55 (2001): 165–199.

Montanari, Andrea, and Amin Saberi. "The Spread of Innovations in Social Networks." *Proceedings of the National Academy of Sciences* 107, no. 47 (2010): 20196–20201.

Montgomery, Elizabeth T., B. Mensch, P. Musara, M Hartmann, K. Woeber, J. Etima, and A. van der Straten. "Misreporting of Product Adherence in the MTN-003/VOICE Trial for HIV Prevention in Africa: Participants' Explanations for Dishonesty." *AIDS and Behavior* 21, no. 2 (2017): 481–491.

Montgomery, Mark R., and John B. Casterline. "The Diffusion of Fertility Control in Taiwan: Evidence from Pooled Cross-Section Time-Series Models." *Population Studies* 47, no. 3 (1993): 457–479.

Moreno, Jacob Levy. *Sociometry, Experimental Method and the Science of Society*. New York: Beacon House, 1951.

Morenoff, Jeffrey D., and Robert J. Sampson. "Violent Crime and the Spatial Dynamics of Neighborhood Transition: Chicago, 1970–1990." *Social Forces* 76, no. 1 (1997): 31–64.

Morgenson, Gretchen, and Louise Story. "Senate Report Names Culprits of the Financial Crisis." *New York Times*, April 13, 2011.

Morris, Stephen. "Contagion." *Review of Economic Studies* 67, no. 1 (2000): 57–78.

Mozaffarian, Dariush, Ashkan Afshin, Neal L. Benowitz, Vera Bittner, Stephen R. Daniels, Harold A. Franch, David R. Jacobs, et al. "Population Approaches to Improve Diet, Physical Activity, and Smoking Habits: A Scientific Statement from the American Heart Association." *Circulation* 126, no. 12 (2012): 1514–1563.

Mutz, Diana C. "The Consequences of Cross-Cutting Networks for Political Participation." *American Journal of Political Science* 46, no. 4 (2002): 838–855.

Myneni, Sahiti, Kayo Fujimoto, Nathan Cobb, and Trevor Cohen. "Content- Driven

Analysis of an Online Community for Smoking Cessation: Integration of Qualitative Techniques, Automated Text Analysis, and Affiliation Networks." *American Journal of Public Health* 105, no. 6 (2015): 1206–1212. doi: 0.2105/AJPH.2014.302464.

Myers, David G., and George D. Bishop. "Discussion Effects on Racial Attitudes." *Science* 169, no. 3947 (19970): 778–779.

Nagoshi, Craig T., Mark D. Wood, Christopher C. Cote, and Steven M. Abbit. "College Drinking Game Participation within the Context of Other Predictors of Alcohol Use and Problems." *Psychology of Addictive Behaviors* 8, no. 4 (1994): 203–213.

National AIDS Control Council. *Kenya Aids Strategic Framework 2014/2015–2018/2019*. Nairobi: Kenya Ministry of Health, 2015.

National Commission for the Protection of Human Subjects of Biomedical and Behavioral Research. *The Belmont Report: Ethical Principles and Guidelines for the Protection of Human Subjects of Research*. Washington, DC: US Department of Health, Education, and Welfare, 1978.

Neuwirth, Kurt, Edward Frederick, and Charles Mayo. "The Spiral of Silence and Fear of Isolation." *Journal of Communication* 57, no. 3 (2007): 450–468.

Newman, Mark E. J. "Models of the Small World." *Journal of Statistical Physics* 101, no. 3–4 (2000): 819–841.

Newman, Mark E. J., Albert-László Barabási, and Duncan J. Watts. *The Structure and Dynamics of Networks*. Princeton, NJ: Princeton University Press, 2006.

Newman, Mark E. J., and Duncan J. Watts. "Scaling and Percolation in the Small-World Network Model." *Physical Review E* 60, no. 6 (1999): 7332.

Nishi, Akihiro, Hirokazu Shirado, David G. Rand, and Nicholas A. Christakis. "Inequality and Visibility of Wealth in Experimental Social Networks." *Nature* 526, no. 7573 (2015): 426–429.

Noar, Seth M., and Patricia J. Morokoff, "The Relationship between Masculinity Ideology, Condom Attitudes, and Condom Use: Stage of Change; A Structural Equation Modeling Approach." *International Journal of Men's Health* 1, no. 1 (2002): 43–58.

Noelle-Neumann, Elisabeth. "The Spiral of Silence: A Theory of Public Opinion." *Journal of Communication* 24, no. 2 (1974): 43–51.

Obstfeld, David. "Social Networks, the Tertius Iungens Orientation, and Involvement in Innovation." *Administrative Science Quarterly* 50, no. 1 (2005): 100–130.

Okeyo, Verah. "Lessons from Voluntary Medical Male Circumcision." *Daily Nation*, June 14, 2016.

Oliver, Pamela, Gerald Marwell, and Ruy Teixeira. "A Theory of the Critical Mass. I. Interdependence, Group Heterogeneity, and the Production of Collective Action." *American Journal of Sociology* 91, no. 3 (1985): 522–556.

Olson, Mancur. *The Logic of Collective Action: Public Goods and the Theory of Groups*. Cambridge, MA: Harvard University Press, 1965.

Opp, Karl-Dieter, and Christiane Gern. "Dissident Groups, Personal Networks, and Spontaneous Cooperation: The East German Revolution of 1989." *American Sociological Review* 58, no. 5 (1993): 659–680.

Orr, Larry, Judith Feins, Robin Jacob, Eric Beecroft, Lisa Sanbonmatsu, Lawrence Katz, Jeffrey Liebman, and Jeffrey Kling. *Moving to Opportunity: Interim Impacts Evaluation*. Washington, DC: US Department of Housing and Urban Development, Office of Policy and Development Research, 2003.

O'Shea-Wheller, Thomas A., Ana B. Sendova-Franks, and Nigel R. Franks. "Migration Control: A Distance Compensation Strategy in Ants." *Science of Nature* 103, no. 7–8 (2016): art. 60. doi: 10.1007/s00114-016-1386-8.

Padgett, John F., and Christopher K. Ansell. "Robust Action and the Rise of the Medici, 1400–1434." *American Journal of Sociology* 98, no. 6 (1993): 1259–1319.

Page, Scott E. *The Difference: How the Power of Diversity Creates Better Groups, Firms, Schools, and Societies*. Princeton, NJ: Princeton University Press, 2007.

Paluck, Elizabeth Levy, and Hana Shepherd. "The Salience of Social Referents: A Field Experiment on Collective Norms and Harassment Behavior in a School Social Network." *Journal of Personality and Social Psychology* 103, no. 6 (2012): 899–915.

Paluck, Elizabeth Levy, Hana Shepherd, and Peter M. Aronow. "Changing Climates of Conflict: A Social Network Experiment in 56 Schools." *Proceedings of the National Academy of Sciences* 113, no. 3 (2016): 566–571.

Pampel, Fred C., Patrick M. Krueger, and Justin T. Denney. "Socioeconomic Disparities in Health Behaviors." *Annual Review of Sociology* 36, no. 1 (2010): 349–370.

Papachristos, Andrew V., Tracey L. Meares, and Jeffrey Fagan. "Attention Felons: Evaluating Project Safe Neighborhoods in Chicago." *Journal of Empirical Legal Studies* 4, no. 2 (2007): 223–272.

———. "Why Do Criminals Obey the Law? The Influence of Legitimacy and Social

Networks on Active Gun Offenders." *Journal of Criminal Law and Criminology* 102, no. 2 (2012): 397–440.

Parkhurst, Justin O., David Chilongozi, and Eleanor Hutchinson. "Doubt, Defiance, and Identity: Understanding Resistance to Male Circumcision for HIV Prevention in Malawi." *Social Science & Medicine* 135 (2015): 15–22.

Patients Like Me. Accessed January 19, 2017.

Pechmann, Cornelia, Kevin Delucchi, Cynthia M. Lakon, and Judith J. Prochaska. "Randomised Controlled Trial Evaluation of Tweet2Quit: A Social Network Quit-Smoking Intervention." *Tobacco Control* 26, no. 2 (2017): 188–194.

Peleg, David, and Eli Upfal. "A Trade-Off between Space and Efficiency for Routing Tables." *Journal of the Association for Computing Machinery* 36, no. 3 (1989): 510–530.

Pentland, Alex. *Social Physics: How Social Networks Can Make Us Smarter*. New York: Penguin Books, 2014.

Perkins, H. Wesley, and Henry Wechsler. "Variation in Perceived College Drinking Norms and Its Impact on Alcohol Abuse: A Nationwide Study." *Journal of Drug Issues* 26, no. 4 (1996): 961–974.

Peters, William, dir. "A Class Divided." *Frontline*. Aired March 26, 1985, on PBS.

———. *A Class Divided: Then and Now*. New Haven, CT: Yale University Press, 1987.

Petty, Richard E., John T. Cacioppo, and Rachel Goldman. "Personal Involvement as a Determinant of Argument-Based Persuasion." *Journal of Personality and Social Psychology* 41, no. 5 (1981): 847–855.

Phelan, Jo C., Bruce G. Link, and Parisa Tehranifar. "Social Conditions as Fundamental Causes of Health Inequalities: Theory, Evidence, and Policy Implications." *Journal of Health and Social Behavior* 51, no. 1, suppl. (2010): S28–S40.

Phillips, Damon J., and Ezra W. Zuckerman. "Middle-Status Conformity: Theoretical Restatement and Empirical Demonstration in Two Markets." *American Journal of Sociology* 107, no. 2 (2001): 379–429.

Piketty, Thomas. *Capital in the Twenty-First Century*. Translated by Arthur Goldhammer. Cambridge, MA: Belknap Press of Harvard University Press, 2014.

Podolny, Joel M. "Networks as the Pipes and Prisms of the Market." *American Journal of Sociology* 107, no. 1 (2001): 33–60.

Polletta, Francesca. " 'It Was Like A Fever...': Narrative and Identity in Social Protest." *Social Problems* 45, no. 2 (1998): 137–159.

Powell, Walter W., and Paul J. DiMaggio. *The New Institutionalism in Organizational Analysis*. Chicago: University of Chicago Press, 1991.

Prentice, Deborah A., and Dale T. Miller. "Pluralistic Ignorance and Alcohol Use on Campus: Some Consequences of Misperceiving the Social Norm." *Journal of Personality and Social Psychology* 64, no. 2 (1993): 243–256.

Price, Vincent, Joseph N. Cappella, and Lilach Nir. "Does Disagreement Contribute to More Deliberative Opinion?" *Political Communication* 19, no. 1 (2002): 95–112.

Putnam, Robert D. *Bowling Alone: The Collapse and Revival of American Community*. New York: Simon and Schuster, 2001.

Quine, Willard Van Orman. "Two Dogmas of Empiricism." *Philosophical Review* 60 (1951): 20–43.

Rainie, Lee, Kristen Purcell, and Aaron Smith. "The Social Side of the Internet." Pew Research Center: Internet, Science & Tech, January 18, 2011.

Reagans, Ray, and Bill McEvily. "Network Structure and Knowledge Transfer: The Effects of Cohesion and Range." *Administrative Science Quarterly* 48, no. 2 (2003): 240–267.

Reagans, Ray, and Ezra W. Zuckerman. "Networks, Diversity, and Productivity: The Social Capital of Corporate R&D Teams." *Organization Science* 12, no. 4 (2001): 502–517.

Repenning, Nelson P. "A Simulation-Based Approach to Understanding the Dynamics of Innovation Implementation." *Organization Science* 13, no. 2 (2002): 109–127.

Resnick, Mitchel. *Turtles, Termites, and Traffic Jams: Explorations in Massively Parallel Microworlds*. Cambridge, MA: MIT Press, 1997.

Ridgeway, Cecilia L. "Status Construction Theory." In *The Wiley Blackwell Encyclopedia of Race, Ethnicity, and Nationalism*. Wiley Online Library, 2015.

Ridgeway, Cecilia L., and Joseph Berger. "Expectations, Legitimation, and Dominance Behavior in Task Groups." *American Sociological Review* 51, no. 5 (1986): 603–617.

Ridgeway, Cecilia L., Elizabeth Heger Boyle, Kathy J. Kuipers, and Dawn T. Robinson. "How Do Status Beliefs Develop? The Role of Resources and Interactional Experience." *American Sociological Review* 63, no. 3 (1998): 331–350.

Ridgeway, Cecilia L., and Shelley J. Correll. "Consensus and the Creation of Status Beliefs." *Social Forces* 85, no. 1 (2006): 431–453.

Rijt, Arnout van de, Soong Moon Kang, Michael Restivo, and Akshay Patil. "Field Experiments of Success-Breeds-Success Dynamics." *Proceedings of the National*

Academy of Sciences 111, no. 19 (2014): 6934–6939.

Rogers, Everett M. *Diffusion of Innovations*. 5th ed. New York: Free Press, 2003.

Rogers, Everett M., and D. Lawrence Kincaid. *Communication Networks: Toward a New Paradigm for Research.* New York: Free Press, 1981.

Romero, Daniel M., Brendan Meeder, and Jon Kleinberg. "Differences in the Mechanics of Information Diffusion across Topics: Idioms, Political Hashtags, and Complex Contagion on Twitter." In *Proceedings of the 20th International Conference on World Wide Web*, 695–704. New York: Association of Computing Machinery, 2011.

Ross, Philip. "Marin County and California's Measles Outbreak: A Look into the Epicenter of the Anti-vaccination Trend." *International Business Times*, February 6, 2015.

Ruch, Simon, Marc Alain Züst, and Katharina Henke. "Subliminal Messages Exert Long-Term Effects on Decision-Making." *Neuroscience of Consciousness* 2016, no. 1 (2016): niw013.

Ryan, Bryce, and Neil C. Gross. "The Diffusion of Hybrid Seed Corn in Two Iowa Communities." *Rural Sociology* 8, no. 1 (1943): 15–24.

Saavedra, Serguei, Kathleen Hagerty, and Brian Uzzi. "Synchronicity, Instant Messaging, and Performance among Financial Traders." *Proceedings of the National Academy of Sciences* 108, no. 13 (2011): 5296–5301.

Sahin, Erol, and Nigel R. Franks. "Measurement of Space: From Ants to Robots." Paper presented at WGW 2002: EPSRC/BBSRC International Workshop Biologically-Inspired Robotics: The Legacy of W. Grey Walter, HP Bristol Labs, UK, August 2002.

Salathé, Marcel, and Sebastian Bonhoeffer. "The Effect of Opinion Clustering on Disease Outbreaks." *Journal of the Royal Society: Interface* 5, no. 29 (2008): 1505–1508.

Salganik, Matthew J., Peter Sheridan Dodds, and Duncan J. Watts. "Experimental Study of Inequality and Unpredictability in an Artificial Cultural Market." *Science* 311, no. 5762 (2006): 854–856.

Sampson, Robert J., Stephen W. Raudenbush, and Felton Earls. "Neighborhoods and Violent Crime: A Multilevel Study of Collective Efficacy." *Science* 277, no. 5328 (1997): 918–924.

Sanbonmatsu, Lisa, Jens Ludwig, Lawrence F. Katz, Lisa A. Gennetian, Greg J.

Duncan, Ronald C. Kessler, Emma Adam, Thomas W. McDade, and Stacy Tessler Lindau. *Moving to Opportunity for Fair Housing Demonstration Program: Final Impacts Evaluation*. Washington, DC: U.S. Department of Housing and Urban Development, 2011.

Sattenspiel, Lisa, and Carl P. Simon. “The Spread and Persistence of Infectious Diseases in Structured Populations.” *Mathematical Biosciences* 90, no. 1–2 (1988): 341–366.

Schachter, Stanley. “Leon Festinger.” *Biographical Memoirs of the National Academy of Sciences* 64 (1994): 99–110.

Schelling, Thomas C. *Micromotives and Macrobehavior*. New York: Norton, 1978.

Scheurer, Paul B., and Guy Debrock, eds. *Newton's Scientific and Philosophical Legacy*. Vol. 123 of the International Archives of the History of Ideas. Dordrecht: Kluwer Academic, 1988.

Schlaghecken, Friederike, and Martin Eimer. “Subliminal Stimuli Can Bias ‘Free’ Choices between Response Alternatives.” *Psychonomic Bulletin & Review* 11 (2004): 463–468.

Schneider, John A., Benjamin Cornwell, David Ostrow, Stuart Michaels, Phil Schumm, Edward O. Laumann, and Samuel Friedman. “Network Mixing and Network Influences Most Linked to HIV Infection and Risk Behavior in the HIV Epidemic among Black Men Who Have Sex with Men.” *American Journal of Public Health* 103, no. 1 (2012): e28–e36.

Seeley, Thomas, and P. Kirk Visscher. “Group Decision Making in Nest-Site Selection by Honey Bees.” *Apidologie* 35, no. 2 (2004): 101–116.

Seeley, Thomas D., P. Kirk Visscher, and Kevin M. Passino. “Group Decision Making in Honey Bee Swarms.” *American Scientist* 94, no. 3 (2006): 220–229.

Sen, Amartya, *Identity and Violence: The Illusion of Destiny*. New York: W. W. Norton, 2006.

Shalizi, Cosma Rohilla, and Andrew C. Thomas. “Homophily and Contagion Are Generically Confounded in Observational Social Network Studies.” *Sociological Methods & Research* 40, no. 2 (2011): 211–239.

Sharma, Sanjay. “Black Twitter? Racial Hashtags, Networks and Contagion.” *New Formations* 78, no. 1 (2013): 46–64.

Shaw, M. E. *Group Dynamics: The Psychology of Small Group Behavior*. 2nd ed. New York: McGraw-Hill, 1976.

Sherif, Muzafer. *Experimental Study of Positive and Negative Intergroup Attitudes between Experimentally Produced Groups: Robbers Cave Study*. Norman: Institute of Group Relations, University of Oklahoma, 1954.

Simmel, Georg. *Conflict and the Web of Group Affiliations*. New York: Free Press, 1955.

———. "How Is Society Possible?" In *Georg Simmel, 1858–1918: A Collection of Essays, with Translations and a Bibliography*, edited by Kurt H. Wolff. Columbus: Ohio State University Press, 1959.

———. *The Sociology of Georg Simmel*. Translated by Kurt H. Wolff. New York: Free Press, 1950.

Small, Mario. *Someone to Talk To*. Oxford: Oxford University Press, 2017.

———. *Unanticipated Gains: Origins of Network Inequality in Everyday Life*. Oxford: Oxford University Press, 2009.

Smelser, Neil J. *The Sociology of Economic Life*. Englewood Cliffs, NJ: Prentice-Hall, 1976.

Smith, Aaron. "Why Americans Use Social Media." Pew Research Center: Internet, Science & Tech, November 15, 2011.

Smith, Dawn K., Jeffrey H. Herbst, Xinjiang Zhang, and Charles E. Rose. "Condom Effectiveness for HIV Prevention by Consistency of Use among Men Who Have Sex with Men in the United States." *JAIDS: Journal of Acquired Immune Deficiency Syndromes* 68, no. 3 (2015): 337–344.

Smith, Eliot R., and Diane Mackie, "Dynamics of Group-Based Emotions: Insights from Intergroup Emotions Theory," *Emotion Review* 7, no. 4 (October 2015): 349–354.

Smith, G. E. "The Methodology of the Principia." In *The Cambridge Companion to Newton*, edited by I. B. Cohen and G. E. Smith, 138–173. Cambridge: Cambridge University Press, 2002.

Smith, Kirk H., and Martha Rogers. "Effectiveness of Subliminal Messages in Television Commercials: Two Experiments." *Journal of Applied Psychology* 79, no. 6 (1994): 866–874.

Snijders, Tom A. B. "The Statistical Evaluation of Social Network Dynamics." *Sociological Methodology* 31, no. 1 (2001): 361–395.

———. "Stochastic Actor-Oriented Models for Network Change." *Journal of Mathematical Sociology* 21, no. 1–2 (1996): 149–172.

Snijders, Tom A. B., Gerhard G. Van de Bunt, and Christian E. G. Steglich. "Introduction to Stochastic Actor-Based Models for Network Dynamics." *Social Networks* 32, no. 1 (2010): 44–60.

Solow, Robert M. "The Economist's Approach to Pollution and Its Control." *Science* 173, no. 3996 (1971): 498–503.

Soule, Sarah A. "The Student Divestment Movement in the United States and Tactical Diffusion: The Shantytown Protest." *Social Forces* 75, no. 3 (1997): 855–882.

State, Bogdan, and Lada Adamic. "The Diffusion of Support in an Online Social Movement: Evidence from the Adoption of Equal-Sign Profile Pictures." In *Proceedings of the 18th ACM Conference on Computer Supported Cooperative Work & Social Computing*, 1741–1750. New York: Association of Computing Machinery, 2015.

Steinert-Threlkeld, Zachary C. "Spontaneous Collective Action: Peripheral Mobilization during the Arab Spring." *American Political Science Review* 111, no. 2 (2017): 379–403.

Stewart, Quincy Thomas. "Big Bad Racists, Subtle Prejudice and Minority Victims: An Agent-Based Analysis of the Dynamics of Racial Inequality." Paper presented at the Annual Meeting of the Population Association of America, Dallas, TX, April 2010.

Strang, David, and John W. Meyer. "Institutional Conditions for Diffusion." *Theory and Society* 22, no. 4 (1993): 487–511.

Strang, David, and Sarah A. Soule. "Diffusion in Organizations and Social Movements: From Hybrid Corn to Poison Pills." *Annual Review of Sociology* 24 (January 1, 1998): 265–290.

Sunstein, Cass R. *The Ethics of Influence: Government in the Age of Behavioral Science*. Cambridge: Cambridge University Press, 2016.

———. *Going to Extremes: How Like Minds Unite and Divide*. Oxford: Oxford University Press, 2009.

Surowiecki, James. "Open Season." *New Yorker*, October 13, 2013.

Tarde, Gabriel. *The Laws of Imitation*. Translated by E. C. Parsons. New York: Henry Holt, 1903.

Taton, R., and C. Wilson. *Planetary Astronomy from the Renaissance to the Rise of Astrophysics, Part A, Tycho Brahe to Newton*. Cambridge: Cambridge University Press, 1989.

Thaler, Richard H., and Cass R. Sunstein. *Nudge: Improving Decisions About Health,*

Wealth, and Happiness. New Haven, CT: Yale University Press, 2008.

Timm, Jonathan. "When the Boss Says, 'Don't Tell Your Coworkers How Much You Get Paid.' " *Atlantic*, July 15, 2014.

Tobian, Aaron A. R., Seema Kacker, and Thomas C. Quinn. "Male Circumcision: A Globally Relevant but Under-Utilized Method for the Prevention of HIV and Other Sexually Transmitted Infections." *Annual Review of Medicine* 65 (2014): 293–306.

Tocqueville, Alexis de. *Democracy in America*. Translated by Harvey C. Mansfield and Delba Winthrop. Chicago: University of Chicago Press, 2000. Originally published as *De la démocratie en Amérique* (London: Saunders and Otley, 1835–1840).

Tonnies, Ferdinand. *Community and Society*. New Brunswick, NJ: Transaction, 1988.

Toole, Jameson L., Meeyoung Cha, and Marta C. González. "Modeling the Adoption of Innovations in the Presence of Geographic and Media Influences." *PLOS ONE* 7, no. 1 (2012): e29528.

Totterdell, Peter. "Catching Moods and Hitting Runs: Mood Linkage and Subjective Performance in Professional Sport Teams." *Journal of Applied Psychology* 85, no. 6 (2000): 848–859.

Traag, Vincent. "Complex Contagion of Campaign Donations." *PLOS One* 11 no.4 (2016): e0153539.

Travers, Jeffrey, and Stanley Milgram. "An Experimental Study of the Small World Problem." *Sociometry* 32, no. 4 (1969): 425–443.

Tucker, Boima. "Beats, Rhymes and Ebola." *Cultural Anthropology*, October 7, 2014.

Uebel, Thomas Ernst. *Overcoming Logical Positivism from Within: The Emergence of Neurath's Naturalism in the Vienna Circle's Protocol Sentence Debate*. Amsterdam: Editions Rodopi, 1992.

Ugander, Johan, Lars Backstrom, Cameron Marlow, and Jon Kleinberg. "Structural Diversity in Social Contagion." *Proceedings of the National Academy of Sciences* 109, no. 16 (2012): 5962–5966.

Umberson, Debra, Robert Crosnoe, and Corinne Reczek. "Social Relationships and Health Behavior across the Life Course." *Annual Review of Sociology* 36, no. 1 (2010): 139–157.

University of North Carolina at Chapel Hill. Add Health: The National Longitudinal Study of Adolescent to Adult Health. Carolina Population Center. Accessed January 18, 2017.

Uzzi, Brian, and Jarrett Spiro. "Collaboration and Creativity: The Small World

Problem." *American Journal of Sociology* 111, no. 2 (2005): 447–504.

Vaan, Mathijs de, Balazs Vedres, and David Stark. "Game Changer: The Topology of Creativity." *American Journal of Sociology* 120, no. 4 (2015): 1144–1194.

Valente, Thomas W. "Mass-Media-Generated Interpersonal Communication as Sources of Information about Family Planning." *Journal of Health Communication* 1, no. 3 (1996): 247–266.

———. *Network Models of the Diffusion of Innovations*. Cresskill, NJ: Hampton Press, 1995.

———. *Social Networks and Health: Models, Methods, and Applications*. Oxford: Oxford University Press, 2010.

Valente, Thomas W., Kayo Fujimoto, Chih-Ping Chou, and Donna Spruijt-Metz. "Adolescent Affiliations and Adiposity: A Social Network Analysis of Friendships and Obesity." *Journal of Adolescent Health* 45, no. 2 (2009): 202–204.

Valente, Thomas W., Susan C. Watkins, Miriam N. Jato, Ariane Van Der Straten, and Louis-Philippe M. Tsitsol. "Social Network Associations with Contraceptive Use among Cameroonian Women in Voluntary Associations." *Social Science & Medicine* 45, no. 5 (1997): 677–687.

Van der Straten, Andrea, J. Stadler, E. Leucke, N. Laborde, M Hartmann, E. T. Montgomery, and the VOICE-C Study Team. "Perspectives on Use of Oral and Vaginal Antiretrovirals for HIV Prevention: The VOICE-C Qualitative Study in Johannesburg, South Africa." *Journal of the International AIDS Society* 17, no. 3 (2014): 19146.

Van Valen, Leigh. "A New Evolutionary Law." *Evolutionary Theory* 1 (1973): 1–30.

Venkatesh, Viswanath. "Where to Go from Here? Thoughts on Future Directions for Research on Individual-Level Technology Adoption with a Focus on Decision Making." *Decision Sciences* 37, no. 4 (2006): 497–518.

Ventola, C. Lee. "Social Media and Health Care Professionals: Benefits, Risks, and Best Practices." *Pharmacy and Therapeutics* 39, no. 7 (2014): 491–499.

Verster, Francois, dir. *Protection: Masculinity & Condom Use in Sub-Saharan Africa*. DVD. 114 min. Johannesburg: Fireworx Media Production, 2009.

Walton, Gregory M. "The New Science of Wise Psychological Interventions." *Current Directions in Psychological Science* 23, no. 1 (2014): 73–82.

Watkins, Susan, and I. Warriner. "How Do We Know We Need to Control for Selectivity?" *Demographic Research*, Special Collection 1 (2003):109–142.

Watts, Duncan J. "Networks, Dynamics, and the Small-World Phenomenon." *American Journal of Sociology* 105, no. 2 (1999): 493–527.

———. "A Simple Model of Global Cascades on Random Networks." *Proceedings of the National Academy of Sciences* 99, no. 9 (2002): 5766–5771.

———. *Small Worlds: The Dynamics of Networks between Order and Randomness*. Princeton, NJ: Princeton University Press, 1999.

Watts, Duncan J., and Peter S. Dodds, "Threshold Models of Social Influence." In *The Oxford Handbook of Analytical Sociology*, edited by Peter Hedström and Peter Bearman, 475–497. Oxford: Oxford University Press, 2009.

Watts, Duncan J., Peter S. Dodds, and Mark E. J. Newman. "Identity and Search in Social Networks." *Science* 296 (2002): 1302–1305.

Watts, Duncan J., and Steven H. Strogatz. "Collective Dynamics of 'Small- World' Networks." *Nature* 393, no. 6684 (1998): 440–442.

Weber, Max. *Economy and Society: An Outline of Interpretive Sociology*. Edited by Guenther Roth, and Claus Wittich. Berkeley: University of California Press, 1978. Originally published as *Wirtschaft und Gesellschaft: Grundriß der verstehenden Soziologie* (Tübingen: J.C.B. Mohr, 1922).

———. *The Protestant Ethic and the Spirit of Capitalism: And Other Writings*. Edited and translated by Peter Baehr and Gordon C. Wells. New York: Penguin, 2002.

Weiss, Helen A., Maria A. Quigley, and Richard J. Hayes. "Male Circumcision and Risk of HIV Infection in Sub-Saharan Africa: A Systematic Review and Meta-analysis." *AIDS* 14, no. 15 (2000): 2361–2370.

Werfel, Justin, Kirstin Petersen, and Radhika Nagpal. "Designing Collective Behavior in a Termite-Inspired Robot Construction Team." *Science* 343, no. 6172 (2014): 754–758.

Wellman, Barry, and Scot Wortley. "Different Strokes from Different Folks: Community Ties and Social Support." *American Journal of Sociology* 96, no. 3 (1990): 558–588.

White, Harrison. *Identity and Control*. Princeton, NJ: Princeton University Press: 2008.

———. "Search Parameters for the Small World Problem." *Social Forces* 49, no.2 (1970): 259–264.

Whyte, William H., Jr. "The Web of Word of Mouth." *Fortune* 50, no. 5 (1954): 140–143.

Williams, S. L., and D. P. French. "What Are the Most Effective Intervention

Techniques for Changing Physical Activity Self-Efficacy and Physical Activity Behaviour—And Are They the Same?" *Health Education Research* 26, no. 2 (2011): 308–322.

Wolfers, Justin, and Eric Zitzewitz. "Prediction Markets." *Journal of Economic Perspectives* 18, no. 2 (2004): 107–126.

World Health Organization (WHO). "Ebola Outbreak 2014–2015." December 23, 2016.

World Health Organization (WHO). "HIV/AIDS." Global Health Observatory Data. Accessed January 5, 2017.

World Health Organization (WHO) and Joint United Nations Programme on HIV/AIDS (UNAIDS). *Joint Strategic Action Framework to Accelerate the Scale- Up of Voluntary Medical Male Circumcision for HIV Prevention in Eastern and Southern Africa (2012–2016)*. Geneva: UNAIDS, 2011.

Wu, Chen-fong. "The Relationship between Business Ethics Diffusion, Knowledge Sharing and Service Innovation." *Management Decision* 54, no. 6 (2016): 1343–1358.

Xie, Jierui, Sameet Sreenivasan, Gyorgy Korniss, Weituo Zhang, Chjan Lim, and Boleslaw K. Szymanski. "Social Consensus through the Influence of Committed Minorities." *Physical Review E* 84, no. 1 (2011): 011130.

Yaqub, Ohid, Sophie Castle-Clarke, Nick Sevdalis, and Joanna Chataway. "Attitudes to Vaccination: A Critical Review." *Social Science & Medicine* 112 (2014): 1–11.

Young, H. Peyton. "The Dynamics of Social Innovation." *Proceedings of the National Academy of Sciences* 108, no. 4 (2011): 21285–21291.

———. "The Evolution of Conventions." *Econometrica* 61, no. 1 (1993): 57–84.

———. *Individual Strategy and Social Structure: An Evolutionary Theory of Institutions*. Princeton, NJ: Princeton University Press, 1998.

———. "Innovation Diffusion in Heterogeneous Populations: Contagion, Social Influence and Social Learning." *American Economic Review* 99 (2009): 1899–1924.

Young, H. Peyton, and Gabriel E. Kreindler. "Rapid Innovation Diffusion in Social Networks." *Proceedings of the National Academy of Sciences* 111, suppl. 3 (2014): 10881–10888.

Zhang, Jingwen and Damon Centola, "How Social Networks Shape Social Comparison," in *Social Comparison, Judgment & Behavior*, edited by Jerry Suls. New York: Oxford University Press, forthcoming.

Zhang, Jingwen, Devon Brackbill, Sijia Yang, Joshua Becker, Natalie Herbert, and Damon Centola. "Support or Competition? How Online Social Networks Increase Physical Activity: A Randomized Controlled Trial." *Preventive Medicine Reports* 4 (2016): 453–458.

Zhang, Jingwen, Devon Brackbill, Sijia Yang, and Damon Centola. "Efficacy and Causal Mechanism of an Online Social Media Intervention to Increase Physical Activity: Results of a Randomized Controlled Trial." *Preventive Medicine Reports* 2 (2015): 651–657.

Zhao, Dingxin. "Ecologies of Social Movements: Student Mobilization during the 1989 Prodemocracy Movement in Beijing." *American Journal of Sociology* 103, no. 6 (1998): 1493–1529.

HOW BEHAVIOR SPREADS

附　录

考虑到环保的因素，也为了节省纸张、降低图书定价，本书编辑制作了电子版的附录。请扫码下载“湛庐阅读”App，查看本书附录。

未来，属于终身学习者

我们正在亲历前所未有的变革——互联网改变了信息传递的方式，指数级技术快速发展并颠覆商业世界，人工智能正在侵占越来越多的人类领地。

面对这些变化，我们需要问自己：未来需要什么样的人才？

答案是，成为终身学习者。终身学习意味着永不停歇地追求全面的知识结构、强大的逻辑思考能力和敏锐的感知力。这是一种能够在不断变化中随时重建、更新认知体系的能力。阅读，无疑是帮助我们提高这种能力的最佳途径。

在充满不确定性的时代，答案并不总是简单地出现在书本之中。“读万卷书”不仅要亲自阅读、广泛阅读，也需要我们深入探索好书的内部世界，让知识不再局限于书本之中。

湛庐阅读 App：与最聪明的人共同进化

我们现在推出全新的湛庐阅读 App，它将成为您在书本之外，践行终身学习的场所。

- 不用考虑“读什么”。这里汇集了湛庐所有纸质书、电子书、有声书和各种阅读服务。
- 可以学习“怎么读”。我们提供包括课程、精读班和讲书在内的全方位阅读解决方案。
- 谁来领读？您能最先了解到作者、译者、专家等大咖的前沿洞见，他们是高质量思想的源泉。
- 与谁共读？您将加入优秀的读者和终身学习者的行列，他们对阅读和学习具有持久的热情和源源不断的动力。

在湛庐阅读 App 首页，编辑为您精选了经典书目和优质音视频内容，每天早、中、晚更新，满足您不间断的阅读需求。

【特别专题】【主题书单】【人物特写】等原创专栏，提供专业、深度的解读和选书参考，回应社会议题，是您了解湛庐近千位重要作者思想的独家渠道。

在每本图书的详情页，您将通过深度导读栏目【专家视点】【深度访谈】和【书评】读懂、读透一本好书。

通过这个不设限的学习平台，您在任何时间、任何地点都能获得有价值的思想，并通过阅读实现终身学习。我们邀您共建一个与最聪明的人共同进化的社区，使其成为先进思想交汇的聚集地，这正是我们的使命和价值所在。

浙江省版权局图字：11-2023-465

图书在版编目（CIP）数据

宽桥社群 / (美)戴蒙·森托拉著；杨雪菲译. —杭州：浙江科学技术出版社，2024.4

ISBN 978-7-5739-1129-2

Ⅰ. ①宽… Ⅱ. ①戴… ②杨… Ⅲ. ①社会网络—网络传播—研究 Ⅳ. ① G206.2

中国国家版本馆 CIP 数据核字（2024）第 054598 号

书　　名　**宽桥社群**
著　　者　[美] 戴蒙·森托拉
译　　者　杨雪菲

出版发行　**浙江科学技术出版社**
地址：杭州市体育场路 347 号　邮政编码：310006
办公室电话：0571－85176593
销售部电话：0571－85062597
E-mail:zkpress@zkpress.com
印　　刷　天津中印联印务有限公司

开　　本	710 mm × 965 mm　1/16	**印　　张**	19
字　　数	258 千字	**插　　页**	1
版　　次	2024 年 4 月第 1 版	**印　　次**	2024 年 4 月第 1 次印刷
书　　号	ISBN 978-7-5739-1129-2	**定　　价**	109.9 元

责任编辑　陈淑阳　　**责任美编**　金　晖
责任校对　张　宁　　**责任印务**　吕　琰